领导者：品格与力量

李冲锋　著

中国言实出版社

图书在版编目（CIP）数据

　　领导者：品格与力量 / 李冲锋著 . —北京：中国
言实出版社，2017. 6
　　ISBN 978-7-5171-2381-1

　　Ⅰ . ①领…　　Ⅱ . ①李…　　Ⅲ . ①领导学—研究　　Ⅳ .
① C933

　　中国版本图书馆 CIP 数据核字（2017）第 120380 号

责任编辑：郭江妮

出版发行　**中国言实出版社**
　　　　　地　　址：北京市朝阳区北苑路 180 号加利大厦 5 号楼 105 室
　　　　　邮　　编：100101
　　　　　编辑部：北京市海淀区北太平庄路甲 1 号
　　　　　邮　　编：100088
　　　　　电　　话：64924853（总编室）64924716（发行部）
　　　　　网　　址：www.zgyscbs.cn
　　　　　E-mail：zgyscbs@263.net
经　　销　新华书店
印　　刷　北京市金星印务有限公司
版　　次　2017 年 10 月第 1 版　2017 年 10 月第 1 次印刷
规　　格　710 毫米 ×1000 毫米　1/16　17. 25 印张
字　　数　299 千字
定　　价　60. 00 元　ISBN 978-7-5171-2381-1

目 录

第一章　领导者的品格

　　领导者身上一定有区别于常人的地方，那是什么？是品格。这种品格或与天生特质有关，但更是后天锻炼习得的结果。正是信仰、道德、宽容、正气等各种可贵的品格使领导者从人群之中脱颖而出，成为团队的领袖。一名伟大的领导者一定是注重品格锤炼与修养的人，只有伟大的品格才能造就伟大的领导者，才能成就伟大的领导事业。

从管理者到领导者

【阅读指要】

　　管理与领导是两种不同的活动，管理者与领导者也是两种不同的角色。在领导力的发展中，应该运用"领导思维"而非"管理思维"来看待问题、处理事情，由管理走向领导，由管理者走向领导者。为提升领导力，应加强以下方面的修养：以身作则，身先示范；共启愿景，凝聚共识；挑战现状，锐意进取；有效指导，高效工作；激励人心，干劲十足。

　　在传统的概念里，人们习惯用"管理"的思维来思考问题、处理事情。这种思维也影响到教育领域，比如，学校管理、教育管理、教学管理、班级管理、学生管理，等等。这些概念的使用正是人们"管理思维"的体现。随着领导学的发展，人们开始区分管理与领导、管理者与领导者。人们认识到应该运用"领导思维"来看待问题、处理事情，由管理走向领导，由管理者走向领导者。

一、管理与领导的关系

　　与"领导"直接相关的概念有两个：一个是统治，一个是管理。统治、管理、领导，三个概念之间有许多相似或重合之处，但它们之间又有着显著的区别。认识它们之间的区别，有助于我们更好地认识"领导"，把握从管理到领导的转型。

（一）统治与领导

统治与领导是有联系的。比如，统治者与领导者在组织中都处于主导地位，两者所控制的对象往往具有同一性。但两者也存在根本的区别。一是前提不同，领导是有条件的，统治是无条件的。二是手段不同，统治的主要工具是权力，领导的主要条件是影响力。[①] 三是基础不同，领导的基础是影响力，统治的基础是暴力。四是目的不同，领导的目的是实现对领导者、追随者和组织三方有利的目标，统治的目的是实现统治阶级的利益。[②]

（二）管理与领导

关于管理与领导的关系，人们有不同的看法，主要有四种观点。

第一种是相同说。加拿大学者克里斯托弗·霍金森（Christopher Hodgkinson）在其著作《领导哲学》中指出"管理就是领导"，"领导就是管理"；领导者就是管理者，管理者就是领导者。组织负责的人既是领导者，又是管理者。[③]

第二种是区别说。有许多学者认为，领导和管理是两个截然不同的概念，有着显著差异的两种不同职能，属于两个不同领域，因而需要对它们进行独立而专门的研究。[④] 例如，哈佛商学院著名教授约翰·科特（John P. Kotter）认为，领导和管理两者都是完整的行为体系，而不是属于对方的一个部分。[⑤] 在管理与领导的区别中，人们认为，领导是进行战略指导的综合性工作，制定方向、任务、规划、目标、大政方针；而管理是根据既定的目标和政策，进行战术运行的职能性工作，实施具体的计划、组织和控制。[⑥]

第三种是互补说。约翰·科特在分析了领导和管理的区别后指出：组织要发展，有力的管理和有力的领导两者缺一不可。有效的领导和高效的管理相结合，

---

① 刘兰芬、周振林主编：《现代领导科学基础》，北京：中国经济出版社，2001年版，第29—30页。

② 刘建军编著：《领导学原理——科学与艺术》（第二版），上海：复旦大学出版社，2003年版，第23—24页。

③ 冯秋婷主编：《西方领导理论研究》，北京：人民出版社，2008年版，第69页。

④ 奚洁人主编：《中国领导学研究20年》，上海：华东师范大学出版社，2007年版，第32页。

⑤ 冯秋婷主编：《西方领导理论研究》，北京：人民出版社，2008年版，第69页。

⑥ 孙奎贞主编：《领导科学教程新编》，北京：中国人民公安大学出版社，2005年版，第9页。

能创造出更为有序的变革过程。管理本身永远不可能创造出重大的、有用的变革，领导行为自身永远不可能使一项活动年复一年地按照预算保持运作。[①] 管理过分而领导不力或领导有力而管理不足，都会产生糟糕的情况。

第四种是部分说。这又分为两种情况。一种观点认为，领导是管理行为执行过程中的一个组成部分，是管理的职能之一。很多管理学的著作里会设有"领导"一章，可见，就是把领导看作管理的一个组成部分。例如，哈罗得·孔茨（Harold Koontz）与海因茨·韦里克（Heinz Weihrich）在《管理学》一书中提出，领导是管理的一个重要方面，是管理活动的一项职能，有效地进行领导的本领是作为一名有效管理者的必要条件之一。[②] 第二种观点认为，管理是领导行为执行过程中的一个部分。领导本身就包含了管理的内容。例如，英国的约翰·阿代尔（John Adair）在《领导艺术》一书中提出，管理是领导工作的一项职能。[③]

其实，除了管理与领导的相同说，区别说、互补说和部分说中，都是把管理与领导看作是两种功能或两种因素的。我们认为，管理与领导是既合又分的，两者既有联系，又有区别，而且其区别是比较明显的。领导管战略、方向、变革，重在宏观或中观层面；管理管对策、组织、实施，重在中观或微观方面。一项组织活动，既需要领导也需要管理，只有两者有机结合才能取得良好的效果。

二、管理者与领导者的角色

既然管理与领导是两种不同的活动，那么管理者与领导者也就是两种不同的角色。校长要明确自己在学校中的地位与角色，应该是学校的领导者，而不是管理者。那么管理者与领导者有什么区别呢？

（一）管理者与领导者的区别

本尼斯和纳拉斯（Bennis & Nanus）在他们经常引用的一句话中，对领导者

---

① 冯秋婷主编：《西方领导理论研究》，北京：人民出版社，2008年版，第73页。
② 冯秋婷主编：《西方领导理论研究》，北京：人民出版社，2008年版，第76页。
③ 冯秋婷主编：《西方领导理论研究》，北京：人民出版社，2008年版，第76页。

和管理者做了明确的区分：管理者是把事情做正确的人，而领导者是做正确的事情的人。领导者关注的是方向、前景、目标、意图、目的和效果这类正确的事情，而管理者则致力于效率、方式和短期的效应。他们将管理和领导者的区别具体列为以下几条：管理者寻求稳定，领导者探讨革新；管理者循规蹈矩，领导者独辟蹊径；管理者维持原状，领导者提高发展；管理者注意单位结构，领导者注重人力资源；管理者依赖控制，领导者激发信任；管理者目光短浅，领导者目光远大；管理者重视原因和方式，领导者重视事情和原因；管理者盯着结果，领导者看到希望。[①]

美国著名学者劳伦斯也区分了领导者与管理者两种职能。领导者侧重于调动人、激发人，在于创造一种意识，向职工灌输这种意识，借以调动职工的力量；管理者则侧重于指使或控制人。领导者塑造价值观，调动和激发人；管理者则主要靠物质、地位、安全等因素调动人。领导者支持和推动员工个人的创造力，并鼓舞其能力；管理者只是适应形势的要求，允许职工做现在需要做的事。领导者根据单位各方面的成就及其对社会的贡献来看待效益，管理者则主要依据各个局部的技术指标做出评价。[②]

还有一些人，如约翰·科特、杰克·韦尔奇（Jack Welch）、扎莱兹尼克（Zaleznik）、彼得·诺思豪斯（Peter G. Northouse）等，对领导者与管理者之间的区别做出了探讨。综合这些观点，我们用表1-1来呈现管理者与领导者之间的区别。

表1-1　管理者与领导者的区别

管理者	领导者
致力于效率、方式和短期的效应	关注方向、前景、目标、意图、目的和效果
好于管束	善于创新
模仿者	原创者
寻求稳定，因循守旧，循规蹈矩	追求发展，探讨革新，独辟蹊径
注意单位结构	注重人力资源
依赖控制，靠物质、地位、安全等调动人	营造信任，塑造价值观调动和激发人
允许职工做现在需要做的事	支持和推动员工个人的创造力

---

① 冯秋婷主编：《西方领导理论研究》，北京：人民出版社，2008年版，第71页。
② 冯秋婷主编：《西方领导理论研究》，北京：人民出版社，2008年版，第71页。

续表

管理者	领导者
目光短浅、接受现状、盯着结果	目标远大、放眼未来、看到希望
问怎样做、何时做	问做什么、为何做
习惯正确的做事	做正确的事
对应的是"被管理者"	对应的是"追随者"

（二）领导者所在的层级

在一个组织里，有不同的层级：领导层（决策层）、管理层、执行层、操作层等（见图1-1）。领导层，也称为决策层，主要负责制定组织的发展目标、发展战略；代表组织与外部环境进行联系；对组织的所有者负责；协调与管理组织内部的各项活动。管理层主要负责是落实领导者的计划与决策，并协调执行层的活动。执行层主要负责把管理层的计划更加具体化地分配给组织中的业务人员，并对业务人员的活动进行协调。操作层主要负责把执行层分配下来的任务具体完成。

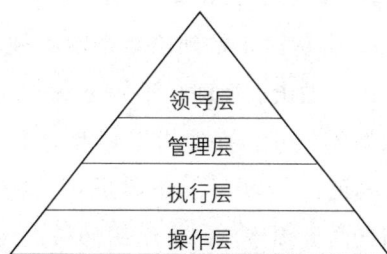

图1-1　组织的层级

例如，在学校这个组织里，校长是领导层，教导主任是管理层，班主任是执行层，学生或一般教师则可能处在操作层。不同层级所需要的能力具有一定的相通性。比如，在管理层，也需要具有领导力，在领导层也需要加强管理与执行。这些层级也具有一定的相对性或曰可转换性。比如，教导主任在完成校长安排的任务时，处在管理层，但当他面对班主任时，又处在领导层。因此，领导与管理之间的层级具有相对性。换言之，一个人可能会身处领导者、管理者与执行者的不同身份角色。这取决于他在组织内部所处的层级。一个人要清楚自己所处的层级，从而正确定位自己的角色。所以，在学校内部，对校长而言，要把自己定位在领导者，而不是管理者。

三、领导者提升领导力的途径

领导者对应的是谁？被领导者、被管理者、下属、员工、利益相关者？都不是。领导者对应的是追随者。比如，作为校长，我们要问：学校的老师大都是我们的追随者吗？作为教师，我们要问：班级里的学生大都是我们的追随者吗？如果不是，那么就需要反思，需要提升自己的领导力了。一个成功的领导者应该具备一些领导品质。下面是领导者不可或缺的几种领导品质。领导者应加强这些方面的修养，以不断提升领导力。

（一）以身作则，身先示范

作为领导者，一定要做到以身作则，身先示范，这样才能给追随者做出榜样，赢得追随者的认同，使他们主动追随领导者。"其身正，不令而行；其身不正，虽令不从。"（《论语·子路》）这句话非常到位地揭示了领导者行为与其影响之间的关系。当领导者自身端正，做出表率时，不用下命令，追随者也会跟着行动起来；相反，如果领导者自身不端正，而要求追随者端正，那么，纵然三令五申，追随者也不会服从的。常言道："上梁不正下梁歪"，领导者作风不正，下面的人自然也会跟着做，歪风邪气由此而生。一个组织如果正气不行、歪风四起、邪气横溢，就会人心散乱、动力消弭。由此可见，领导者以身作则，身先示范，树立正气，不仅可以提升个人领导力，而且可以激发团队的发展动力。

（二）共启愿景，凝聚共识

愿景是一种描述组织目的、使命和未来理想状态的"发展蓝图"。愿景就是组织未来发展的方向，未来要实现的目标。领导者的一项重要使命就是关注未来，构建组织发展愿景。领导者要让团队的全体成员，看到组织未来发展的美好景象。詹姆斯·库泽斯（James Kouzes）、巴里·波斯纳（Barry Posner）在《领导力》一书中指出："领导者必须创造条件，让每个人做事是因为他想做事，而不是因为他不得不做事。领导的一项最重要的活动，就是通过描绘一个令人激动的愿景，赋予生活和工作以意义和目的。"[①]组织的愿景不是领导者个人的愿景，也不是领导者把个人愿景强加给团队成员的愿景，而是在领导者引领下，与组织中个人愿景互动成长而形成的、组织成员普遍接受和认同的共有愿景。当组织成员都认同了组织发展的愿景时，就达到了凝聚共识的效果，组织成员就可以一心一意为愿景而奋斗了。

（三）挑战现状，锐意进取

领导者不寻求稳定，不因循守旧，而是不断挑战现状，锐意进取，探讨革新，谋求发展。挑战现状的目的是改变现状，不断突破现状的困境，不断实现对现状的超越。有句话说"没有最好，只有更好"，这就是不断寻求超越现状的表现。对一个组织和单位而言，挑战现状就是不断自我超越、寻求推进内涵式发展的过程。挑战现状的过程，应以可行、可为、可成为前提，而不是难以达到或无法达到的过度挑战和盲目挑战。挑战现状必须以锐意进取的精神为引领，没有这种精神就难以有挑战现状的决心和勇气，更难以坚持下去并达到目的。领导者的锐意进取，还具有激励性、示范性、感染性，可以带动整个组织积极进取。因此，领导者要保持一种锐意进取的精神和状态，带领组织不断前进。

（四）有效指导，高效工作

领导者必须是对自己所从事的事务非常内行或精通的行家。只有这样才能实现内行领导外行、高级的内行领导低级的内行，才能对追随者和组织的发展给予有效的指导。有效的指导包括很多要素，如熟悉指导的内容，知道哪些人需要指导、何时给予指导、采用何种方式进行指导才能取得好的效果，等等。从某种意义上说，领导者是有效的指导者。领导者能够有效指导，组织成员才能高效工作，组织才能高效运转。因此，领导者要提高自己的业务水平使自己成为精通行业规

[①]（美）詹姆斯·库泽斯、巴里·波斯纳著：《领导力》，李丽林、杨振东译，北京：电子工业出版社，2004 年 11 月版。

则和业务的行家，不断提高自己的指导能力成为优秀的指导者。这是提升领导力必不可少的内容。

（五）激励人心，干劲十足

领导者应善于调动人的积极性，让人愿意跟着他干，干着有奔头、有信心、越干越带劲。这就需要领导者具有激励他人的能力。领导者激励员工时，要把物质激励与精神激励、情感激励相结合。从物质激励的角度来说，就是要让下属看得见利益，拿得到实惠。一个好的领导者在利益面前，不是首先想到自己能拿多少，而是首先想到能分给下属多少。只有能够给下属带来丰厚的物质利益，下属才会心甘情愿地做事，才能干劲十足地做事。当然，不能纯粹靠物质激励来领导团队，还要注意精神激励和情感激励。从精神激励的角度来说，要给下属以价值认同，用共同的价值去凝聚共识。这就是领导学上所说的"价值领导"。情感激励就是在情感上多关心下属，多做温暖人心的事情，让下属对领导、对工作也产生情感。情感激励的重要原则就是"以情激情"，即以自己的情感付出，赢得对方的情感回应。领导者能够激励人心，那么追随者就会干劲十足，组织就能够持续的良性发展，向着共同的愿景不断前进。

领导者道德：美良论与中性论[①]

【阅读指要】

　　领导者道德在领导活动中发挥着重要的作用。关于领导者道德有美良论和中性论两种不同的认识。领导者道德美良论认为，美良的道德可以产生强大的领导力，领导者应该具有良好的道德品质。领导者道德中性论认为，道德不存在好坏之分，道德是中性的，需要时就利用它，最终能达到目的即可。在这两种领导者道德取向的选择上，应该选取领导者道德美良论，这是基于领导者道德美良论的优良传统、领导者道德中性论的理论空间和领导活动成败的经验教训。

　　领导是一项复杂的活动，需要领导者才智、精力、体力、情感的投入，也需要领导者道德的参与。领导者道德是领导人在领导活动中所表现出的道德品行。在影响领导活动的诸多个体素质方面，领导者道德的影响是显著的。历来人们都非常重视领导者道德在领导活动中的作用。然而，关于领导者道德在领导活动中的地位与作用，以及领导者所应拥有的道德品质却有不同的认识。人们对领导者道德大致持两种态度：美良论和中性论。

―――――――――――

① 本文发表于《中国浦东干部学院学报》，2012 年第 3 期，第 121—125 页。

一、领导者道德美良论

领导者道德美良论，也可称之为"领导者良德论"，持这种观点者认为，领导者必须具备美好的、良善的道德。领导活动的成功与领导者良好的品德直接相关。美良的道德，具有强大的凝聚力，可以团结、号召大众，以德服人，形成强大的领导力，并取得领导活动的成功。古人云："德不重不能服众，无德不以使民。"因此，为了成功有效地进行领导活动，领导者必须具备良好的品德。领导者道德美良论的代表人物有孔子、柏拉图、伊拉斯谟等。

（一）孔子：为政以德，譬如北辰

在孔子看来，领导者应该具有良好的品德，这种良好的品德是领导者成功的必要条件，而且有利于领导活动的成功。孔子云："为政以德，譬如北辰，居其所而众星共之。"①（《论语·为政》）领导者应该以"德"为政，领导者有"德"，就像北斗星一样，在自己的位置上，其他的星辰就会围绕着它，并且朝向它。这是说领导者有德，就具有吸引人、团结人、号召人的力量，就会众心归一，听从他的号召与指挥。对领导活动而言，齐心协力是最为重要的条件之一，而想达到这样的效果，其前提是领导者具有美好的德行，以德为政。

孔子特别强调领导者要"正"。他说："政者，正也。子帅以政，孰敢不正？"②（《论语·颜渊》）从政、为政、政治的"政"，就是公正、正直、正义、正气的"正"。领导者如果是公正、正直、正义、正气的，以此治理国家和社会，那么就没有人敢是不正的。孔子还说："其身正，不令而行。其身不正，虽令不从。"③（《论语·子路》）领导者身正，即使不亲自下命令，民众或下属也会身体力行；领导者如果身不正，即使下了命令，也不会有人听从。"苟正其身矣，于从政乎何有？不能正其身，如正人何？"④（《论语·子路》）孔子关于"正"的言论，力求说明领导者"正"才能够正人心、正风气、正社会，领导者的"正"是人心正、风

---

① （宋）朱熹撰：《四书章句集注》，济南：齐鲁书社，1992年版，第9页。
② （宋）朱熹撰：《四书章句集注》，济南：齐鲁书社，1992年版，第122页。
③ （宋）朱熹撰：《四书章句集注》，济南：齐鲁书社，1992年版，第130页。
④ （宋）朱熹撰：《四书章句集注》，济南：齐鲁书社，1992年版，第132页。

气正、社会正的前提条件。"正"是一种重要的道德。孔子所谓的"正"其实正是多种美好品德的体现，比如公正、公平、正直、诚信，等等。

孔子提倡"仁者爱人"，反对用杀戮、暴力的方式为政，而且认为不需要用这样的方式，还有比杀戮更好的为政方式，那就是道德教化、道德引领。季康子问政于孔子："如杀无道，以就有道，何如？"孔子对曰："子为政，焉用杀？子欲善，而民善矣。君子之德风也，小人之德草也，草上之风必偃。"①（《论语·颜渊》）领导者如果是"善"的，那么民众也会是"善"的。"善"是道德的高境界。《大学》说大学之道的最高境界是"止于至善。"②在孔子看来，领导者的德就是风，民众的德就像草，风刮过，草必倾倒，所以领导者有德，民众就会跟从，就会有德，民众有德，社会自然有序、稳定，也就不需要通过杀戮或暴力的方式来治理国家和社会。

孔子政治思想的核心就是仁者爱人，以德治国，以德教化。在他看来，德治是最为理想的治理方式。因此，他提倡君子和领导者应该努力具备良好的品德和行为，因为化民的根本在修身。领导者德行高尚、可资标榜，国家、社会、风气也就好了。

（二）柏拉图：哲学王是美德与智慧的化身

古希腊著名哲学家柏拉图（Plato，公元前427—公元前347年）在《理想国》中探讨了培养哲学王成为国家统治者的问题。③在他那里，领导者同样应该具备良好的品德。柏拉图认为，不是每个人都能够当政治领导的，人民不能自我领导，他们没有充足的美德和才能，必须由"专家执政"才能确保团结和忠诚。能够成为领导者的人只能是那些有金子属性的极少数的人。在理想国里，最高等级的是统治者，他们是神用金子做成的，他们人数很少，却具备人类最高的知识和智慧，这种人不是一般意义上的职业政治家，而是一些被号称为哲学王的人。他们具有美好的公德、自律的精神和丰富的知识，是唯一能够被人民委托国家绝对权力的人。

作为国家的领导者，他应该最不热心于权力，但最尽心于为公共利益服务。柏拉图认为："当统治权成了争夺对象时，这种自相残杀的争夺往往同时既毁了国

---

① （宋）朱熹撰：《四书章句集注》，济南：齐鲁书社，1992年版，第115页。

② （宋）朱熹撰：《四书章句集注》，济南：齐鲁书社，1992年版，第1页。

③ 李冲锋：《柏拉图领导教育思想初探》，载《聊城大学学报》，2006年第2期。

家也毁了统治者自己。"^① 因此，就是要不爱权力的人掌权。"在凡是被定为统治者的人最不热心权力的城邦里必定有最善最稳定的管理，凡有与此相反的统治者的城邦里其管理必定是最恶的。"^② 国家的统治者应该拥有"一种比统治国家更善的生活"，^③ 这样才可能有一个管理得好的国家。

在柏拉图看来，领导者应该是最愿毕生鞠躬尽瘁，为国家利益效劳，而绝不愿做任何不利于国家的事情的人。他们具有终身保持护卫国家的信念。他们是坚持原则、孜孜不倦地为他们所认为的国家利益服务的人。他们不易受诱惑和欺骗，不忘原则，能够护卫自己所受的文化修养，维持那些心灵状态在他身上的和谐与真正的节奏。

柏拉图通过地穴囚室的比喻，把世界分为"可见世界"（现实世界）与"可知世界"（理念世界）。"在可知世界中最后看见的，而且是花很大的努力才能最后看见的东西乃是善的理念。我们一旦看见了它，就必定能得出下述结论：它的确就是一切事物中一切正确者和美者的原因，就是可见世界中创造光和光源者，在可理知世界中它本身就是真理和理性的决定性源泉；任何人凡能在私人生活或公共生活中行事合乎理性的，必定是看见了善的理念的。"^④ 柏拉图那里的"善"不是一般道德意义上的"善"，而是一切事物最高境界的根源，具有根本性的特征。

统治者因为追求"比统治国家更善的生活"，所以需要不断地学习，在实际工作和知识学习一切方面都以优异成绩通过了考试的人必须接受最后的考验，要求他们把灵魂的目光转向上方，注视着照亮一切事物的光源。在看见了善的本身的时候，他们得用它作为原型，管理好国家，公民个人和他们自己。^⑤ 哲学王即国家的统治者拥有"善"——充足的美德与智慧的合一，才能"善治"国家。因此，在柏拉图那里，充足的美德与智慧是哲学王必备的素质，他需要以此来为国家服务。

---

① （古希腊）柏拉图著：《理想国》，郭斌和、张竹明译，北京：商务印书馆，1986年版，第281页。

② （古希腊）柏拉图著：《理想国》，郭斌和、张竹明译，北京：商务印书馆，1986年版，第280页。

③ （古希腊）柏拉图著：《理想国》，郭斌和、张竹明译，北京：商务印书馆，1986年版，第281页。

④ （古希腊）柏拉图著：《理想国》，郭斌和、张竹明译，北京：商务印书馆，1986年版，第276页。

⑤ （古希腊）柏拉图著：《理想国》，郭斌和、张竹明译，北京：商务印书馆，1986年版，第309页。

（三）伊拉斯谟：良君需具无可指摘的品性

荷兰哲学家、16 世纪初欧洲人文主义运动主要代表人物伊拉斯谟（Desiderius Erasmus，1469—1536）也主张领导者应该具备良好的德行。柏拉图以培养"哲学王"为最终目的，伊拉斯谟则以培养"良君"为最终目的。在《基督君主的教育》一书中，伊拉斯谟阐述了如何培养一位"良君"的思想与方案。他认为，国家的一切都应归功于一位良君，因此强调对年轻君主或储君的教育，以便把他们培养成为良君。

伊拉斯谟认为，应该尽早、从小就对王储进行道德的教育："王储的心智必须从（人们所谓之）襁褓之始，当其仍保持开放、未经发育之时，即灌输以健康的思想。从那时开始，就必须在他那尚为婴儿的灵魂的处子地里播撒上道德的种子，以期随着年事渐长，阅历日丰，这些种子会逐渐地发芽、成熟，一经播下，便可以深植于君主内心，伴其终生。"[①]伊拉斯谟强调，教育者首要的、特别的关注的一点是，从其学生的心智之中根除所有可能已在一定程度上扎下根了的那些可耻、粗鄙的念头，移植入那些配得上基督君主的健康观念。

有三种高贵的身份，第一种源于德性与善行，第二种源于受过良好的教养，第三种是根据列祖列宗的肖像、家世谱系或财富来判断。伊拉斯谟指出，君主如果只是基于第三种也是最低一等的高贵身份而沾沾自喜，却忽视了最高一等的身份，是不恰当的。第三种高贵身份鄙俗不堪，若非本身源于德性，根本就不值一提。而第一种高贵身份超凡脱俗，严格地说，只有这一种才可以说是根本上的贵族。[②]与君主相称的是最高一等的高贵身份，即源于"德性与善行"的身份。

伊拉斯谟所要培养的是基督君主，他从基督教的角度指出："一位真正的基督徒，有义务始终远离一切堕落，而以其无可指摘的品性和智慧秀冠群伦，更是一位君主的职责所在。"[③]伊拉斯谟把领导者的道德提升到领导者职责的高度来看待。无可指摘的品性不再仅是个人的素养，也不再仅仅是领导活动的参与因素，也是

---

① （荷）伊拉斯谟著：《论基督君主的教育》，李康译，上海：上海人民出版社，2003 年版，第 9 页。

② （荷）伊拉斯谟著：《论基督君主的教育》，李康译，上海：上海人民出版社，2003 年版，第 22 页。

③ （荷）伊拉斯谟著：《论基督君主的教育》，李康译，上海：上海人民出版社，2003 年版，第 24 页。

领导者的职责。君主应该成为民众追仿嘉言懿行的榜样。君主想要证明自己是一位卓越的君主，就要保证，没有人在睿智、宽宏、节制和正直这些必不可缺的品性上高过自己。

伊拉斯谟坚持认为，君主必须在所有事情上都表现出德性。"君主必须始终警惕，避免在某个方面偏离正道，因为他一旦走上邪路，就必定会给成千上万的人带来灾难。"[1]无论何种情况，君主都应该能够矢志不移地服务于其臣民的最佳利益。"只有那些无私地奉献国家的人，而不是让国家奉献自己的人，才配得上'君主'之名。因为如果某人按照是否适合自己来治理国家，评判一切事情都是看它对自己的便利有何影响，那么，他享有怎样的名位也就无所谓了：实际上，他是个不折不扣的暴君，而不是什么君主。"[2]君主应该具备"一心为国"的品质，而不是"只谋私利"。"为国""为公"，这是领导者最为重要的品德。

总之，伊拉斯谟认为君主需要受到特别的教育，以便能够在一切事情上都认识到并去追求道德上的善，从而有能力代表其民众做出正确的决策。通过教育，要培养储君（王子）具有一种特别的视野眼光和思维习惯，以便把他塑造成一位具备德性的领袖。

除上述代表人物之外，现代西方领导理论中的魅力型领导理论强调领导者自身的魅力对领导活动成功的重要性。一个有魅力的领导者应该是道德上可以信赖的可靠的人。领导者的道德应该成为吸引人的，即产生魅力的重要组成部分。可见，古今中外的人们都十分重视领导者应具备良好道德。

二、领导者道德中性论

与领导者道德美良论不同，有些人更注重领导的实践结果，不注重领导活动的过程与效果，视领导者道德为目的实现的手段，为达到目的可以不顾及道德。在他们眼里，道德不存在好坏之分，道德是中性的，需要时就利用它，最终能够

---

[1]（荷）伊拉斯谟著：《论基督君主的教育》，李康译，上海：上海人民出版社，2003年版，第58页。

[2]（荷）伊拉斯谟著：《论基督君主的教育》，李康译，上海：上海人民出版社，2003年版，第33页。

达到目的就行。这一派可以称之为领导者道德中性论，主要代表人物有意大利的马基雅维里、美国的尼克松、法国的戴高乐等。

（一）马基雅维里：必须视情况做不良好的事情

意大利政治思想家和历史学家尼科洛·马基雅维里（Niccolò Machiavelli，1469—1527）关于领导者道德的论述主要体现在他的代表作《君主论》中。

马基雅维里认为，一个人为了能够自我保存，不至于自我毁灭，可以做不良好的事情，领导者亦是如此。"因为一个人如果在一切事情上都想以发誓以善良自持，那么，他侧身于许多不善良的人当中定会遭到毁灭。所以，一个君主如要保持自己的地位，就必须知道怎样做不良好的事情，并且必须知道视情况的需要与否使用这一手段或者不使用这一手段。"①

在马基雅维里那里，领导者可以不守信义、不用诚实，为达目的可以不择手段。"当遵守信义反而对自己不利的时候，或者原来使自己作出诺言的理由现在不复存在的时候，一位英明的统治者绝不能够，也不应当遵守信义。"他说："必须理解：一位君主，尤其是一位新的君主，不能够实践那些被认为是好人应做的所有事情，因为他要保持国家（stato），常常不得不背信弃义，不讲仁慈，悖乎人道，违反神道。因此，一位君主必须有一种精神准备，随时顺应命运的风向和事物的变幻情况而转变。"②马基雅维里提出的领导者可以不遵守信义，是有条件的，这种条件就是不利于领导者的生存或目的的达成时。

马基雅维里知道每一个人都同意，君主如果表现出优良的品质，就是值得褒扬的。但是"由于人类的条件不允许这样，君主既不能全部有这些优良的品质，也不能够完全地保持它们，因此君主必须有足够的明智远见，知道怎样避免那些使自己亡国的恶行（vizii），并且如果可能的话，还要保留那些不会使自己亡国的恶行，但是如果不能够的话，他可以毫不踌躇地听之任之。"③马基雅维里认为，如

① （意）尼科洛·马基雅维里著：《君主论》，潘汉典译，北京：商务印书馆，1985年版，第73—74页。
② （意）尼科洛·马基雅维里著：《君主论》，潘汉典译，北京：商务印书馆，1985年版，第85页。
③ （意）尼科洛·马基雅维里著：《君主论》，潘汉典译，北京：商务印书馆，1985年版，第74页。

果恶行能够挽救自己的国家，君主就不必要因为对恶行的责备而感到不安。也就是说，能够获得成功的恶行是无须不安和愧疚的，是可以心安理得的。

马基雅维里所秉持的是一种典型的"保己弃道"，即为保全自己、发展自己而舍弃道义的观点，与那种"为道义而死"的观点，是截然不同的两种道德取向。

（二）尼克松：领导本身在道德上是中性的

美国第 37 任总统理查德·米尔豪斯·尼克松（Richard Milhous Nixon，1913—1994）关于领导者道德的认识，体现在他的著作《改观世界的领袖们》一书中。

对领导与道德的关系，尼克松认为："领导本身在道德上是中性的，可以用来干好事，也可用来干坏事。"[①] 既然领导者的道德是"中性"的，那么也就谈不上一定要坚持美德，而且"美德不是使伟大的领袖高于其他人的因素"[②]。美德在使领导者成功方面并不重要。他认为，使伟大领袖超出第二流人物的是，他们更加坚强有力，更加足智多谋，具有敏锐的判断力，使之避免犯致命的错误，并能抓住瞬息即逝的机会。因此，他不以是否具备美德来看待一个领导者是否成功或伟大。他曾反复说："伟大的"领袖不一定就是好人。[③]

领导者道德中性论涉及领导活动中的目的与手段的关系问题。对此，尼克松说："认为良好的目的证明任何手段都正当，未免荒唐。有时，为了达到某个伟大目标，必须采取一般情况下所不能接受的手段。如果认为这种手段在任何情况下都是不正当的，那也同样荒唐。"[④] 可见，尼克松对领导活动中的目的与手段的关系有了一个比较辩证的认识。他还认为，"无论手段还是目的，都不能孤立地用来衡量领导人的好坏。领导人如果没有一个伟大事业，就永远不能名列前茅。领导必须为某个目的服务，目的越崇高，领袖的潜在形象就越伟大。不过，光有目的还

---

① （美）理查德·尼克松著：《改观世界的领袖们》，尤飀等译，昆明：云南人民出版社，2002 年，第 362 页。

② （美）理查德·尼克松著：《改观世界的领袖们》，尤飀等译，昆明：云南人民出版社，2002 年，第 362 页。

③ （美）理查德·尼克松著：《改观世界的领袖们》，尤飀等译，昆明：云南人民出版社，2002 年，第 2 页，第 362 页。

④ （美）理查德·尼克松著：《改观世界的领袖们》，尤飀等译，昆明：云南人民出版社，2002 年，第 365 页。

不够。还要行动，要产生效果，必须用一种为崇高目的服务的手段，不应采取玷污或败坏这个目的的手段。但是，如果产生不了效果，那就辜负了事业，也辜负了历史。"[1] 可见，尼克松不主张单纯地从目的或手段的角度去评价领导者的领导行为或领导活动的成败，而是应该从目的与手段的适切性的角度去认识这个问题。

尼克松还从"是否有用"的角度来评价领导者的行为。他认为："在评价一位领袖时，对于他的行为特点，关键不是看它们是否得人心或令人讨厌，而是看它们是否有用。在一般情况下，诡计多端、爱慕虚荣和装聋作哑是令人讨厌的习性。然而对领袖人物来说，却可能是至关紧要的。"[2] 他认为领导者们的诡计多端是施政的需要，也就是说，只要是施政需要的，领导者可以不顾及道德的问题。在这一点上，他与马基雅维里是非常相像的。

与尼克松一样，法国著名军事家、政治家、法兰西第五共和国第一任总统夏尔·戴高乐（Charles de Gaulle，1890—1970）也主张把领导目的和领导手段分开来看，认为只要能够达到伟大的目的，不道德的手段是可以被谅解的。戴高乐写道，政治家"应该懂得何时装聋作哑，何时要诚恳坦白……只有在采用了千条良计并作出种种庄严承诺之后，他才会被委以全部权力。"他还指出，"每个实干家都具有强烈的私心、自尊心、冷酷无情和狡诈的本领。如果他们能以此作为达到伟大目的的手段的话，所有这些都可以得到谅解。说实在的，甚至还会被看作是优秀品质。"[3]

为达领导目的不顾及道德甚至以缺德的方式获取领导活动成功，是领导者道德中性论的典型表现。在领导者道德中性论那里，领导道德与领导目的是分离的，领导道德是实施领导目的的手段和方式，为达领导目的可以不顾及道德。

三、领导者道德的择取

不论领导者道德美良论，还是领导者道德中性论都说明，成功的领导与领导

---

① （美）理查德·尼克松著：《改观世界的领袖们》，尤勰等译，昆明：云南人民出版社，2002 年，第 357 页。

② （美）理查德·尼克松著：《改观世界的领袖们》，尤勰等译，昆明：云南人民出版社，2002 年，第 355 页。

③ （美）理查德·尼克松著：《改观世界的领袖们》，尤勰等译，昆明：云南人民出版社，2002 年，第 355 页。

者道德具有直接的关系。领导者的道德素养应该成为领导教育的重要内容。领导教育者需要做出一种道德选择，使之成为领导教育的目的，从而使领导者具备良德或具备为领导目的不惜道德或牺牲道德的品质。应该选择哪一种呢？

我们认为，领导教育应该选择领导者道德美良论，以培养领导者良好的道德作为一种教育目的。这样的选择基于以下三个方面的原因。

首先，基于领导者道德美良论的优良传统。

领导者应该具备良好道德，是古今中外许多人所认同的观点，具有长久的传统。在中国更是一直保持着领导者道德美良论的良好传统。在领导者道德方面，孔子提出"仁者爱人"，《大学》追求"止于至善"，《易经》奉行"厚德载物"。在儒家看来，仁、义、礼、智、信等都是成人之本，也是成为领导者的重要品格，领导者不具备良好的品德，不仅不能很好地进行领导，而且会把社会、人心搞乱掉。因此，领导者"格物、至知、诚意、正心、修身"是成为领导者的必要前提，只有具备了这样的前提，才能使"近者悦服而远者怀之"[1]（《学记》），才能够"齐家、治国、平天下"。

中国的领导哲学尚德不尚力，"以力服人者，非心服也，力不赡也。以德服人者，中心悦而诚服也。"[2]（《孟子·公孙丑上》）中国历史上的"王霸之争"，其实质在"尚德"与"尚武"的分野。主张行"王道"者，认为"王者之道"在"以德服人""以德治国""以德施政"，良德才能有良政，良政才能长治久安。主张行"霸道"者，则不顾及"道德"的力量，重视武力征服、以权治人、以暴压民。领导者道德美良论者强调"德治"，主张行"王道"弃"霸道"。领导目的与良德是一致的，两者不可分离，失德者失道，失道者即无法取得领导活动的成功。中国古典领导理论倡"王道"反"霸道"，即是对领导者良德的选择。

在新的历史时代，党和国家领导人提出"以德治国"的方略，也是与传统的领导者良德论一脉相承的。领导干部要做"思想道德的模范"，也是从领导干部需要具备美良道德的角度而言的。可以说，领导者需要具备良好的道德，以德来从事领导活动，是中华民族一直以来所秉持的观点。虽然，领导者道德的内涵可能由于时代的变迁已经发生了一些变化，但以良好的美德从事领导活动的观点和实践，在今天仍然具有重要的价值。

---

① 高时良著：《学记研究》，北京：人民教育出版社，2006年版，第1页。

② 方勇译注：《孟子》，北京：中华书局，2010年版，第56页。

其次，基于领导者道德中性论的理论空间。

在领导者道德中性论者那里，他们并非完全主张领导者可以不顾及道德而肆意乱为。他们仍然认为领导者要保持良好的品德，不到迫不得已，不能做失德或缺德的事情，这一点不论是马基雅维里，还是尼克松都有所论及。从这个意义上来说，他们仍然倾向于用良德来维护良好的领导活动。马基雅维里认为："屠杀市民，出卖朋友，缺乏信用，毫无恻隐之心，没有宗教信仰，是不能够称作有能力的。以这样的方法只是可以赢得统治权，但是不能赢得光荣。"[①] 此处能力的含义包括道义上的优越性。虽然，马基雅维里认为在于己不利时，领导者可以不遵守信义，但他同时也强调："假如人们全都是善良的话，这条箴言就不合适了。"[②] 如果环境是好的，领导者是不应该不遵守信义、不遵守道德的。马基雅维里还教导领导者即使做了违反道德的事情，也应该学会掩饰，做一个"伪装者"和"假好人"。[③] 为什么还需要掩饰呢？因为人们还是更愿意相信道德的良善者的。所以，领导者道德中性论者的讨论里，其实还是需要道德良善支撑的。因此，马基雅维里提醒说："如果可能的话，他还是不要背离善良之道。"[④]

最后，基于领导活动成败的经验教训。

领导活动取得成功和维持成功都离不开领导者良好道德的支持。同样，领导活动的失败也多与领导者道德相关。历史上的许多领导者，因为实施"德治"和"仁政"，而取得成功，比如汉文帝和汉景帝，实施休养生息的政策，造就了中国历史上的"文景之治"；唐太宗李世民"从谏如流"，成就了"贞观之治"等。相反，那些横征暴敛、奴役人民的暴力统治、专制统治则受到人民的反抗，最终被推翻政权。比如商纣王劣迹斑斑，"知足以拒谏，言足以饰非；矜人臣以能，高天下以声，以为皆出己之下。好酒淫乐，嬖于妇人"[⑤]，结果终成亡国之君。这样的例子，古今中外，概不鲜见。虽然有些无德的领导者取得了领导活动的成功，但这些活动往往由于违背道德、违背人心而不能持久，或者即使持久也受到世人或后

---

① （意）尼科洛·马基雅维里著：《君主论》，潘汉典译，北京：商务印书馆，1985年版，第40—41页。

② （意）尼科洛·马基雅维里著：《君主论》，潘汉典译，北京：商务印书馆，1985年版，第84页。

③ （意）尼科洛·马基雅维里著：《君主论》，潘汉典译，北京：商务印书馆，1985年版，第84页。

④ （意）尼科洛·马基雅维里著：《君主论》，潘汉典译，北京：商务印书馆，1985年版，第85页。

⑤ （汉）司马迁著，张大可辑评：《史记（百家汇评本）》，武汉：长江文艺出版社，2007年版，第35页。

人的诟病，从根本上来说，不能算成功。正反两方面的实例让我们看到：成功的领导者是那些"以德服人"的领导者，成功的领导活动是那些以德为治的领导活动。

基于上述理由，我们认为，培养领导者良好的品德是非常重要的，而且应该成为领导教育的重要构成内容。

领导特质理论

【阅读指要】

　　西方领导特质理论研究如何区分领导者和非领导者。这一理论经过了伟人论与特质论两个紧密相连的阶段。从研究类型角度经历原创研究与总结研究两种类型。

　　在 20 世纪西方领导学的研究中，研究者们感兴趣的一个领域是领导特质理论。这一理论是人们最早对领导进行系统研究的尝试之一。他们试图通过确定领导者与生俱来的特质与特征来确认什么人更适合做领导。

一、领导特质理论的发展阶段

　　关于领导特质的研究出现于 20 世纪早期。这一理论的研究分为前后紧密相连的伟人论（great man theory）和特质论（traits theories of leadership）两个阶段。最早发表的关于领导特质的文章于 1904 年出现于美国，它关注的是智力因素。其他被研究过的领导特性还包括身高、精力、社会经济地位、教育程度、年龄、机敏、闯劲和声望等。这个理论被称为伟人理论。伟人论的基本假设是领导者是天生的，一个人之所以成为领导者，有其不可比拟的天赋和个人品质，如思维敏捷、能言善辩、英俊潇洒，等等。类似的看法在中国也存在过很长一段时间，如相貌、出身、音质等均是一个人成为领导者的先决条件。这一理论的重点是确定社会、政治及军事等方面的领导者具有哪些与生俱来的特质和特征。伟人论认为，这些特质是伟人们才具有的，普通人是不具备的。因此，研究主要集中在领导者与普通人之间特质的区别上。

特质理论继承了伟人论的许多传统，但它在研究方法上因为拥有心理学的支持，从而超越了伟人论。特质理论对领导者先天具有和后天养成的独特性进行了充分的研究，以此探讨领导的有效程度。特质论是对领导现象进行体系化研究的最初尝试，但它对伟人论之神秘主义特征的克服是不彻底的 [①]。

正是由于领导特质理论的一些不足，20 世纪 30 年代领导特质理论的优势地位维持了将近 10 年之后，40 年代它就不再占主导地位了。50 年代早期，就不再那么流行把领导特质作为领导学研究的题材了。人们的研究转向了对领导行为的考查。但是，由于特质论抓住了领导现象中最为基本的要素——领导者，因此，特质论的研究几乎贯穿领导学发展过程的始终。到了 20 世纪 80 年代它又开始复苏。魅力领导理论、变革型领导等范式，都具有向特质理论回归的倾向。因此，特质理论仍然值得关注和研究。

二、领导特质理论的原创研究

领导特质理论的原创研究是指研究者通与研究对象的直接或间接接触而进行的研究。

在 1904—1970 年发表了许多关于领导特性的研究成果，它们在领导者身体的社会特征、心理和个人背景特征，以及任务和能力变量方面有重大的发现。虽然20 世纪有众多关于领导者特质的研究，但是拉尔夫·斯托格迪尔（Ralph Stogdill，又译斯塔格蒂尔）于 1948 年和 1974 年的两次调查，最终形成了这一理论研究的总体看法。

斯托格迪尔（1948）对出现于 1904—1947 年的 124 项实证研究做了分析。他认为，领导者拥有一些在非领导者身上看不到的特质和技能，同时，一项特质的存在

---

① 刘建军编著：《领导学原理——科学与艺术》（第二版），上海：复旦大学出版社，2003 年版，第 63—64 页。

会随着情境的不同而变化。他用下面概括性的标题区分了五类特质和技能[①]：

（1）能力：包括智力、警觉性、言语表达能力、创造性、判断力。

（2）成就：包括学识、知识、运动技能。

（3）责任：包括信赖度、主动性、持久性、进取心、自信、好胜心。

（4）参与：包括活动、社交、合作、适应性、幽默感。

（5）地位：包括社会经济地位、声望。

1974 年，斯托格迪尔又分析了 163 个新的研究，得出了第二份调查研究报告。[②] 这一报告与第一份报告一样确定了与领导行为密切相关的领导特质。他认为这些领导特质主要表现在以下十个方面[③]：

（1）责任和完成任务的积极性；

（2）精力和对目标的执着的追求精神；

（3）解决问题所具有的冒险精神和创新精神；

（4）社会情境中的实践创新的积极性；

（5）自信心和自我认识能力；

（6）勇于承担决定和行动的后果；

（7）乐于减少人际紧张；

（8）愿意忍受挫折和延误；

（9）影响他人行为的能力；

（10）为实现目标而建构社会相互作用系统的能力。

在第一份报告中，他指出领导行为主要是由情境因素决定的，而非个人因素。在这一报告中，他认为特质因素和情境因素两者都与领导行为有着十分重要的关系。

除了斯托格迪尔等人的研究，还有许多人对领导特质做了研究。

曼恩（Mann. R. D. , 1959）对 1400 多个小群体中的个性和领导行为进行了研

① （美）Fred C. Lunenburg & Allan C. Ornstein 著：《教育管理学——理论与实践》，孙志军等译，北京：中国轻工业出版社，2003 年版，第 103 页。

② Stogdill，R. M.（1948）. Handbook of Leadership：A Survey of Theory and Research. New York：Free Press.

③ （美）诺思豪斯著：《领导学：理论与实践》，吴荣先译，南京：江苏教育出版社，2002 年版，第 10 页。

究分析[①]，认为个性特质是可以用来区分领导者与非领导者的。他所得出区分标志是智力水平、男子气、适应能力、支配能力、外向特征和自控能力。

劳德（Lord. R. G）、戴维得（Devader. C. L）和埃利杰（Alliger. G. M）等人（1986）对曼恩的研究重新进行了评价[②]，他们认为智力水平、男子气、支配能力是领导者的重要因素。他们充分肯定了个性特质在种种场合中都可以用于区分领导者和非领导者的观点，如表 1-2 所示。

表 1-2　领导者特质的研究

斯托格迪尔 （1948）	曼恩 （1959）	斯托格迪尔 （1974）	劳德等 （1974）	柯克帕特切克和洛克 （1991）
智力水平	智力水平	成就欲	智力水平	进取性
应变能力	男子气	洞察力	男子气	积极性
洞察力	适应能力	创新精神	支配能力	正直
责任感	支配能力	自信心		自信心
创新精神	外向特质	责任感		认识能力
坚韧性	自控能力	合作精神		任务知识
自信心		忍耐力		
社会交往能力		影响力		
		社会交往能力		

三、领导特质理论的总结研究

领导特质理论的总结研究是指研究者对在前人对领导特质研究基础上，进行分析、总结、概括的研究。柯克帕特切克和洛克（Kirkpatrick & Lock，1991）同样对领导者特质的重要性给予了肯定（见表 1-2）。通过对早期大量研究的分析，他们提出，领导者与非领导者有以下六个方面的特征：内驱力、领导欲望、诚实与正直、自信心、认识能力及商业知识。他们认为，正是这六种特质构成了领导者的要素，这些特质可以使他们与其他人明显区分开来。领导者的这些特质可能是

---

① Mann. R. D.（1959）. A review of the relationship between personality and performance in small groups. Psychological Bulletin.

② Lord. R. G. , Devader. C. L. & Alliger. G. M.（1986）. A meta-analysis of the relation between personality traits and leadship.

生来俱有的，也可能是学习来的，两种可能性都有。

1990年，伯纳德·贝斯和拉尔夫·斯托格迪尔在斯托格迪尔早期研究的基础上，概述了1949—1990年发表的300多项领导特质研究结果，加里·尤克尔（Gary Yukl）则对他们的结果重新进行了整理的评估，表1-3是那些有代表性的研究结果[①]。

表1-3　成功领导者的特质与技能

特质	技能
适应环境	才智
对社会环境的警觉	概括能力
野心和成就定向	创造性
果断	老练、机智
合作性	擅于演说
决断	知识渊博（与工作任务有关的）
可靠	组织性
支配性（影响他人的愿望）	善于说服人
精力（较高的活动水平）	社交技能
耐力	
自信	
忍耐压力	
承担责任的愿望	

人们在对贝斯和斯托格迪尔的综述结果中划分出有关领导特质的五大个性结构模型，它也被现代心理学家们所认可。这一模型认为，由上级和下级认知到的领导特质可以描述为五个宽广的维度：应急能力、适宜性、责任感、情绪稳定性、智能。

• 应急能力。应急能力考察一个人的社交能力、群体倾向、果断和领导倾向的程度，相对应的是从容、保守、礼貌和畏缩。与这一维度有关的更为普遍的个性特征包括支配性、场合的处理能力、权力需要、善于交际、应急能力或果断。

• 适宜性。适宜性考察一个人的同情心、合作性、情性和热情的程度，相对

[①]（美）Fred C. Lunenburg & Allan C. Ornstein 著：《教育管理学——理论与实践》，孙志军等译，北京：中国轻工业出版社，2003年版，第103页。

应的是脾气暴躁、令人厌烦、不愉悦和冷漠。与这一维度相关的个性特质包括令人喜爱、友善、亲和性与关爱。

• 责任感。责任感描述一个人的不辞辛劳、坚忍、组织性和责任，与此相对的是冲动、反应冷淡、不可靠和懒散。与这一维度相关的个性特质有审慎与雄心、成就愿望、成就需要、可靠、自制和工作倾向。

• 情绪稳定性。这一维度考察一个人的镇静、稳重、冷静和自信的程度，相对应的是焦虑、无安全感、担忧和情绪化。与这一维度相关的个性特质包括神经质、情绪稳定性、情绪消沉和受外界的影响性。

• 智能。这一维度涉及一个人的想象力、教养、思维广度和好奇心，相对应的是具体思维、操作性和兴趣狭窄。与这一维度相关的个性特质有知识面和对经历的开放度。

研究者认为，这一模型对测出领导者成功的可能性，非常有用。但许多组织还没有认识到这一工具的益处。

为了更简便地把握领导特质人们试图对早期研究的成果更加概括化。国外有人根据早期研究总结的领导者的重要特性（见表1-4）[1]。

表 1-4

生理或个人背景特性	个性或能力特性	任务或社会特性
活跃性或精力	决断能力	成功欲
教育程度	优势	责任心
社会地位	自立或独创性	主动
	自信	毅力
	管理能力	任务导向
	流畅的表达力	合作性
	社会认知能力	关于交际
	适应性	

表1-4清楚地描述了与领导行为相关的种种特质，同时也表明把某些特质作为领导者所固有的特质是困难的。

---

① （美）乔恩 P. 豪威尔，丹 L. 科斯特利著：《有效领导力》，付彦等译，北京：机械工业出版社，2003 年版，第 12 页。

四、领导特质理论存在的问题

领导特质理论仍然存在一些问题，主要表现在以下方面。第一，研究者没有就那些领导特质最终达成一致意见。第二，许多研究是在区分领导者和非领导者，而没有区分有效领导和无效领导。第三，研究者常常不能就如何定义和测评特定的特质达成一致。第四，这些研究成果很少或根本就没有显示一个人特定的领导特质对领导有效性的重要性。

领导者的师性特征 [①]

【阅读指要】

　　领导活动与教育活动具有高度相似性，使得领导者具有与教师相类似的特性。主要表现为领导行为上的示范性、领导思想上的教育性、领导活动中的指导性、领追关系上的平等性和领导效果上的督导性等。追随者的发展需求、工作开展的客观需要和领导者的责任要求，使领导者具有师性特征具有必然性。在领导活动中，领导者的师性特征体现为工作方向上的指南、工作思路上的指引、工作方法上的指点、工作困难上的指导及工作现场上的指挥。

　　在领导学上，领导者是一个关系概念，它所对应的不是被领导者、下属、员工等，而是追随者。领导者与追随者之间形成一种领追关系。领追关系中，领导者的角色与教师的角色具有很高的相似性。领导者在一定程度上是领导活动的指导者，是追随者的导师。在对毛泽东"四个伟大"（伟大的导师、伟大的领袖、伟大的统帅、伟大的舵手）的评价中，"伟大的导师"是排在第一位的。可见，好的领导者首先要是好的导师，领导者具有师性特征。学校领导者多是由教师兼任或由教师升任上来的，如果能够顺利实现迁移，其师性特征将会得到更好的发挥。以下对领导者的师性特征加以分析，有助于学校领导者领导力的提升。

---

① 本文发表于《湖北教育》，2015 年第 4 期，第 24—25 页。

一、领导者师性特征的内涵

领导活动与教育活动具有高度相似性，都是一个人或一个集体带领一群人去完成一个目标任务。正是这种活动的相似性，使得领导者具有与教师相类似的特性。从某种意义上说，领导过程也是教育过程，领导与教育的过程是一体的，即"领教一体"，这就意味着领导活动与教育活动是难以分开的。领导者在领导活动中所具有的与教师角色或职能相当的特性，即是领导者的师性特征。

教师在教育活动中对学生具有示范性、教育性、指导性、平等性、督导性等特征。同样，在领导活动中，领导者对追随者也具有类似的特性。领导者的师性特征主要表现在如下方面。

（一）领导行为上的示范性

教师具有示范性、标榜性的特征。他是思想的榜样、道德的模范，也要在穿着打扮、一言一行上为人师表。而领导者也需具有这种示范性、榜样性。领导者在思想境界上，要不谋私利，公平公正地做事；在行为表现上，要以身作则，率先垂范，身先士卒。"上行下效"，领导者只有做出良好的示范才能带出良好的团队。《论语·子路篇》云："其身正，不令而行；其身不正，虽令不从。"[①]《史记·李将军列传》中说："桃李不言，下自成蹊。"这都说明领导者身先示范的重要性和影响力。"上梁不正下梁歪"，则说明了领导者不具有示范性，或坏的示范性将会导致的不良后果。可见，示范性是领导者的重要特征。

（二）领导思想上的教育性

教师具有对学生进行德育的任务，任何学科的教师都具有这一任务。德国著名教育家赫尔巴特曾说过："没有没有教育的教学，也没有没有教学的教育。"这就是在强调智育与德育是融为一体的。对领导活动而言，在让追随者完成任务的同时，也需要对他们进行思想动员、思想教育。没有或缺乏思想沟通、思想教育的领导活动往往是失败的，或不理想的。因此，领导者要像教师对学生进行德育

---

① 杨伯峻译注：《论语译注（典藏版）》，北京：中华书局，2015年版，第195页。

一样在领导活动的过程中对追随者进行教育。这种教育包括思想认识上的沟通、工作动力上的激励、工作规则上的要求等等。通过对追随者的教育使之在思想认识上有所提升、工作动力上有所加强、工作效果上有所提高。

（三）领导活动中的指导性

教师对学生的学习具有指导作用，通过指点迷津使学生更快更好地掌握知识、习得技能、提高水平。领导者也需要具有很强的指导能力，在领导活动中发挥指导作用。领导者要给予追随者个人发展方向上的指引，工作技术上的指导、工作方法上的点拨等。在领导者的指导下，追随者可以明确工作方向、思路、方法，从而更快更好地完成任务。成为指导者是领导者提高领导力的重要方面。

（四）领追关系上的平等性

良好的教育教学需要具有民主平等的师生关系，同样，良好的领导活动需要民主平等的领追关系。在领导活动中，领导者师性特征的发挥，不是下命令式的，而往往是协商式、对话式、交流式的，即领导者与追随者在平等地位的基础上展开的。只有这样才能体现出领导者对追随者的认同和尊重。领追关系中，不是只有追随者对领导者的认可与尊重，也需要有领导者对追随者的认可与尊重。相互认可与尊重是领导关系存在的基础。领导者给予追随者指导的过程正是领追关系的构建过程，也是领导活动的实施过程。民主平等的领追关系，体现出对追随者的尊重，而尊重可以产生领导力。

（五）领导效果上的督导性

教师需要对学生的学习结果与质量进行检查、监督。领导者也要对追随者完成任务的情况进行检查，如果任务完成进度慢或者质量不高，领导者需要进行督促、指导，从而促使追随者保质保量地完成任务。在这个过程中，领导者对领导效果的达成起到督导作用。

强调领导者的师性特征，并不是拿领导者与教师作简单的对比，也不是说领导者的作用发挥与教师的作用发挥是一样的，而是意在表明，领导者带领追随者进行领导活动，与教师引导学生进行学习活动具有很强的相似性，学习借鉴教育活动中教师的行为做法，有助于提升领导力。

二、领导者师性特征的必然性

领导者具有师性特征，并不是偶然的，而是具有必然性。除了领导活动与教育活动具有较强的相似性这一原因之外，追随者对领导者给予指导的需求、工作的顺利开展需要领导者给予追随者以指导，以及领导者的职责要求也是使领导者具有师性特征的必然要求。

（一）追随者的发展需求

追随者与学生一样也是发展中的人，只不过他们是在职场中发展中的人而已，他们也需要在职场中不断成长与发展。这就需要有人在工作中给予帮助与指导。而领导者是追随者职场中最佳的引路人和导师。追随者之所以愿意追随领导者，除了利益驱动之类的原因外，还有一个重要原因就是跟着这样的领导者可以学到更多的东西，获得更好的发展。在这个过程中，追随者需要领导者给予指引和帮助。这在客观上要求领导者能够像教师一样给予追随者以有效的指引。

（二）工作开展客观需要

领导活动是由一系列复杂的活动构成的，需要领导者进行精心的规划，做出正确的决策，进行全面的部署；也需要追随者全面准确地领会领导意图，坚决高效的执行力。领导活动的各个环节都需要领导者需要给予追随者以必要的、适当的指导。这也在客观上要求领导者能够发挥类似教师的作用，使追随者向着其指引的方向前进，从而保证领导活动的顺利实施。

（三）领导者的责任要求

领导者之所以成为领导者，不仅仅是因为他占据着某个职位，更是因为他具有比追随者更宽广的视野、更高超的智慧。领导者只有在智识上、情意上、行为上等某方向或多方面超越追随者，才能赢得追随者的认可与追随。也正因如此，领导者有责任也有义务给予追随者以指导或指引。领导者给予追随者以指引，是其进行领导的责任要求。只有这样才能更好地进行领导。

三、领导者师性特征的展现

领导者的师性特征在领导活动中有着具体体现，主要表现在如下方面。

（一）工作方向上的指南

领导者的重要任务是规划领导活动的愿景、做出科学的决策，通过蓝图的规划、发展的决策确定领导活动的方向。对追随者而言，他们工作的方向往往由领导者来加以明确。领导者要为追随者指出工作方向，提出明确要求，以便追随者准确地理解和把握领导者的意图，在工作中贯彻落实。如何以有效的方式向追随者描绘工作蓝图、展现工作方向就需要领导者像教师一样具有良好的传授能力，以使追随者尽快明确方向，同时激发起他们的工作热情和信心。

（二）工作思路上的指引

追随者在实际工作过程中，会出现工作有方向没有头绪的情况，往往表现为对如何工作的具体思路不甚清晰。此时，需要领导者给予他们以工作思路上的指引，以帮助他们疏通障碍、理清思路。这个过程需要领导者像教师教育学生要把握学生心理一样把握追随者的心理，既能贴近他们的心理需求，又能贴近他们的工作需要；既不能因情绪不满、不当批评而伤害他们的自尊心与工作积极性，也不能置之不理，任由他们自己处理。领导者需要做的是，通过恰当的点拨，使他们拨云见日、豁然开朗。

（三）工作方法上的指点

在把任务安排给追随者之后，领导者不能放手不管，而要关注他们的进展和工作状态。追随者在工作过程中，会出现方法不当、方法不得力等工作方法问题。此时，领导者不能视而不见，而要给予工作方法上的指点，以帮助追随者少用力、快速高效地完成任务。可能有人会说，追随者是有胜任力的，领导者不用管那么多。其实，追随者也是发展中的人，需要得到领导者的适当帮助。领导者需要做的是正确地判断何时该介入给予帮助与指点，以及帮助与指点到何种程度。

（四）工作困难上的指导

追随者在工作过程中，可能会遇到各种各样的困难，有些可能是工作之外的因素，比如家庭原因、个人身体原因等，影响到工作进展。此时，不仅需要领导者给予人本主义的关怀，还需要给予恰当的指导，比如时间上的灵活协调、工作上的统筹安排等。在工作困难上的指导，不仅可以帮助追随者克服困难，更好地工作，而且可以赢得追随者对领导者的情感认同。因此，在追随者遭遇困难时给予指导，是增强领导力的重要机会。

（五）工作现场上的指挥

在一些情况下，需要领导者与追随者齐心协力共同完成某项任务，需要领导者在领导活动进行现场指挥。此时，不仅需要领导者具有很强的组织能力、协调能力、沟通能力等，也需要具有很强的指导能力。现场指挥的过程也是现场指导的过程。这个过程需要领导者具有很强的现场指导能力，既有对团队协作的指导，也有对个别人的指导。通过对团队和个人的指导，使个人与团队更好地协作，从而保证工作任务的完成。

由上述方面不难看出，领导者具有师性特征，领导者在很多方面具有与教师相类似的功能，他能够给予追随者以良好的指导，从而促进其个人发展与整个领导活动的顺利进行。从这个意义上来说，一位好的领导者同时也是一位好的导师。领导者要在领导活动过程中，注意发挥这种师性特征，就能够提高领导力，从而更好地完成领导活动。

信仰：领导的力量

【阅读指要】

信仰是对某人或某种主张、主义、宗教极度相信和尊敬，拿来作为自己行动的榜样或指南，有个人信仰、组织信仰、宗教信仰、政治信仰、道德信仰等不同类型。信仰在领导活动中具有重要作用，信仰指引领导活动的方向，凝聚组织的广大成员，坚定领导活动的信心。信仰是领导的力量。领导者要把形成组织信仰，善用个人信仰作为领导活动的重要内容，利用信仰的力量开展领导活动。

什么是信仰？信仰是"对某人或某种主张、主义、宗教极度相信和尊敬，拿来作为自己行动的榜样或指南"[①]。信仰就其字面来解，包括两方面的内涵，一是"信"，二是"仰"。"信"不是一般的信，而是"极度相信"；"仰"也不是一般的"仰"，而是"虔诚仰望"。正是基于这样的特点，信仰具有特殊的力量。信仰不仅在个人的生活中具有特殊的力量，而且在领导活动中具有重要作用，发挥着不可替代的力量。领导者要充分认识信仰的力量，并在领导活动中发挥信仰的力量。

---

① 中国社会科学院语言研究所词典编辑室编：《现代汉语词典（修订本）》，北京：商务印书馆，2001 年版，第 1405 页。

一、信仰的类型

为了更好地认识信仰在领导活动中的作用，有必要对信仰加以分类。信仰有个人信仰、组织信仰、宗教信仰、政治信仰、道德信仰等不同类型。

（一）主体角度的信仰

1. 个人信仰

契诃夫说过："一个人理应是有信仰的或者是正在寻找信仰的人。人没有信仰，就成了行尸走肉。"可见，个人拥有信仰的重要性。

个人信仰，指个体对某人或某种主张、主义、宗教极度相信和尊敬，拿来作为自己行动的榜样或指南。个人信仰个体性特点，因人而异，不尽相同，多种多样。个人信仰是个人思想与行为的指南。

2. 组织信仰

组织信仰，是一个团体或组织中的成员共同对某种主张、主义、宗教等的高度认同与坚决拥护。组织信仰具有共同性的特点，它为组织内的所有人所共同认可，是集体思想与行为的指南。

（二）内容角度的信仰

从内容的角度，可以把信仰分为宗教信仰、政治信仰和其他信仰三种类型。

1. 宗教信仰

宗教信仰，是指信奉某种特定宗教的人们对所信仰的神圣对象（包括特定的教理教义等），由崇拜认同而产生的坚定不移的信念及全身心的皈依。这种思想信念和全身心的皈依表现与贯穿于特定的宗教仪式和宗教活动中，并用来指导和规范自己在世俗社会中的行为。它属于一种特殊的社会意识形态和文化现象。

2. 政治信仰

政治信仰，是对既定的政治形态的价值认同，是对政治的终极关怀。它反映了一种政治理性，也反映了一种政治安慰。它是特定政治形态的心理基础，这种心理基础是政治稳定和发展的基本要求。

3. 其他信仰

其他信仰，这里指政治信仰和宗教信仰之外的坚持对某些主张、观念等的坚定不移地认同。从内容上，其他信仰包括道德信仰、民族信仰、民俗信仰等。社会上有各种主义，这些主义在一定程度上也就是一种信仰。个人对某些事物的坚定认同，都可看作信仰。因此，其他信仰的内涵是广泛的。可以说，每个人都有这样那样的信仰。这些信仰支撑着人活在世上的价值与意义。

二、信仰在领导活动中的作用

信仰在领导活动中发挥着重要的作用，这种作用就是信仰在领导活动中的力量：信仰指引领导活动的方向，凝聚组织的广大成员，坚定领导活动的信心。

（一）信仰指引领导活动的方向

1. 方向指引作用

信仰是领导活动的明灯，是方向，是指引。信仰所指引的方向，是领导活动的理想、目标，是领导组织的共同愿景。有信仰就不会迷失领导活动的方向。在近现代革命过程中，许多国人曾苦苦寻找救国图强的方向和路径，但多以失败而告终，究其原因在于没有找到理想与目标。后来，中国共产党人找到了马克思主义，并把它作为革命的信仰，由此中国革命走上了新的方向，并最终取得了胜利。可以说，是马克思主义的信仰，为中国革命指明了前行的方向。

2. 思想纯化作用

信仰是对某种事物的认同，这种认同具有一定的排他性，即除了对此一事物的认同，对其他事物则采取一定的排斥态度。信仰的这种特性可以保持思想的纯正性，保证领导活动的目标不会被其他的思想或观念所左右、所干扰，进而保障领导活动沿着同一个方向推进。

（二）信仰凝聚组织的广大成员

政治团体、政治组织一般都有自己的政治信仰，宗教团体、宗教组织一般都有自己的宗教信仰。组织信仰是把个体的人团结成为团体的人的重要力量。从信仰的角度看，同一组织、同一党派的人是有共同信仰的人。是共同的信仰，使来自不同领域、不同行业的人，聚集到一起，形成同一组织或党派。信仰是组织的旗帜与号角，把大家召唤到一起，聚集到一起。组织内共同信仰的涣散与崩溃，会导致组织的分裂与解体。所以，信仰建设是组织建设的重要内容。

（三）信仰坚定领导活动的信心

领导活动的成功需要有坚定的信心，以及由此带来的坚定的执行力。信仰是领导活动过程中克服困难、抵制诱惑的力量，从而使领导活动表现出坚定的信心。

1. 信仰是克服困难的力量

领导力的一个重要方面是勇气与坚持。这种勇气与坚持需要背后有一种力量来支撑。什么可以成为这种力量呢？信仰使领导者与追随者有勇气面对困难与挫折，拥有坚持下去的力量。有信仰才能坚定信心，执着地行动下去，遇到任何困难与挫折都会不折不挠、百折不弯。

电视剧《风雨雕花楼》里有个场景：主人公顾伯华蒙冤与地下党老陈一起被关在大狱时，看到老陈对任何酷刑都能坦然承受，他好奇地问老陈，"你为什么能够坚持？"老陈坦然回答，"为了信仰、为了理想"。很简单的一句话，反映了让老陈能够忍受住一次次非人的折磨，挺过严酷的刑罚，正是信仰给予了他力量。也正是这句话，印证了无数革命前辈对共产主义社会的忠贞信仰，以及为实现自己的信仰甘洒热血、抛头颅的牺牲精神。

2. 信仰是抵制诱惑的力量

信仰不仅表现为面对困难挫折时的坚定力量，也表现为面对利益诱惑时的抵御力量。有了信仰，在压力面前，在诱惑面前，就能够做到理想不减、信仰不灭，抱定理想信念，坚定地继续前行。在革命战争年代，许多人不要敌人的高官厚禄，不被金钱美色所动，靠的是什么，就是对革命、对解放、对自由、对平等、对正义等的崇高信仰。在信仰面前，高官厚禄、金钱美色都是不值一提的。所以，信仰是坚定人们的信心，不被腐蚀、诱惑的力量。

三、领导者个人信仰的作用

信仰是领导的力量。领导者要把形成组织信仰、善用个人信仰作为领导活动的重要内容，利用信仰的力量开展领导活动。

信仰的多类型构成了领导者个人信仰在领导活动中发挥作用的情况不尽相同。领导者个体的某些信仰与组织信仰，既可能是一致的，也可能是不一致的，并存的。宗教信仰、政治信仰与其他信仰三类信仰可能集中在同一个领导者身上。但在领导活动中只能是某一方面的信仰占据主导地位。哪一种信仰占主导要看领导者身居何种组织中，这种信仰必须是与组织信仰相一致的信仰。

在政教合一的情况下，领导者的信仰是政治信仰与宗教信仰的合一。政教合一的信仰成为领导者与追随者的共同信仰。领导者用宗教信仰来行使政治号召，凝聚人心和力量。

在政教分离的情况下，领导者个人的宗教信仰与政治信仰也可以是分离的。作为政治领导者，更多地依靠政治信仰来行使政治号召，发起政治力量。世界上有些国家的领导人怀有虔诚的宗教信仰。

这些领导人在具有宗教信仰的同时也具有自己的政治信仰。由于现代社会的信仰多元化，这些领导人从事领导活动时，发挥作用的更多的是政治信仰，而不是他们的个人宗教信仰。他们的宗教信仰只是一种个人信仰，在领导活动中，他们要靠政治信仰来发挥作用。他们的政治信仰应是一种组织信仰，正是据此他们凝聚人力、汇聚力量。他们在政治中的作为，主要靠他们的政治信仰来推动。

在宗教信仰与政治信仰之外，其他信仰则在领导活动中起着推动作用。比如，在一些非宗教组织，也非政治组织的民间组织、民间团体，他们可能也会有自己的某些信仰。这些信仰成为这些组织存在的力量。比如，对公正、正义的追求，把坚守社会公正作为信仰；对真善美的信仰；对环境保护的坚定信仰与追求等。

为了更好地进行领导活动，领导者需要把自己的个人信仰与组织信仰协调起来。这种协调既可以是以个人信仰为旗帜，吸引、凝聚追随者，从而把个人信仰变为组织信仰或与组织信仰达成一致，也可以是区别对待自己在政治、宗教、道德等不同方面的信仰，协调这些信仰在领导活动中发挥的作用，以政治信仰或其他信仰推动领导活动的前进。

信仰可以成为领导活动的方向，领导组织存在的基础和领导行动的坚强后盾，所以，信仰是领导的力量。领导者要把形成组织信仰，善用个人信仰作为领导活动的重要内容，利用信仰的力量开展领导活动，直至领导活动的成功。

领导者要有容人之量 [①]

【阅读指要】

领导者要有海纳百川的胸怀，要有容人之量，能够容人之短、容人之强、容人之过、容人之怪、容人之狭、容人之私、容人之正。遇到别人的短处、强处、过错、怪异、偏狭、自私、正直时，领导要多换位、多思考、多尊重、多宽容；不要轻易批评、惩罚，更不能排挤、欺压。在宽容的基础上还要多关心、多引导、多帮助、多转化，要能够使人避短扬长、纠过改错，要能够与人强强联合，能够易怪显才。这样方显领导本色。

作为领导者，要有海纳百川的胸怀。古人云："将军额头跑开马，宰相肚里能撑船。"纵观古往中外成就大事业的人，无不具有包容天下的广阔胸怀。《尚书·君陈》中的"必有忍，其乃有济；有容，德乃大"；林则徐的自勉联"海纳百川，有容乃大；壁立千仞，无欲则刚"等，都是讲宽容的力量。领导者具有宽容之心，才能团结人、吸引人、凝聚人，进而领导人。领导者要能够容人、容事、容言。其中容人最重要。只有能够容人才能做到"有容乃大"。

---

① 本文发表于《领导科学报》，2006 年 3 月 22 日第 2 版。

一、领导者要容人之短

常言道："尺有所短，寸有所长。"每个人都有这样那样的不足和短处。有些"短"是先天的，如身体上的短处；有些是后天的，如不良习惯。对下属的短处，领导要能够正确对待。俗话说："打人不打脸，说话不揭短。"领导不仅不要揭人之短，而且应该根据情况能护短的护短，能避短的避短。护短、避短不是偏袒、包庇，而是关心、爱护。所谓"仁者待人，各顺乎人情，凡有所使，皆量其长而不苟其短"。领导要善于激励下属取长补短、扬长避短、化短为长。

二、领导者要容人之强

古人有"功高盖主"之说。下属太优秀，领导者就会担心自己的地位，因而不能容人。有时容人之短易，容人之强难。作为领导要有"将将"的能力，以有卓越的下属为荣，决不能妒贤嫉能。刘邦在总结自己成功经验时讲过一段非常著名的话："运筹帷幄之中，决胜于千里之外，吾不如子房；安国家、抚百姓、给饷银，不绝粮道，吾不如萧何；统百万之军，战必胜，攻必取，吾不如韩信。此三者，皆人杰也。吾能用之，所以取天下也！"对于卓越有才能的人才要唯才是举、委以重任，决不能打击、排挤、欺压。只有充分发挥好优秀人才的作用，才能真正取得领导事业的成功。留住优秀的人才，用好优秀的人才，是领导成功的重要标志。

三、领导者要容人之过

人非圣贤，孰能无过。人们在工作过程中，不可能不犯一点错误，不出一点偏差。领导者"躬自厚，而薄责于人，则远怨矣"。（《论语·卫灵公》）应当允许人们犯错误、允许人们改正错误。容人之过就不要求全责备，不要以偏概全。过有心之过，有无心之过。无心之过易恕，有心之过难容。领导者不仅要容无心之过，对有心之过也要视情况该容则容。《论语·阳货》说"宽则得众"，意为：待人宽厚就会得到众人的拥护。对于犯错误的同志，要认真分析其错误，找出原因，对症下药地给予帮助。容人之过，必得大益。

四、领导者要容人之怪

"天生才士定多癖。"有才能的人往往会有些个性、有些张扬、有些个人癖好，甚至有些怪异的思想与行为。《论语·子路》中说："君子和而不同，小人同而不和。"领导者要摆着求同存异的心态对待他人的怪，要能够容人之怪，并从中发现其中的闪光之处。

五、领导者要容人之狭

人的存在是局限性的存在。由于出身、学识、阅历、经验等各种因素可能会造成人不同程度、不同方面的偏狭，如心胸狭窄、眼界狭窄、学识狭窄等。领导者要能够正确对待他人的偏狭，宽容他人的偏狭。不能以其偏狭而另眼相看，这样自己也会走向偏狭。

六、领导者要容人之私

人都有为己之心。然而有些人"腰里挂算盘"，凡事只替自己打算，表现出强烈的自私行为。面对他人的自私，领导者也要视情况，能容则容。古语说："水至清则无鱼，人至察则无徒。"如果过分地追求完美，不断指责他人的过错，就会失去人心。

七、领导者要容人之正

除了有人一心为己，自私自利，还有人一心为公，大公无私。这些人往往正直无私，敢于直言。由于这些人的正直无私，往往会触动某些人的利益，甚至包括领导者的利益。领导者要就事论事，秉公行事，而不要就人论事。良药苦口利于病，忠言逆耳利于行。对于这些人的意见和建议要认识听取、辩证分析、合理利用。

八、领导者要兼容并蓄

《荀子·非相》云："君子之度己则以绳，接人则用抴。度己以绳，故足以为天下法则矣。接人用抴，故能宽容，因求以成天下之大事矣。故君子贤而能容罢，知而能容愚，博而能容浅，粹而能容杂，夫是之谓兼术。"这句话对领导者而言就是：要严于律己，宽以待人，才能兼容并蓄，成就一番大事业。

总之，领导者一定要宽宏大量，要有容人之量。这是领导的基本素质，也是领导的重要美德。遇到人的短处、强处、过错、怪异、偏狭、自私、正直时，领导要多换位、多思考、多尊重、多宽容；而不要轻易批评、惩罚，更不能排挤、欺压。这样方显领导气度。在宽容的基础上还要多关心、多引导、多帮助、多转化，要能够使人避短扬长、纠过改错，要能够与人强强联合，能够易怪显才。这样方显领导本色。

我们还必须看到，容人是有原则的、有条件的，绝不是无条件的。容人所提倡的是严于律己、宽以待人，绝不是笼统地容忍一切。容当其时、容当其事、容当其人，才是"容"得其所；如果凡事都"宽宏大量"，甚至"容人腐败""容人犯法""容人作怪"，那就不是"容人"，而是"毁人"了，不仅"毁人"而且"毁己"。因此领导者要掌握好宽严的尺度。

领导者要提高语文能力 [①]

【阅读指要】

　　语文能力直接影响着领导者的个人形象，影响着领导者的领导力。领导者应不断提高识字能力、口语表达能力、口语交际能力、阅读能力、写作能力、书法能力等语文能力。

　　语文能力对每个人都很重要，对领导者来说，就显得更为重要。因为语文能力直接影响着领导者的个人形象，影响着领导者的领导力。因此，领导者应不断提高语文能力。

一、提高识字能力

　　识字并不仅仅是小学生的事情，识字是一个持续不断的过程。小学阶段的集中识字主要是解决常用字的问题。领导者的识字却是要解决疑难字、生偏字、怪异字的问题。领导者识字还有一项内容就是对字体的认识。我国的字体经历了篆书（含甲骨文、大篆、小篆）——隶书——草书——楷书——行书等几个阶段。到今天只有楷书和行书还在应用。其他几种字体只作为一种书法艺术而存在了。对

[①] 本文发表于《领导科学报》，2006 年 12 月 22 日，第 3 版。

领导者而言，这些不常用的字体倒是应该重点掌握的。在外事活动、参观活动或其他一些活动中，就可能会突然用得上。此外，领导者对繁体字还应该有一定的认识和掌握。这些难字、不常用的字或繁体字可能会在工作中偶然出现，若情况突然可能会令领导者尴尬甚至出丑。领导者因读白字、半边字、认不出字而出笑话的例子已不少见，有的甚至产生了很大很坏的影响。识字事小，影响事大。领导者由于地位特殊，如果出现读错字的情况影响就更大。领导者多识字是防患于未然的最好办法。此外，领导者多识字、多掌握丰富的词汇，对于提高领导者的口语表达和书面表达也是有帮助的。

二、提高口语表达能力

良好的口语表达能力是领导者的必备能力。一个说话结巴、内容含混、条理不清的领导者是没有什么个人魅力可言的，也是难以服众的。领导者的口语表达，应该言之有物、简洁流畅、生动幽默、条理清楚，注意抑扬顿挫。长篇累牍、反复啰嗦、干瘪乏味的表达是不受欢迎的。领导者应在领导实践中自觉提高口语表达能力。其中，说好普通话是最基本的要求。领导者满口方言，在外地交流时就可能会造成交流障碍，甚至导致误会。在口语表达能力中，我们特别强调领导者要具备即兴演讲的能力。领导者经常需要做一些没有准备的即兴发言或即兴演讲，此时，领导者若能够出口成章，无疑会提升个人影响力。

三、提高口语交际能力

口语交际能力是领导者素养的综合表现，需要领导者多方面素质的参与。在表达方面，领导者要恰当地表达自己的观点，把它拿捏得恰到好处地传达给对方；同时要学会运用幽默的交流技巧。领导者不仅要善于表达，还要善于倾听，从中获取有价值的信息。要学会运用态势语言表达自己的情感，特别要注意在交流时眼睛要注视着对方，身体微向前倾。口语交际还需要领导者具备良好的心理素质、真诚谦虚的态度、恰当得体的礼仪等。交流要讲求效果，争取以最短的时间，最少的语言达到最优的效果。如果能够做到上面这一些，那么就可以取得相见甚欢的交流效果了。

四、提高阅读能力

　　阅读能力是一个人学习力的表现。领导者需要通过阅读不断提升自身素养。对领导者而言，应重点提高四种阅读能力：默读能力、快速阅读能力、朗读能力和朗诵能力。默读能力是我们最常用的阅读能力。领导者要学习阅读文件及各种材料，都离不开默读能力。具备较强的默读能力能够提高工作、学习的效率。领导者大都工作繁忙，时间有限，而且需要获取大量信息。这样的情况下仅仅具备默读能力是不够的，领导者还需要具备快速阅读的能力。具备快速阅读能力不仅要提高阅读效率，而且要提高阅读质量。领导者要通过默读和快速阅读进行广泛的阅读，获取更多的信息、扩充知识储备、开拓工作视野，为领导工作打下坚实的知识和信息基础。良好地朗读能力可以更有效地传达信息。领导者传达会议文件或者念讲话稿，都需要朗读能力。朗读要注意字正腔圆，而不能长腔长调；注意抑扬顿挫，而不能单调乏味。朗读中特别要注意防止出现读破句的情况。因读破句而影响领导者形象的例子已经不少。此外，领导者还应提高朗诵能力。如果领导者能够在一些场合展示自己的朗诵能力，那么也会使人另眼相看，提升领导者的形象与魅力。

五、提高写作能力

　　良好的写作能力不仅是作家或秘书才需要的，对领导者也十分重要。领导者要懂得公文、函件等常用应用文的写作知识，而且最好能够会写。领导者不能事事都靠秘书。有些讲话稿等能自己写的要尽量自己写。自己写，自己说，才会更有把握、更有信心、更有底气，也才能够说得更好，不至于出现读破句之类的现象。领导者有时需要作批示或批复。话语可能不多，但遣词造句都需认真琢磨，文字表述要清楚明白、合乎情理。领导者的写作与口语表达一样，要言之有物、简洁明了、条理清晰，需要客观表达的要客观理性，需要有文采的要文采斐然。

六、提高书法能力

　　领导者经常批阅文件、回复信件、签字等，这都需要书法能力。因此领导者需要提高书法能力。提高书法能力，不是让领导者到处题字，也不是让领导成为书法家，而是为了实用。领导者的书法应该清楚明了，有一定的章法，最好能有一定的美感。领导者至少应把基本的批复用语和自己的签名练好。这是为了通过书法提升领导者的个人形象和魅力。如果领导者爱好书法而且能够进行书法创作，那就更好了。这样，书法就可以成为领导者的另一张名片。

　　语文能力是领导者个人整体素质的重要表现。领导形象、领导魅力是由多方面的因素组成的，语文能力无疑是其中最重要的因素之一。具有扎实语文功底的领导者无疑会具有更多的领导魅力。对领导者而言，提高语文能力就是提高领导力。每位领导者都应该在日常工作中，加强语文能力的提高，为提升自己的领导魅力和领导力而努力。

第二章 领导力的提升

　　领导力是使人成为领导者最为重要的因素。没有领导力就没有领导者，没有领导力就没有领导活动的成功。只有深刻地认识领导力，不断地提升领导力才能提升领导者的品格，保证领导活动的顺利进行并取得成功。领导力不仅具有普遍性，而且具有特殊性，在不同的行业、领域，领导力具有不同的表现形态和内容要求。根据领导力的特征，分行业、分领域，有针对性的研究领导力、提升领导力是领导学研究和领导力培养的重要任务。

领导力认识误区辨析 [①]

【阅读指要】

　　人们对领导力的认识存在许多误区。人们把领导力等同于领导能力、领导素质，把领导力等同于影响力，把领导力看作是一种合力。这些认识从某些层面揭示了领导力的一些内涵与特征，但同时混淆了领导力本身与领导力表现及其相关内容。澄清领导力认识的误区有助于进一步认识领导力。从力的作用的角度看，领导力是在一定的社会环境下，由（潜）领导者发出的，指向（潜）追随者进而指向目标实现的一种力量。

　　有些概念平时说起来大家好像都知道，但真正追问它是什么时又很难说清楚，这是人们认识许多概念时所面临的窘境。对领导力的认识也是这样，正如约翰·安东纳基斯（John Antonakis）、安纳·T. 茜安西奥罗（Anna T. Cianciolo）、罗伯特·J. 斯滕伯格（Robert J. Sternberg）所说："领导力在具体环境中很容易识别，但要准确地对它定义却很难。由于领导力本质的复杂性，目前还没有大家都能接受的确

---

① 本文为"领导力开发与领导能力培训"课题研究成果；项目编号：celap2007-per-61；收入《研究领导科学 实现科学领导》，香港：华人出版社，2009 年 10 月版，第 250—254 页；后收入《中国领导科学创新发展精选论文集》，北京：中共中央党校出版社，2013 年 11 月版，第462—466 页。

切定义，也许永远都找不到。"① 纵然如此，人们对领导力的认识与揭示的愿望和努力从来没有停止过。人们对领导力的认识存在许多误区。辨识、澄清这些误区有助于进一步认识领导力。

一、领导力认识误区辨析

领导力是一门涉及复杂而多元领域的知识，领导力本身的复杂性、模糊性、不确定性使得人们在认识它时充满了理解的多元性。多元理解是可以的，但多元理解与理解有误是两回事情。在对领导力的认识中，有些就走入了误区，这些误区主要表现在如下方面。

（一）把领导力等同于领导能力

领导力与领导能力之间有着密切的关系，把领导力等同于领导能力这是一种较为传统的观点。在这种观点中又有一些不同的观点值得注意。

1. 把领导力等同于领导者的多种能力

有人试图从领导能力的角度揭示领导力。在这种努力中包括三种不同的倾向。

第一种倾向是把领导力等同于领导者的一般能力。有人认为领导力是领导者所拥有的沟通能力、组织能力、协调能力等。这些能力一般人也会具有，并非领导者所特有的，把领导力归结到领导者的一般能力上，没有揭示领导者所具有的能力与一般人所具有的能力之间的区别，更重要的是没有揭示领导力与领导者一般能力之间的联系与区别。领导者的一般能力是领导力的基础，同时领导力还要求领导者具备比一般能力更高级的能力与其他素质。

第二种倾向是把领导力等同于领导能力。领导能力包括用人能力、决策能力、协调能力、激励能力、处事能力、处理危机能力、预见能力和创造能力等。董军认为，"领导力对个人而言，是一种以自己的品格和言行影响他人、激励自我、实

---

① （美）约翰·安东纳基斯、安纳·T. 茜安西奥罗、罗伯特·J. 斯滕伯格著：《领导力的本质》，柏学翥、刘宁、吴宝金译，上海：上海人民出版社，2007 年版，第 5 页。

现极限目标的能力。"①在这种说法中，领导力包含了三种能力，即影响他人的能力（注意：影响他人的能力与影响力还不完全相同）、激励自我的能力和实现极限目标的能力（不知极限目标是指什么）。这些领导能力在一定程度上揭示了领导者所具备的能力与其他人一般能力之间的区别，有一定的区别。问题是，领导力不仅来源于领导能力，还来源于诸多非能力因素。如果把领导力等同于领导能力，那些非能力因素在领导力的构成中就无法解释。

第三种倾向是把领导力等同于领导才能。领导才能又是指什么呢？翟鸿燊认为："积极的思维方式、个性、理想、与别人沟通和激发别人积极性的能力是领导才能的基本要素。"②可见，领导才能不仅包括与别人沟通和激发别人积极性的能力等能力因素，还包括思维方式、个性、理想等非能力因素。虽然领导才能中包含了能力因素与非能力因素，但仍然无法用它来解释领导力。因为拥有领导才能并不必然拥有领导力，领导才能是领导力产生的源泉，但不是领导力本身。把领导力等同于领导才能，混淆了领导力的产生源泉与领导力本身。

2. 把领导力等同于领导地位与指挥能力

有人认为领导力是"领导者的地位与指挥能力"。③基于这样的认识，无数领导者与渴望成为领导的人都将注意力集中于地位的提高，将主要精力用于展现自身才能。领导地位可以使领导者拥有职位权从而发挥作用。但占有领导位子而不发挥作用的大有人在；有领导"地位"但缺少追随者的也并不少见。可见，拥有领导地位并不必然产生领导力。指挥能力是领导力的一个构成要素，但光有指挥能力并不仅完全体现领导力，指挥能力只是领导力的组成部分而不是全部。把领导力等同于指挥能力是对领导力的极大窄化。因此，把领导力等同于领导者的地位与指挥能力也是有问题的。

3. 把领导力等同于获得追随者的能力

翟鸿燊在《领导的力量》一书中讲道："什么是领导力？领导力即获得追随者的能力。""领导者使追随者真诚地集合在自己身边，并引导他们自觉地沿着一定

---

① 董军：《领导力文化发挥重要作用》，载《中外企业文化》，2003年第12期。
② 翟鸿燊著：《领导的力量》，北京：企业管理出版社，2001年版，第20页。
③ 翟鸿燊著：《领导的力量》，北京：企业管理出版社，2001年版，第1页。

方向前进，这时，领导力便产生了。"①获得追随者是成为领导者的必要前提，但拥有追随者未必就是领导者。例如，明星有大批的追随者，但他们是领导者吗？他们对其追随者有领导力吗？答案显然带有否定性。获得追随者的能力是领导力的一个重要表现，但不是全部。领导力不仅表现在获得追随者上，更表现在获得追随者之后带领追随者共同完成任务上。明星拥有大批的追随者，但它们没有共同的愿景、共同的目标，更不可能为此而共同努力。认为领导力即获得追随者的能力的观点也是对领导力概念的窄化理解。

4. 把领导力等同于激励他人的能力

有人认为领导力意味着激励他人。陈建生认为："所谓领导力，就是领导激发员工跟随自己一起工作，以实现共同目标的能力。"②李昌明和彭亮认为："领导力，是领导者如何激励他人自愿地在组织中做出卓越成就的能力。"③在这两种说法中，都把领导力看作是激励他人的能力，激励的目的或结果是"员工跟随自己一起工作，以实现共同目标"或"自愿地在组织中做出卓越成就"。激励能力是领导者必须具备的一种能力，但光有激励是不够的。激励能力与指挥能力、获得追随者的能力一样只是领导能力中的一种，也只是形成领导力的因素之一。因此，仅仅把领导力归结为激励能力是不够的，这也是对领导力的窄化认识。

领导力是领导者综合运用自身能力的表现，但不能把领导能力就等同于领导力。"领导力"不仅是领导者的能力，其含义远远超过了"领导能力"，它还包括许多非能力素质的作用。因此把领导力等同于领导能力是对领导力的窄化，不能揭示领导力的丰富内涵。

（二）把领导力等同于领导素质

有人把领导力等同于领导素质，认为有领导力的领导者就是拥有高素质的领导者。在对领导素质的理解中，有的把领导素质理解为领导者的德与才，有的理解为领导者的素质与能力等。

---

① 翟鸿燊著：《领导的力量》，北京：企业管理出版社，2001年版，第3页。

② 陈建生：《企业领导如何提高领导力》，《领导科学》，2003年第17期。

③ 李昌明：《领导力与造就优秀企业人才》，载《经济论坛》，2005年第6期；彭亮：《现代企业的领导力初探》，载《领导科学》，2005年第18期。

德才兼备应该是领导素质的一个重要表现。为什么有许多德才兼备的人不能成为领导者？除了机遇等外在因素之外，从内在因素上分析，因为领导力不能孤立的存在，领导力存在于领导者与追随者、与社会环境的互动关系之中，如果不进行良好的互动，就无法产生领导力。可见，具备良好的领导素质未必就能够产生领导力，成为领导者。

历史上有许多伟大的领导者他们并不是德才兼备的人，甚至是有许多缺陷或严重缺陷的人，但他们具备非常强的领导力，就足以说明领导力并不等同于领导素质，良好的领导素质并不必然带来有效领导力。

领导力，特别是有效、高效地领导力需要领导者具备较高的素质，但领导素质并不能代表领导力。领导素质在领导活动中针对具体的问题发挥作用时才能体现出领导能力，才会产生领导力。领导力来源于领导者自身的素质，比如领导者的知识、能力、人格魅力等，但不等同于领导者的素质及其中的能力等因素。领导力是领导者素质在领导活动中的综合体现。

领导力是与领导能力、领导素质既有联系又有区别的概念。正是因为它们之间有着紧密的联系，所以导致一些人混淆了它们之间的关系。另一方面，它们之间又是有区别的。正是因为它们之间有区别，它们才有作为不同的概念存在的必要与理由。领导力的领导能力说、领导素质说还犯了一个错误就是把领导力看作成为静止的事物。领导力不是单向的、不是静止的，而是双向的、动态的。为此有人提出领导力的合力说。

（三）把领导力看作一种合力

把领导力看作是领导者与追随者所形成的合力的观点，在国内外都大有人在。国外"大多数领导力研究者可能都同意，领导力原则上可以定义为：领导者和追随者相互影响过程的本质，因之产生的结果，以及领导者个性和行为、追随者认知和领导者信用及其环境等是如何决定这一过程的。"[①] 在国内有学者认为领导力是各种因素相互作用而产生的合力，具体又可细分为如下几种观点。

---

① （美）约翰·安东纳基斯、安纳·T. 茜安西奥罗、罗伯特·J. 斯滕伯格：《领导力的本质》，柏学藆、刘宁、吴宝金译，上海：上海人民出版社，2007 年版，第 5 页。

1. 领导者自身力量的合力

第一种是从领导者的角度来界定领导力，把领导力看成领导者单方面所涉及的各因素的合力。如李春林认为，领导力是领导者素质、能力及其影响力等各个方面的总和。[①]把领导力看作是领导者个人素质在领导活动中综合发挥的一种表现。可以在这个意义上，把领导力看作是领导者个人素质在领导活动中的合力发挥。上述说法聚焦了领导者本身的素质、能力及其影响力，但仍然比较模糊，什么是"总和"，怎么理解"总和"。作为一个严格的学术术语，应该对领导力给出相对比较确切的界定。

2. 领导者与追随者的合力

第二种从领导者和追随者相互作用的角度来界定这种合力。翟鸿燊认为："领导力是一种合力，即领导者与追随者相互作用而迸发出的一种思想与行为的能力。如果用公式表示，合力 = 领导者的能力 + 追随者的能力 – 阻力。简而言之，'合力'是一个团队显示出的整体的能力。"[②]

在这个解释中，"领导者的能力"与"追随者的能力"即领导者与追随者分别具有的潜在能力，或曰素质。"阻力"是指阻碍团队能力充分发挥的力量，它包括外界阻力和内部摩擦力。阻力可能是客观条件造成的，也可能是人为因素造成的。领导者的主要任务就是尽可能减少团队阻力，从而激发个人和团队的最大潜在能力。它包括两点：一方面，选择正确的方向，采用有效的方法，以避开外界阻力，清除前进道路上的障碍；另一方面，进行科学的指挥与激励，减少内部摩擦力，使追随者以饱满的热情沿着指定的方向前进。[③]

我们认为，领导力不是领导者与追随者之间的合力。原因有二。一是把领导力看作合力模糊了领导力的主体。领导力的主体是领导者，而不是追随者。领导力的主要发出者是领导者，追随者对领导者所发出的领导力做出回应。这种回应正是领导力的表现。将对领导力的回应看作是领导力本身是不妥当的。二是把领

① 李春林：《西部领导力开发论析——西部领导力开发的另一个视角》，载《内蒙古大学学报（社会科学版）》，2001 年第 2 期。

② 翟鸿燊著：《领导的力量》，北京：企业管理出版社，2001 年，第 26 页；王丽慧、王丽英：《领导力的启示》，载《才智》，2004 年第 2 期，也用了此种界定。

③ 翟鸿燊著：《领导的力量》，北京：企业管理出版社，2001 年版，第 26—27 页。

导力看作领导者与追随者之间的合力混淆了领导力本身与领导力存在方式。领导力要通过追随者的表现来体现，领导力存在于领导者与追随者之间的互动中，但不能把这种互动的力量看作领导力。因为这其中不仅包括领导力还包括追随力，即追随者所发出的影响领导者的力量。领导者与追随者的合力，其实是领导力与追随力的合力，而不仅是领导力的合力。把领导力看作是领导者与追随者的合力混淆了领导力与追随力之间的区别与联系。

3. 领导者与外在环境的合力

第三种是从领导素质与外在多因素作用的角度来界定领导合力。邱霈恩认为："从领导理论上看，领导力即指由领导素质、领导体制、领导环境和一定的物质基础等多种因素综合作用所产生出来的最高组织性作用力，是用以推动一个组织群体或社会去应对并制胜挑战和竞争，达到共同目标的核心力量。"[1] 柯士雨认为，领导力是"组织中的领导者或者领导集团在洞察组织的内外形势的基础上，充分利用自身的领导资源（人际关系、权力、权威，以及自身的领导素质等）与具体形势的有机结合而形成的能激发、教化、引导被领导者追随自己，去实现组织的共同目标的合力"。[2]

这种理解关注了领导者与外在环境之间的互动，其视野超越了专注领导者个人和专门领导者与追随者的合力。这是值得肯定的。但是，把领导力看作是领导者与外在环境的合力混淆了领导力与外在影响力之间、领导力与领导力所产生的影响力之间的联系与区别。这种观点看上去很全面地解释领导力，其实恰恰使这一概念更加模糊化，更加难以把握与确切认识了。

4. 员工个体领导力的合成

董军认为，领导力"对企业而言，这种力量是企业内所有员工个体领导力的合成，是企业赖以激发全员的热情和想象力，全力以赴、持之以恒去实现共同愿景的内外动力"。[3]

从（企业）组织的角度理解领导力未尝不可，但我们更倾向于把领导力界定

---

① 邱霈恩：《领导力：制胜新世纪的关键力量》，载《领导科学》，2002 年第 3 期。
② 柯士雨：《论政府及其官员的领导力的提升》，载《甘肃行政学院学报》，2004 年第 1 期。
③ 董军：《领导力文化发挥重要作用》，载《中外企业文化》，2003 年第 12 期。

在领导者个体身上。所谓有组织的领导力其实还是可以被看作是领导者领导力的体现。把领导力归结到组织身上，会导致领导力主体的泛化与空洞。这是其一。其二，把领导力概括为"企业内所有员工个人领导力的合成"，也是不妥当的。首先，员工个体在整个领导活动或组织中，处于被领导的地位，或追随的地位，他们是追随力的主体，而不是领导力的主体。其次，在谈论员工个人领导力时，员工个体其实成了领导者，成为领导力的主体。它与员工所对应的原先意义上的领导主体已经发生了转换。

总之，领导力是合力说，没有很好地区别领导力与追随力、领导力与外在环境影响力、领导力的主体等内容，容易混淆领导力与其他相关内容之间的联系与区别，不能彰显领导力的本质。领导力是一个比领导能力含义更丰富的概念，领导力是领导能力发挥作用时及发挥作用后所表现出来的一种综合的领导状态。

（四）把领导力等同于影响力

朱忠武、李林、陈杰、胡斌、李万全等人认为领导力就是领导者对被领导者的影响力。朱忠武给出的定义是，"领导即影响，领导力就是影响力，是影响人们心甘情愿、满怀热情地为实现群体目标而努力的艺术或过程。"[1]李林等认为"领导力的实质就是影响力，一般包括先知先觉、调整一致和付诸行动三个方面的能力"。[2]把领导力等同于影响力，混淆了领导力与影响力之间的联系与区别。领导力与影响力的关系比较复杂，可以从三个层面来理解。

一是领导力对影响力的包含关系。领导力中包括有影响力，领导者只有通过施以影响才能吸引追随者、引领追随者，没有影响力就不会形成领导力。在领导力即影响力的说法中，更多的可能是从第一方面来说的。从这一方面来说的问题是，领导力又不仅包含影响力，领导力还具有其他方面的构成，除了影响力，还包括引导力、执行力等。因此，把领导力等同于影响力，忽视了领导力中其他因素的存在。

二是领导力到影响力的因果关系。领导力是影响力的动因，影响力是领导力的结果，即领导力发挥作用之后才会产生影响力。影响力是领导力的一种表现形

---

[1] 朱忠武：《领导力的核心要素》，载《中外企业家》，2005年第4期。
[2] 李林、童新洪：《基于项目绩效的领导力模型》，载《现代管理科学》，2005年第9期。

式或方式而不是领导力本身。领导力主要表现为领导者对追随者的影响，以及对共同目标完成的影响。他们共同活动所造成的社会影响不属于领导力的范围，而属于领导影响力的范围。领导影响力包括对领追团队的内部影响和对社会的外部影响两个方面。可见，领导力是一种影响力，但影响力不一定是领导力。

三是领导力与影响力的互动关系。领导力产生影响力，影响力反过来又作用于领导者，促使领导者做出调整与变化进一步形成与发出领导力。如此，领导力与影响力之间便形成一种互动关系。在两种力的互动中领导力得到加强，影响力也得到扩展。

由上可见，领导力与影响力是紧密联系不可分割的两种力，但又不能把两种力同而视之。

二、对领导力理解与认识的几个特点

上述对领导力的理解与认识呈现出如下方面的特点。

1. 认识视角的多维性

人们从领导者的能力视角、素质视角、领导者与追随者的互动视角、领导者与多方因素的合力视角等多方面对领导力进行探讨。虽然从某一具体的认识来看，研究者所采取的是单一的视角或维度，但从总体上来看，人们对领导力的认识视角是比较多维的。这些探讨在一定程度上深化了人们对领导力的认识，有助于人们在此基础上进一步深入认识领导力的内涵与本质。

2. 具有较大的片面性

上述对领导力的认识中，有的仅仅把领导力界定为某一方面的能力，导致了对领导力认识的窄化，这是缺乏对领导力的整体性考察所致。因此，要全面认识领导力必须从整体上把握领导力，对领导力展开全面的考察与研究。

3. 具有较强的模糊性

有些对领导力的认识虽然注意了全面性，却走入了模糊性的误区。比如从领导者与追随者的合力说模糊了领导力的主体，领导力与领导环境的合力说模糊了领导力与领导力与外在环境的关系等。因此，使人们无法把握领导力的本质内涵与特征。

4.领导力认识的游离性

在对领导力的认识中，存在游离性的特征，即人们把与领导力相近或相关的因素当作了领导力本身，结果导致了领导力的本质从人们的认识视野中游离出去，已有的研究没有切中领导力的本质，而是把与领导力相关的内容当作了领导力的内容。

我们既要肯定已有的研究对领导力研究所做出的贡献，同时也要认识到它们所走入的误区。领导力是领导学的核心概念之一，作为一个严格意义上的学术概念必须有它的规定性，而且应该获得学界的认同。笔者认为，有必要对领导力做出进一步的探索与界定。

三、领导力界定的一种尝试

对领导力进行规范性界定是一件十分困难的事情，这既是源于领导力本身的复杂性、模糊性，也源于规范界定所采用角度与方法的多样性。不同的界定角度与方法可以得出不同的领导力理解。笔者根据上述辨析和自己的理解，尝试对领导力作一界定。这种界定可能仍然难以令人满意，但希望能够提供一个新批判对象或开启一条新的思考线索。

从力的作用的角度看，领导力是在一定的社会环境下，（潜）领导者发出的，指向（潜）追随者进而指向目标实现的一种力量。

对这个界定，我还想进一步作出如下说明。

第一，领导力的构成中包含（潜）领导者、（潜）追随者、领导任务、领导环境等领导基本要素。如果缺乏其中的任何一个，则不可能形成领导力。

第二，领导力的主体是（潜）领导者，而不是（潜）追随者，（潜）领导者是领导力的发出者，是施力者。因此，对领导力的评价要落到（潜）领导者身上，而不是（潜）追随者那里。

第三，领导力存在于（潜）领导者与（潜）追随者的关系中；存在于（潜）领导者与（潜）追随者的互动活动中；存在于领导情境与领导环境中。

第四，把领导力界定为一种力量，考虑到了中文语境中"力"的特性。领导力在英文中用 leadership 表示，并没有出现"力"（power）的概念，但在中文中的"领导力"必须考虑其"力"的性质。领导力有发出点，有作用方向，有落脚点。这种力量从源头上说，它是（潜）领导者所发出的，作用于追随者进而作用于领导任务，通过追随者的反应和领导效果反映出来。这种力量引导人、影响人、改变人；影响任务、执行任务；影响甚至改变领导—社会环境。

第五，强调潜领导者与潜追随者是基于这样的考虑，有些还未成为领导者的人即潜领导者可以通过自身能量的发挥影响那些有可能成为追随者的人即潜追随者进而成为领导者。领导者也可能对潜追随者施以影响以使其变为追随者，这个过程即获得追随者的能力。这也是领导力的一种表现。考虑到从潜领导者转变为领导者与领导者变潜追随者为追随者是领导力体现与存在的一方式，本界定中运用了（潜）领导者与（潜）追随者的表述。如果不加这个"潜"字，那就是默认领导者已经是领导者，追随者已经是追随者，而排除了上述情景。恰恰在上述情况中，是领导力非常重要的形成与表现阶段。

第六，在界定中我们用"社会环境"，而没有用"领导环境"一词，也是从领导力发生学的角度考虑的。如果用领导环境那就已经默认或假定了领导者或领导活动的存在，用社会环境这样一个比较宽泛的用语，就为本界定中的潜领导者、潜追随者等升级为领导者与追随者提供了空间。

总之，我们认为，领导力表现为（潜）领导者所发出的、作用于（潜）追随者的一种指向目标实现的力量。领导力的主体是领导者，而非被领导者或追随者。从领导力运作的过程，领导力具有产生发出、发挥作用、出现效果三个方面的内容，即领导力表现在领导者个体素质在领导活动中的凝聚、在领导活动中的作用发挥和领导活动后的效果生成中。领导力的探寻要从领导者与追随者的关系中，从任务活动完成的效果中去找寻。

领导力概念的界定是进一步分析领导力的基础。对于领导力的来源、领导力的构成、领导力的表现或存在方式、领导力的开发与培养等的探讨都建立在对领导力的理解基础之上。

"道、学、技"视角下的领导力 [1]

【阅读指要】

　　从"道、学、技"的视角解析领导力，是领导学研究的一大推进，为领导力的自我提升和教育培训提供了理论基础。真正的领导力必须是"道、学、技"三位一体的，领导力的提升必须包含"道、学、技"三个层面。为此，要在深刻理解领导力内涵及"道、学、技"各层面内容的基础上，加强领导力"道、学、技"的学习与培训，以促进领导力的综合提升。

　　领导力是领导学的核心研究领域之一，也是领导学研究的热点。近年来，研究者对领导力进行了多方面的探讨，取得了较为丰富的研究成果，同时，对领导力的解读至今也是众说纷纭，未有定论。[2] 这既说明了领导力的重要性、复杂性，也说明了对领导力的研究与认识有待进一步加强与深化。于洪生教授的新著《解析领导力——"道""学""技"》[3] 从"道、学、技"的角度对领导力进行解析，是领导力研究一种新的尝试，为深入认识领导力提供了新的途径、打开了新的空间。

---

① 本文以《"道、学、技"视角下的领导力解析》为题发表于《领导科学》，2014 年 5 月（下），第 18—23 页。

② 奚洁人主编：《中国领导学研究 20 年》，上海：华东师范大学出版社，2007 年版，第 320 页。

③ 于洪生著：《解析领导力——"道""学""技"》，北京：中国法制出版社，2013 年版。

一、明确领导力是双向互动的概念

概念清、内涵明，才能更有效地展开研究。对领导力的研究，首先需要对"领导力"的概念进行深入认识和清晰界定。对此，学者们从不同角度提出了领导力的多种解读，主要有"合力说""力系说""函数说"等。合力说认为，领导力是各种因素相互作用而产生的合力。它又包括两种观点：一种观点认为，领导力是领导者单方面所涉及的各因素的合力；另一种观点则从领导者和追随者相互作用的角度来界定合力。如王丽慧等人用公式表示为：领导力（合力）= 领导者的能力 + 追随者能力 – 阻力。[①] 力系说认为，领导力是由一些具体的能力或要素集合而成的一个"力系"。如黄俊汉认为，领导力由领导信息运筹力、决策力、激励力、控制力和统驭力等构成。[②] 函数说将领导力看作是一个函数。李光炎提出领导力应该是一个四元函数，表示如下：领导力 =F（道德魅力、岗位能力、职责努力、心理承受力）。[③] 这些解读都承认了领导力是由多种因素相互作用而产生的，但每个人所认识的影响领导力的因素各不相同。由此可见，领导力概念所涵盖的内容是十分复杂的，从不同的角度，只能认识到其中的某些因素或方面。要想比较全面的认识领导力，需要运用整体思维、系统观点，多角度地对它加以探究。

研究中之所以用这一概念而不用另一概念，一定是有原因的，不同的概念有不同的内涵与外延，有不同的解释力与适用性。对一个概念的界定，既需要基于研究对象本身的特征，也需要基于这一概念本身，因为概念是用以反映对象特征的。"领导力"这一概念亦是如此。于洪生教授抓住"领导力"概念中的"力"字，结合领导力的产生要素对其加以探究，得出了一些新的认识，并明确提出"领导力是一个双向互动的概念"[④]。他认为，"只有在领导者与追随者相互作用中才能产生出领导力"，"领导者、追随者、组织及其目标是领导力产生的重要条件，研究领导力如果脱离这三个基本要素，则领导力研究只会越理越乱"。[⑤] 在此基础

[①] 王丽慧、王丽英：《领导力的启示》，载《才智》，2004 年第 2 期。

[②] 黄俊汉：《试论提升领导力》，载《经济与社会发展》，2005 年第 1 期。

[③] 李光炎：《领导力与生产力》，载《中共桂林市委党校学报》，2001 年第 1 期。

[④] 于洪生著：《解析领导力——"道""学""技"》，北京：中国法制出版社，2013 年版，第 13 页。

[⑤] 于洪生著：《解析领导力——"道""学""技"》，北京：中国法制出版社，2013 年版，第 46 页。

上，他从领导者角度、追随者角度、组织目标角度对领导力的本质作了解读。从领导者的角度看，领导力是一种促使组织领导目标实现的能力，它既是领导者素质、能力及其影响力的体现，也是领导者充分发挥能动性、认真分析组织环境、借助一定的领导工具与追随者发生有效互动而产生的力量。从追随者的角度看，领导力不是单方面作用的结果，它是领导者与追随者有效互动、从而产生出共同实现领导目标的力量。从组织目标的角度看，领导力是领导者与追随者基于共同的认识，在为了一个共同的目标而努力奋斗的过程中形成的一种力量。

在以上阐述中，有如下两点需要注意。第一，这三种视角对领导力的解读都落在了"力量"上。在这里，"领导力"的"力"，是与物理学意义上的相互作用的"力"相呼应的双向互动的"力"，而不再是抽象意义上的、不具实质的单方向的"力"。第二，虽然从三种不同角度对领导力进行解读，但领导力产生的三要素在每一种解读中都出现了，不同的是看问题的角度，侧重的方面不同而已。这就说明这三个角度所看的是同一事物，这就不同于从这个角度看到的是一些事物，从另一个角度看到的是另一些事物的多角度解读。这一点是于洪生教授对领导力多角度解读与其他多角度解读的重要区别。正是这种聚焦事物本身的多角度解读，使人们从既相区别又相联系的不同角度更为清晰地认识了领导力的内涵，同时为后续的研究提供了扎实的基础。

二、推进领导力"道、学、技"的分层研究

分类研究与分层研究是研究的两种重要手段。在领导力的研究中，分类研究较为常见，也较为多样，但领导力的分层研究却较为少见。关于领导力的层次，目前研究中主要有"三层次"和"五层次"两种观点。许浚认为，企业的领导力有三个层次。第一个层次是迫于外面变化而来的领导力，第二个层次是随着外界的变化一起前进的领导力，第三个层次是能够在他所在的产业里居于领导地位的领导力。[①] 周伟昆、李昌明和陈杰等人则认为领导力有五个层次：靠地位，即以权压人；靠认可，即以爱感人；靠结果，即以绩激人；靠人才，即以用养人；靠品

---

① 许浚：《企业管理·领导·领导力》，载《通信企业管理》，2003 年第 8 期。

格，即以德服人。①层次划分的标准是在纵向上具有一定的界线以便较为清晰地区分事物的层级；类型划分的标准则是在横向上具有一定的界线以便较为清晰地区分事情的归属。由此来看，领导力的"三层次"说，具有一定纵深性，是一种层次划分，但其学理性有待加强；而领导力的"五层次"说，则不能称其为"层次"，而更像是五种类型。由此，不难看出领导力分层研究是十分薄弱的。在此种情况下，从"道、学、技"三个方面对领导力进行层次划分与研究就特别有价值。

把道、学、技的层次划分引入到领导学的研究中来已有先例。奚洁人教授曾谈道："从内涵来说，领导学研究包括'技、学、道'三个层次，'技'即领导技能，是领导学的应用层面；'学'即领导学基本理论，是领导学的一般知识和理论层面；'道'即领导观和领导方法论层面，包括领导价值观、领导伦理等等，即上升到哲学层面的领导理论。领导学研究从内涵而言应该在这三个层面展开。"②这里是对"领导学"的研究而言的"道、学、技"，在于洪生教授看来，"领导力"的研究也包括"道、学、技"三个层面，有必要从这三个层面对"领导力"加以解析。于洪生认为，"领导力研究从'道'、'学'、'技'三个层次上展开，'技'即领导技能，是领导力的应用层面；'学'即外引领导力的基础理论，是领导力的理论层面；'道'即领导观和领导认识论层面，包括领导价值观、领导伦理等，即上升到哲学层面的领导力理论。"③从"道、学、技"的角度切入，为领导力进行分层，在领导力的研究中是首次出现，具体创新性。"道、学、技"的层次划分十分鲜明，具有合理性和学理性。因此，从道学技三个层面解析领导力，是对领导力分层研究的一种推进，有助于更全面系统深刻地认识领导力。

三、细化领导力道学技的内涵解读

确定了领导力的层次之后，就需要对各层面中的具体内容加以阐述。于洪生

---

① 周伟昆：《深蓝的领导力模型》，载《中国工商》，2005 年第 1 期；李昌明：《领导力造就优秀企业人才》，载《经济论坛》，2005 年第 6 期；陈杰：《提升你的领导力》，载《知识经济》，2005 年第 7 期。

② 奚洁人主编：《中国领导学研究 20 年》，上海：华东师范大学出版社，2007 年版，《前言》第4—5 页。

③ 于洪生著：《解析领导力——"道""学""技"》，北京：中国法制出版社，2013 年版，第 23 页。

对领导力"道、学、技"各层面的内涵进行了细致解析，以期"破解"领导力各层面的核心内容。

领导力之道，主要是指哲学层面上，包括领导理念、领导价值、领导伦理、领导思维、战略领导及非理性对领导力的影响，等等。通过对这几方面内容的阐释，力图从"道"的层面追问领导力的本质，弄懂这些关涉领导力的"道"，为领导力提供不竭的动力。

在领导力之"学"即学理分析部分，作者借助要素分析法，从领导活动的主体、客体、领导决策、组织结构、领导环境、领导方式、领导绩效等方面展开，提出"领导者是领导力的集中体现者""吸引追随者是领导力之基""正确决策是领导力的第一要义""组织是领导力发挥作用的'场'""在适应外部环境中提升领导力"及"在变革领导方式中改善领导力"等观点并进行了深入剖析。

在领导力的"技"的层面，作者认为，领导力之"技"包括领导统御艺术、领导用人艺术、领导决策艺术、领导协调艺术、领导沟通艺术、领导思维艺术、领导激励艺术、领导语言艺术、领导运筹时间艺术和领导创新艺术等方面，并对它们进行了详细解读。

有价值的学术研究，不是自言自语、自说自话、自娱自乐，而总是在前人研究的基础上"接着说"。作者多年来从事领导学的研究与教学工作，有着丰富的领导学理论积淀，表现在领导力"道、学、技"的内涵解读上，就是把所要解析的内容置于整个领导学研究和发展的脉络中进行。这既体现出作者深厚的理论素养，也使得读者可以在比较清晰的研究综述中看清领导力"道、学、技"各层面中相互关联内容的真面目。

作为学术研究，概念的界定、范畴的澄清是一件十分重要的事情。如果连基本的概念范畴都没有弄清，就难以进行更深入的研究。因此，在各层面的内涵解析中，作者十分注重相关概念的辨析。例如，在领导力"道"的层面的探讨中，对领导与领导力、领导者发展与领导力发展、领导理念与组织理念、价值与领导价值、领导伦理与领导者道德、战略领导与领导战略等概念进行了辨析；在领导力之"学"的层面上，对领导胜任力、领导能力、领导力，领导客体、被领导者、追随者等进行了辨析；在领导力之"技"的讨论中，对领导权力与领导权威、领导沟通与一般沟通等进行了辨析。通过概念与概念之间的辨析，达到了概念澄清、认识澄明的效果。

四、促进领导力道学技的综合提升

怎样才能快速地提升领导力？很多人在思考和寻找这一问题的答案。有效的领导力开发与提升必须建立在对领导理论的深刻理解与灵活运用的基础上。从"道、学、技"的角度解析领导力，是为了更加清晰地认识领导力，达到认识上的澄明，更是为了促进行为上的改进，在实践中综合提升领导力。分析清楚了领导力在"道、学、技"层面上的内涵，就为领导力的有效提升提供了明确的方向。因此，"道、学、技"视角下领导力的解析，为领导力的自我提升和教育培训提供了理论基础。

既然领导力包含"道、学、技"三个层面，那么，领导力的自我提升和教育培训就必须包含"道、学、技"三个层面。这三个层面之间是什么关系呢？在我看来，真正的领导力必须是"道、学、技"三位一体的，每一个层面的内容都不能少。领导力之"道"中含有领导力之"学"与领导力之"技"，领导力之"学"中含有领导力之"道"与领导力之"技"，领导力之"技"中含有领导力之"道"与领导力之"学"。这样的表述虽显冗长，却是认识上所必要的。三位一体，就不能把它们分割开来。对于那些在领导力培训中只重视"技"的培训，或"学"的灌输，或"道"的讲授的教育教学而言，单一层面的领导力培训都是片面的，不能取得良效。

当然，领导力"道、学、技"的三位一体并不等于在培训中就不能单独培训，而是说在培训时某一层面的内容时，不要片面地就此而论，而是要注意各方面之间的关联与渗透，特别是注意理论与实践的紧密结合，这样才有助于领导力的综合提升。于洪生在探讨领导力的"道、学、技"时就特别注重每一部分的内容在领导力提升中的实现问题。在领导力之"道"的部分，不仅阐释"道"是什么，同时还谈如何更好地"达道"，即获得领导力之"道"的提升。在领导力之"学"部分，进行学理分析的同时谈如何才能做好，比如"如何成为良好的追随者""如何赢得追随者""领导决策必须遵循的基本原则""组织变革及领导者应对策略"等。在领导力之"技"的部分，除阐述各种领导之"技"是什么之外，还特别谈道"领导授权及其技巧""领导协调的技巧""领导沟通的技巧""领导时间管理法""提高会议效率"等具体的领导技巧。既注重理论的解析，又注重实践的提升，是本书的一大特色。

综之，从"道、学、技"的视角解析领导力，是领导学研究的一大推进。在深刻理解领导力内涵及"道、学、技"各层面内容的基础上，加强领导力"道、学、技"三个层面的学习与培训，促进领导力"道、学、技"的综合提升是"道、学、技"视角下领导力解析的根本目的。我们有理由相信，在理论指导与行动实践的双重作用下，就能够获得"悟道""明学""掌技"的领导力综合提升。

系统领导力的培养

【阅读指要】

彼得·圣吉提出，系统领导者需要具备三个方面的能力："看清复杂""滋育热望""反思性汇谈"。三者对于一个系统领导者是紧密结合，又互不可缺的能力的综合体。系统领导力的培养在教室里是不行的，需要打开头脑，取决于我们开放和敞开的程度。心智模式的改变需要创造那样一种学习的过程和氛围，让人们自己去改变。中国非常有必要加强未来领导者和未来领导力的培养，其中系统领导力可以成为一个重要的内容和方向。

2016 年 7 月 5 日，美国麻省理工学院斯隆管理学院资深教授，学习型组织之父，当代最杰出的新管理大师之一，国际组织学习协会（Society for Organizational Learning，SOL）创始人、主席彼得·圣吉（Peter M. Senge）来中国浦东干部学院演讲。演讲的主题是"系统领导力——中国成为系统变革的全球领袖"。他从"系统"的概念讲起，讲到"系统思维"，再讲到"系统领导力"。他直接演讲的时间大约半小时，然后用了 40 多分钟的时间回答了三个问题。

我有幸提问了一个自己关心又与他的演讲内容有关的问题："美国总统奥巴马曾经在他的演讲里提道，美国要培养的人不是未来在美国本土找工作的人，而是在全球化竞争中行业的领导者。由此我注意到，美国非常重视对下一代领导力的培养。刚才您在演讲中谈道了对'下一代领导者'的培养。我想了解一下，您的理论怎样在'下一代领导者'培养工程中实施和运用的。对'下一代领导者'来说，他们身上应该具备些什么样的素质，培训的方式措施。还有一点，您对我们中国的下一代领导者的培养，会有什么样的建议。"

彼得·圣吉回答说：

　　我只是不定期来，大家是这里真正的主人。但是，我可以一般性地来分享一下，我们的确在不同的情境、不同的领域里面都有一些领导者发展的体验，所有这一切我们都可以用这个词来表达：系统领导者。首先，这个词意味着什么？我们指的系统领导者就是那些能够更大范围内促进系统改变的人。为了真正解决系统的问题，我们需要不同的组织、不同的行业，而且不同层级的、各个相关的伙伴都参与这个共创的过程。怎么促成这样的一种合作，总体来说，有三个大的方面的能力：一个叫作"看清复杂"，一个叫作"滋育热望"，一个叫作"反思性汇谈"。

　　大家可以把这三个核心的领导力理解为一个小板凳的三条腿，因为有这"三条腿"所以板凳是非常稳定的。其中，"看清复杂"指的是，在我们面临的这样一个瞬息万变、非常不确定、未来非常模糊的大的时代背景下，我们怎么有一种能力去穿越这种复杂，去看到更全面的系统，以及系统更深层处有什么力量。这个"看清复杂"，它是透过系统思考、系统感知这样一些工具和方法去培养的。"滋育热望"就是一个共同的愿景，但它同时又不是一个空泛的共同的愿景，而是对个人有意义、有价值的，能够照顾到每个人的共同的愿景。在这里，我们既需要个人超越的这种技能，又需要共同构建愿景的能力。第三条腿指的是"反思性汇谈"。为什么叫"反思性汇谈"呢？因为"看清复杂"也好，构建愿景也好，绝对不是一个人的能力，它需要一个集体的共同反思心智、个人的心智模式，以及对话的团队学习的过程，让这一切去发生。所以这三者对于一个系统领导者是紧密结合，又互不可缺的能力的综合体。

　　刚才您问题的第二个部分也非常重要，我们如何去打造这种能力，有些什么样的教学的方式方法，需要什么样的过程去促发这种能力。在一个教室里是做不到的，所以，现有的这种教室的结构是不行的。这里面最重要的一点在于我们开放和敞开的程度，所以要打开头脑。在一个跨界培训里，要让学员明白：这个过程对自己意味着什么。在北京时一个参与者有个分享，这是一个老学员对新学员的分享，他说：你必须要能够放下，就是放下你习惯的那种思考和行为的方式。你必须真正学会去聆听。当你不同意你听到的一些观点的时候，你要真正去想：别人为什么会这么想呢？你也同时必须去行动，而行动的时候，你未必知道所有的答案。

我强烈地建议你们，一定要创建你们的原型项目，尽管这个原型不可能是完美的。大家特别容易陷入旧有的模式，就是让这个原型项目非常的大，而且很完美，大家不要这样去做，实际上我们需要从一个很小的部分开始，然后它就不断地变大。

关于这种教学法可以说很多，我把它归结为两个教学的原则。首先是真正的打开。很多中国的学员都谈道，这个学习的过程是真的把我打开了。其次是"做中学"。就是如何在不断的失败和挫折当中，去迅速的迭代。这对于位高权重的人来说，是一个非常大的挑战。一边在迭代，一边在实践，就是在做的过程当中去学习。这是非常关键的。

最后，我想谈一点关于心智模式转化的问题。忘掉它吧！你永远改变不了第二个人的心智模式。我们需要做的是创造那样一种学习的过程和氛围，让他们自己去改变自己的心智模式。他们需要的是一种化学反应。这个化学反应来源于他们是不是能够工作于他们真正在乎的、真正想改变的项目，而且最好是他们工作的一部分，而不是说别人的案例，当然那也有学习的价值，但是一定要在对他真正有价值的项目，他才可以跟几个人、一群人在这个项目当中去学习，以及建立一种真正信任的网络。不同领域背景的人，往往一开始是很难建立信任的。但是怎样能够让信任建立起来，让他们可以互相学习呢，就像刚才讲到的，你要学会能够深入地去聆听，这是非常重要的。大家在做一个非常有挑战性的真实的案例，同时大家要改变那种固有的关系的模式，在这个过程当中，心智模式一定会自然地发生改变。

第一次看到奥巴马说美国要培养全球化竞争中行业的领导者时，我有很大的触动，对中国未来领导力的培养充满焦虑与期待。如果美国成为全球化竞争中行业的领导者了，中国人做什么去？美国在培养未来的行业领袖，中国应该如何应对？

听了彼得·圣吉的回答，我认识到奥巴马培养全球化竞争中行业领导者的局限性，行业的领导者，毕竟只是各行各业的，如果缺乏系统思系，缺乏系统领导力，那么仍然会陷入困境。如果有了系统领导力，可以把各行业的领导者领导起来。从这个意义上来说，中国确实非常有必要加强未来领导者和未来导力的培养，其中系统领导力可以成为一个重要的内容和方向。

领导干部批示能力的提升 [①]

【阅读指要】

　　批示是领导者在公文或传阅性文件上写出书面意见的行为，也指这种书面意见的文字。批示反映领导者的效率、态度、勤惰、水平。批示的三种基本模式：明情况、作部署、定目标；作评价、做部署、定目标；循指示，定目标，作部署。作指示要注意：情况明，批示准；处关系，详考虑；表态度，捏分寸；重部署，抓落实；用语准，含义明；重细节，不马虎。

　　批示是领导者日常工作中用得非常多的一种领导方式、工作方式。但是，从研究角度来看，批示的研究竟然非常薄弱。在中国知网上去查阅关于批示的研究，几乎查不到这一方面的文献。可见，批示是一个在日常工作里经常用到，却缺乏研究的课题。认识批示背后的一些东西，同时进一步地规范进行批示是有必要的。

　　下面从四个方面来探讨如何作批示。第一是批示的内涵特点，第二是批示的类型分析，第三是批示的几种模式，第四是批示艺术。

[①] "领导者如何作批示"为笔者在中国浦东干部学院开设的选修课程。本文是根据授课实录所作的整理稿，收录于《领导干部的综合素养与行为训练》（李树启、金莎编），北京：人民出版社，2014年9月版，第43—65页。

一、批示的内涵特点

（一）批示的内涵

在讲到批示的内涵之前我们先简单地了解一下批示。民国时期，有一个人叫徐望之，他曾经给当时的干部上课，在教案的基础之上后来整理了一本书叫"公牍通论"。在这本书里他指出"批，示也。谓判决是非以示之也"，"批为裁答人民呈请之文"。[①] 他说这个"批"就是"示"，"批"和"示"是一个意思。意思就是"判决是非以示之也"。把某件事情的是非作一个判断，然后给别人看，"示"就是给别人看。他又说："批为裁答人民呈请之文。""批"就是把呈请上来的书面语言、书面文字作一个裁答。

"批"作为一个公文的名称，最早是始于唐朝。起初，唐朝的皇帝对臣下的奏疏表示可否用"批"，也叫作"批答"。到了唐玄宗李隆基的时候，专门设置了翰林院侍诏，掌管"批答"。唐朝时候所出现的"批""批答"和我们今天要讲的"批示"还不是一回事，它相当于是我们今天的"批复"。"批示"和"批复"是两回事，下文会作一个简单的辨析。

我对"批示"的理解是这样的：批示是领导者在公文或传阅性文件上写出书面意见的行为，也指这种书面意见的文字。

这里面就包含了两层含义。第一层是"批示"作为动词，指批示的行为，就是领导者在公文或者传阅性的文件上写书面意见的行为，叫批示。例如，领导在干什么？领导在作批示。这里的批示即指批示的行为。第二层是"批示"作为名词，指批示行为后所形成的批语。例如，你在看什么？我在看领导的批示。这里说的"批示"是"批语"的意思。我们在这样两层含义上来使用批示这一概念。

批示和批复的区别在，如表2-1所示。

表 2-1

项目	批复	批示
公文文种	是	否
行为性质	单位行为	个人行为

---

① 傅西路主编：《公文处理规范》，北京：人民日报出版社，2003年版，第67页。

续表

项目	批复	批示
行为发出	有请才有批	无请亦可批
回应对象	对上行文的回应	对上行文或平行文的回应

从公文文种的角度看，批复是一种公文的文种，而批示不是。我国政府公文的文种是有专门规定的。批复是一种正式的公文文种，是一种单位行为，只有单位盖了公章它才能够生效。而批示是领导者个人的一种日常的工作方式，是领导者的个人行为，只要领导签名，它就可以生效。

从批示与批复的行为性质角度看，批复代表的是单位行为，而批示代表的是个人行为。

从批示与批复行为发出的角度看，批复是有请才有批，下级单位或者是个人向上级单位提出了一种请求，上级单位觉得有必要做出一个回应，因此以单位的名义作一个批复。对批示来说，下面有请求，领导者可能会作出批示，有的时候无请亦可批。这是什么意思呢？就是下级单位或者其他人并没有请求，但是领导有的时候也会作批示。比方说，领导者看了一个内参，觉得这件事情很重要，需要批一下，也可以去批。

从回应对象上来看，批复是对上行文的一种回应。而批示可能是对上行文的回复，也可能是对平行文的回复。平级之间传阅了一个文件，同样是副局长，张副局长传过去请李副局长阅，李副局长阅了以后说同意张副局长的意见，这是一个平行文之间的回复。

批示和批复最重要的区别在于：一个是正式的公文文种，一个不是；一个是单位的行为，一个是个人的行为。

（二）批示的特点

批示有如下几个方面的特点。

1. 非公文文种，具公文功能

批示不是公文的文种，但它具有公文的功能。我们知道，好多事情的解决，有的时候靠的是领导者个人的这种批示。领导者的这种批示往往会产生公文一样的作用。因此，具有公文一样的功能。

2. 小范围流传，大范围影响

能够看到批示原文的人事实上是少数的。但是，按照批示的精神去做，去执行了以后，这个批示所产生的影响却是大范围的。所以我们说它是在小范围流传，但是在大范围之内产生影响。

3. 表领导态度，方向性引领

批示一个很重要的作用就是领导者表态。领导者的态度对整个事情的解决和事情发展是会产生一种方向性引领的。举一个最简单的例子，领导者同意或者不同意，或者不表态，所有的这些态度都会对事情的发展产生影响。

4. 书面语表达，执行后落实

另一个和"批示"有点相近的说法叫"指示"。批示与指示也是不同的。指示，也是一种公文文种。有时，领导者的口头发言，也称为指示，不一定全是书面语。对批示来说，它一定要是书面语的表达，一定是落在纸面上，形成文字的我们才把它叫作批示。为什么要说一定是书面语表达？在我看来有两层原因。

第一层是书面交际的需要。有的时候下级可能无法直接和上级见面沟通，这个时候就需要写一个请示，或一个报告通过书面文字呈递上去。领导者不能直接和下级进行面对面交流的时候，就通过书面的语言进行一种交流，在书面上进行一个批示。这就是书面语言交流的需要。

第二层是书写文字以立信。这层原因在我看来也非常重要。人们平常常说："口说无凭，立字为据。"比如，我是一个办事的，我对其他人说，某某领导说了，这个事情要这么做。结果其他人说，领导到底有没有说？你是不是假传意旨？这个时候做事的人没有凭证在手，就会比较为难。这时如果有一个领导的批示在手，有一个文字性的东西，情况就不一样了。从口说无凭，立字为据的角度来说，批示有增强办事信度的作用。

对批示来说，如果仅仅是批了，仅仅停留在纸面上是不会产生作用的，一定是经过办事人的执行之后它才能够产生作用，才能够得到落实。

（三）批示的影响

对批示的影响，可以从不同的角度分析。从批示对事件解读的影响看，批示推动或阻碍了某件事情的解决。批示对事情的解决有很大的影响。这里我们重点分析一下批示对领导者个人影响，就是批示对领导者个人有些什么样的影响。

1. 批示反映领导者的效率

一个领导者工作效率的高低可以从这个领导者做批示反映出来。比方说，下级把文件递上去了，结果过了三个月还没反应，甚至半年还没反应，这是一种状态。下级把文件递上去了，结果第三天领导者的批示下来了。两个领导者的工作效率很明显。康熙曾说过，"理机务年久，阅本甚速，凡一应奏折及绿头牌，顷刻即能遍阅。"[1]意思是说自己干的年岁多了，阅读速度很快，奏折及绿头牌之类的文件，顷刻就能阅完。可见，他做事情是非常有效率的。

2. 批示反映领导者的态度

从批示中可以看到领导者的态度。领导者的态度有两个方面：第一个方面，领导者对事情解决的态度，同意还是不同意；第二个方面，领导者的工作态度。从批示这件事上，可以看到领导者的工作态度。这里想重点讲这一点。因为领导者作了批示之后，他对事情的态度还是比较好判断的。

康熙有云："阅事，不止于速，凡一经目，断不遗忘。一应奏章及汇题案件，无不详阅，有差误字句，必以朱笔更改发出。"[2]康熙批阅奏折很有效率，"顷刻即能遍阅"，但是他不仅很快，而且还很细。他说，凡是有差误字句的，都用红笔改了以后重新发回去。如果下级送上去的文件里面有错别字，有一些不好的句子，结果上级都给改了，改了以后发下来了，这是一种什么态度？由此可以体现出领导者他对事情的认真严谨负责这样一些态度。领导者的这种批示行为对下级会产生什么影响？对下级来说，他以后做事情肯定会更加认真仔细。康熙为什么要这么做？下面这一段话道出了原因。

> 一事不谨，即贻四海之忧；一时不谨，即贻千百世之患。不矜细行，

---

① （清）章梫纂，褚家伟、郑天一、刘明华校注：《康熙政要》，北京：中共中央党校出版社，1994年版，第7页。

② （清）章梫纂，褚家伟、郑天一、刘明华校注：《康熙政要》，北京：中央党校出版社，1994年版，第7页。

终累大德，故朕每事必加详慎。即如今日留一二事未理，明日即多一二事矣。若明日再务安闲，则后日愈多壅积，万机至重，诚难稽延。故朕莅政，无论巨细，即奏章内有一字之讹，必为改定发出。盖事不敢忽，天性然也。[①]

从这里可以看出康熙对批阅奏章，就是作批示这件事情是什么态度。他是上升到一个非常高的高度来看待这件事的。"一事不谨，即贻四海之忧；一时不谨，即贻千百世之患。"作为一个领导者，写一个批示是很容易的，但是如果决策错误，批示批得不谨慎，那么就有可能给整件事件、给其他的人和自己带来很大的麻烦，甚至可能是灾难性的后果。康熙是抱着一种高度负责的态度，以及"事不敢忽"——任何事情都不敢粗心大意的态度，在看文件、作批示的。所以说，从批示里面我们可以看出一个领导者的工作态度。做批示的时候要想到这个批示批下去会不会有忧有患，作批示时要有责任心和严谨性。

3. 批示反映领导者的勤惰

领导者是非常的勤奋，还是非常的怠惰，从批示里面也能够看出来。领导者批示的次数及详略是衡量工作进展的一个重要指标，也是领导者勤政的一个重要表现。有的领导一年一次也不批，有的领导一年批了好多次。相对来说那个批了好多次的领导在做事情。当然这不一定是绝对的，但可以作为一个指标去考虑。

还有每次批示都批得很简单，和每次都批得比较详细，也可以看出他是勤于理政，还是不是惰于理政。康熙说："批阅章奏，每至夜分。"[②]不论是康熙，还是乾隆，他们批阅奏折都看得非常仔细，所以增加了自己的工作量，经常批阅奏折到深夜。从批示这样一种非常小的行为上，我们可以看出领导者是否在勤于理政。仅仅从批阅奏折这样非常小的事情上去看"康乾盛世"出现的原因，我们也能够看出一些端倪。"康乾盛世"的出现与他们的勤于理政是分不开的。

---

① （清）章梫纂，褚家伟、郑天一、刘明华校注：《康熙政要》，北京：中央党校出版社，1994年版，第10页。

② （清）章梫纂，褚家伟、郑天一、刘明华校注：《康熙政要》，北京：中央党校出版社，1994年版，第97页。

4. 批示反映领导者的水平

批示虽然说是书面化呈现，但它不是简简单单几个字的问题。批示可以反映出领导者的决策水平、领导水平、语言文字的表达水平等。批示是反映领导者水平的一件事情。

以上从批示中可能会看到领导者本身的素质的角度，分析了批示对领导者个人的影响，对批示我们要以一种非常认真、非常谨慎的态度来对待。

二、批示的类型分析

对事物进行分类，是我们把握事物的一种好方式。为了更好地理解批示，下面从不同的角度把批示分为四种不同的类型。

（一）回复性批示与回应性批示

从回复的对象上，批示可分为回复性批示和回应性批示。

1. 回复性批示

回复性批示是领导者在日常的请示、汇报等需要自己正式回复的文件上作批语。下级有的时候会做一些请示或汇报上来，需要领导者回应，此时领导者往往会在这些文件上作一批语，然后发回去。这种回复性的批示体现的是领导者定夺问题的一种权力，是领导权力的一种表现。从权力的角度来看，作批示恰恰是领导者行使权力的一种非常重要的方式。

2. 回应性批示

回应性的批示是领导者在传阅性质的工作简报、内参、通报等各种信息上作出的批示。简报、内参、通报，甚至像其他一些报纸上的文件，没有人要求领导者批示，但是领导者看了之后，认为其中反映的事情是重要的，需要做出一些回应，因此会作批示。这一类批示是领导者对具体事件的一种回应，表明了领导者对他认为重要的事情的一种态度。

2002 年 9 月 25 日，新华通讯社《国内动态清样》第 2649 期《北京实施准入制度提高食品安全质量》一文反映，2002 年以来，北京市政府推出了"肉菜放心工程"，以流通领域食品准入制度为核心，抓住"监管源头、标准准入"两个关键环节，对进京猪肉和蔬菜实行严格的质量监控。到 8 月份，蔬菜农药残留超标率、肉品不合格率大幅度下降。看了这篇文章之后，朱镕基作了一段批示：

> 食品安全卫生关系人民群众身体健康和消费信心，也是整顿市场经济秩序的重要任务和"民心工程"。希望有关部门和地区参照北京市的经验，建立和健全一整套市场准入制度，下决心抓好"食品放心工程"。[①]

像这种领导者在读了一些信息之后所作的批示，我们把它叫作回应性批示。

（二）眉批、旁批与尾批

从批语的位置，批示可以分为眉批、旁批和尾批三种。

1. 眉批

眉批就是把批语写在材料标题之上空白位置的批示。在早期，人们把文件很自然地送上去，人们还没有非常强的让领导批示的意识，这个时候领导者要写一些意见往往就写在标题的上面。到了现在，有些人在往上送文件的时候，前面故意留出一片空白区域，等着领导在上面作批示。还有的在送文件的时候直接在留出的空白区域写上"领导批示"，明示领导可以在这里作批示。这是后来人们意识到领导批示的重要性之后的一种行为。因为眉批的位置十分显眼，所以无形之中可以起到了一种突出强调的作用。

2. 旁批

旁批就是把批语写在材料的右边或者左边的位置上的批示。因为它是在整个材料的旁边，所以叫作旁批。旁批受到具体内容的影响较大，一般适用于对具体的内容发表意见，眉批和尾批则比较适合发表整体性的意见。领导者看了整个文件里面的一段或者是一条，认为这一条需要特别的说明，这个时候适合旁批。

[①] 朱镕基著：《朱镕基讲话实录（第四卷）》，北京：人民出版社，2011 年版，第 433 页。

3. 尾批

尾批就是把批语写在材料结尾之后位置上的批示。尾批适用于总结性评论或者是一些比较长的批示。如果说这个文件本身空间不够，后面是可以加附页的。

除了刚才讲到的三种类型，即眉批、旁批、尾批，现在有些单位在上送文件的同时，在文件的前面附有文件办阅单。文件办阅单里面留了一个区域叫"领导批示区"。领导批示了之后，下边还可以再去填一些处理意见和处理结果等内容，这样可以使整件事情落实下去。从批语位置的角度来说，这个也是一种变化。

（三）简批与详批

从批语长短的角度，可把批示分为简批和详批。

1. 简批

简批就是在材料上作简短的批语，可以是几句话甚至一个符号、一个签名。简批适用于简单表态或常规性回答。简批的长短没有具体的标准，可以大体上根据经验来判断。

2. 详批

详批是指在材料上写下比较多的批语。详批适用于表达丰富内容的情况。例如，江泽民《关于十六大报告起草工作的批示》（2002 年 2 月 18 日），有两页多的内容，非常详细，一共批了八条。[①]这种内容丰富、文字较多的批示就是详批。

（四）一次批示与多次批示

从对同一事件批示的次数上，可把批示分为一次批示和多次批示。

1. 一次批示

一次批示就是对同一件事情领导者作了一次批语。这种一次批示应对的是什么情况呢？就是事情相对容易，一次批示就能够解决问题，或者虽然一次批示没

---

① 《江泽民文选（第三卷）》，北京：人民出版社，2006 年版，第 439 页。

有解决问题，但是下边的人不再提出请求了，一次批示就可以。

2. 多次批示

多次批示就是对同一事件领导者作了两次或者以上的批语。多次批示适用于问题比较复杂、一次性难以彻底解决的事情。多次批示，一方面是反映了事情的复杂性，另一方面也反映了领导者对这件事情的重视。因为他重视所以才一批再批，要彻底把这件事情解决掉。朱镕基于 1994 年 6 月 22 日和 7 月 17 日就"加快纺织行业结构调整"分别作了两次的批示，这说明他很重视这件事情。

除上述类型外，从批示内容的角度，还可把批示分为表态型批示、批办型批示、批转型批示、评价性批示、部署型批示和综合型批示等。

三、批示的三种模式

批示有没有模式？在看了大量的领导人批示之后，我们概括出来三种模式。因为简批非常简单，所以没有进行概括，批示的三种模式是对详批而言的。在作批示的时候，可以考虑借鉴这三种模式。

（一）明情况，作部署，定目标

第一种批示的模式是明情况，作部署，定目标。明情况，就是把事件当前的存在状态、问题矛盾和发展趋势等揭示出来。明情况是作部署的基础。在批示之前首先把情况搞清楚，然后再去作部署。作部署就是对事件处理的方法、措施、要求等做一个安排。作部署是达到目标的手段。定目标就是设定事情处理之后所达到的期望和结果。定目标是努力的方向。这样说可能还是比较抽象和枯燥的，我们通过一个案例来说明。

清平乡系汶川大地震重灾区，这次发生山洪泥石流灾害（明情况）。要高度重视抢险救灾工作，务必把维护人民群众生命安全放在首位，及时做好受灾群众转移与安置，尽快恢复交通、通信（作部署），保证救灾工作顺利进行（定目标）。

这是胡锦涛对清平地震后泥石流灾害的一个批示。按照我们刚才说的这种模式，我们分析一下。"清平乡系汶川大地震重灾区，这次发生山洪泥石流灾害"这一句是说明情况，目前是一个什么情况。中间这一段"要高度重视抢险救灾工作，务必把维护人民群众生命安全放在首位，及时做好受灾群众转移与安置，尽快恢复交通、通信"是在作部署，从态度上要高度重视，然后具体措施上务必怎么样，然后及时做好一些具体工作，受灾群众的转移和安置，尽快恢复交通、通信。为什么要做这些部署呢？我们的目标就是"保证救灾工作顺利进行"。这一批示就是一种"明情况、作部署、定目标"的模式。

（二）作评价，作部署，定目标

第二种批示的模式是作评价，作部署，定目标。作评价就是对事件的重要性、价值意义、是非曲直等给出一定的价值判断。作评价往往是为后面作部署和定目标奠定基础。前面我们说明情况是为后面打基础，这种模式是首先对一件要做的事情或者是一个人作评价，有了这个评价然后根据这个评价去作部署、去定目标。我们看下面这则批示。

做好伤病残军人退役安置工作，关系国防和军队建设（作评价）。军地有关部门要加强协调配合，完善制度机制，抓好工作落实（作部署），努力使所有伤病残军人都得到妥善安置（定目标）。

这则批示首先指出这个工作很重要，因为"关系国防和军队的建设"。这就是一个评价，一个价值的判断，基于这样的判断，所以必须要做出一些行动——"军地有关部门要加强协调配合，要完善制度机制，要抓好工作落实"。为什么要这么做？"努力使所有伤病残军人都得到妥善安置"。这是整个活动的目标。这个批示反映了作评价、作部署、定目标的模式。

（三）循指示，定目标，作部署

第二种批示的模式是循指示，定目标，作部署。循指示是在作批示开始之前，首先要把上级领导或者职能部门的指示、要求、精神等摆出来，作为后面作批示的一个依据。这种情况适合于上级作了指示、要求，领导者需要在这个基础之上再去作批示。先把上级的精神、要求反映出来，这就增加了作批示的一个力量，因为有了依据。我们看下面的一则批示。

> 要遵照党中央、国务院领导同志重要指示（循指示），加快解救和转移被困人员，继续搜救失踪人员，安置好灾区群众（定目标）。要尽快抢通道路、通讯、电力，消除堰塞体。要加强对地质和山洪灾害隐患的排查、监测，做好灾害防范和应急撤离工作。继续搞好伤员治疗和防疫工作，尽力减轻灾害损失（作部署）。

在作遵循上级领导者的指示的批示时，基本上都是先把领导指示精神摆出来，接下来说我们要达到什么目标，为了达到这个目标我们怎么做。

四、批示的艺术

陆游说作诗的功夫在诗外，对作批示来说，批示的功夫在批示之外。虽然在文件上写的就是几个字，但是实际上这几个字展现的是领导者的功力。对领导来说，要想做好批示，不仅仅是写那几个字的问题，而是怎么样才能把整个事情都处理好的问题。因此，我们说批示的功夫在批示之外。要想做好批示，我们需要注意以下几个方面的问题。

（一）情况明，批示准

情况明，批示准，是说在作批示之前，一定要把整件事情的来龙去脉摸清楚然后再作批示。

举个很简单的例子，比方说领导者看内参中反映了一种非常严重的情况，义愤填膺，马上作批示，这件事情要去怎么办。这样做合适吗？这份材料可靠吗？如果说看到的这份材料不可靠就作了批示，那么很可能会导致不好的结果。同样，即使是下级报上来的情况，有没有夸大，有没有缩水，有没有变形？如果在没有把事情搞清楚的情况下，就仓促地去作批示，就很容易导致批示不准，然后就会出现贻误事情的解决的情况。所以说，搞明情况然后再去作批示，才能够把事情做准确。

下面是毛泽东《对一个工人关于物价上涨的来信的批语》（1962 年 3 月 4 日）。

先念同志

　　请你找几个内行同志在一起，研究一下，看这个文内所提两项办法是否可能做到，怎样做到，何时做到。如有结果，请告我。

毛泽东

三月四日

对一个工人关于物价上涨的来信，毛泽东没有贸然作答，而是先让李先念同志找几个内行的同志在一起研究一下，而且他特别强调让内行的同志，"看个文内所提的两项办法是否可能做到，怎么做到，何时做到。如有结果，请告我"。毛泽东首先强调的调查研究，调查研究清楚了以后再做决断。我们可以看到，作批示之前一定要把情况搞清楚，这一点对准确作出批示非常重要。

（二）处关系，周考虑

批示不仅仅是一个书写的过程，批示是协调各种关系，衡量各种利益，做决策的过程。在作批示的时候要注意以下两点。

1. 人事关系思周全

批示既牵扯到人，也牵扯到事。人事关系思周全，就是对人、对事之间的相互关系，好好考虑。我们看毛泽东《对周恩来批陈整风汇报会议讲话提纲的批语》（1971 年 4 月）：

　　看了一遍，觉得可以。先同六人小组商酌，再同政治局各同志（包括各大组负责人及犯错误的五同志）商酌，取得同意，或加修改，然后去讲。

大家看，毛泽东看了讲话提纲之后"觉得可以"，但是还是非常谨慎，他没有直接说可以，你们去做吧，你们去讲吧，而是要他考虑六人小组的情况，考虑政治局各同志，而且还特别考虑了犯错误的五个同志，要让这么多人去商议，然后要取得同意，还要去修改，最后再去讲。由此可以看出，毛泽东在做这件事情之前，考虑到的是方方面面的人，方方面面人的利益。

2. 事理情法要协调

事理情法要协调，就是在作批示的时候，要考虑以事而批，以理而批，酌情而批，合法而批。当然这里面会有矛盾，会有冲突，我们知道好多事情可能合情的不一定合法，合法的又不一定合情。这个时候做领导的会处在矛盾的状态里面，就要学会协调，学会怎么去取舍，怎么去平衡，要寻求一个平衡点，对事、理、情、法要综合考虑。当然违法的事情肯定是不能做的。

（三）表态度，捏分寸

在作批示的时候需要领导者表态。领导者的表态要恰到好处，这就需要捏拿得有分寸。我做了以下归纳和分类，领导者在批示的时候有六种表态方式。明确表态、意向表态、委婉表态、模糊表态、歧义表态和不作表态。

1. 明确表态

明确表态，是直截了当地把自己的态度写清楚，同意或者不同意之类。明确表态可以使人直接看清领导者的意图，不用费尽心思去揣摩领导者的心机。

2. 意向表态

意向表态，就是把自己对此事的意向写出来。意向表态，不直接地说同意还是不同意，而是把自己的意思、意向表示出来，虽不像明确表态那样直接，但也比较清楚地表达了自己的看法。毛泽东在批语中常用"似可""似宜"等字样来表明自己的意向。这种批语是艺术的表达，既比较明确地表达了自己的意向，又给他人留出了空间。

3. 委婉表态

委婉表态，就是不直接表达自己的意思，而是"拐弯抹角"地把态度表达出来。委婉表态，领导者既不直接说同意还是不同意，也不直接表明一个意向，但意向还是比较明显的，只不过是用一种非常委婉的方式表达自己的态度。

对领导者来说，有的时候左右为难，这件事情办，违反原则；不办，某些角度又说不过去，前面讲到了有的时候在法和情之间很难处理，领导者的表态又会影响整件事情的结果。对领导者来说最好的状况是什么？我们既表态了，又留有余地，这是最好的一种态度。在遇到比较难处理的事情的时候，如果能够用委婉的一种方式去表态是非常好的。

4. 模糊表态

模糊表态也叫含糊表态，就是表态的态度模糊不清，让人难以摸清其意思。比如，"阅知"是领导者看到文件之后常用的一个表态语。如果说在一个周知性文件上写"阅知"是没有问题的，周知性文件就是发全体人员都知道的。但是，如果在一个需要表态的文件上写"阅知"，意思就很模糊了。这个文件是需要领导者表态的，结果批语是"阅知"，那到底同意还是不同意，什么意思？就不知道了。这是一种模糊表态。

5. 歧义表态

歧义表态就是所写的批语是歧义句，可以这样理解也可以那样理解。比如，"同意请某某处理"。这是什么意思？可以理解为"同意这件事情，请某某去处理"；也可以理解为"我同意这件事情请某某去处理"。如果说在"同意"后面加个句号，就是"我同意这件事，然后由这个人去落实"；如果不加这个句号，可以理解为，"这个事情我没表态，我只是同意这件事情由这个人去做"。这就产生了歧义。

有的批语的歧义是无意为之而出现的，有的则是有意为之的，目的是为自己"留后路"。这是一种狡猾和不负责的表现，而不是领导智慧。我们不提倡这种表态方式。

6. 不作表态

还有一种情况就是不作表态。有的时候领导者在文件上面划上一道线，然后写上日期就结束。当然，不作表态也是一种表态。不作表态事实上也反映了领导者对这件事情的态度，很多时候可能是不好处理，就不作表态了。

对这样六种表态来说，比较理想的表态方式是前面三种，确表态、意向表态和委婉表态，对于一些不是很好表态的，可以考虑意向表态和委婉表态。后边的三种，模糊表态、歧义表态和不作表态，事实上是一种回避的态度，或者说是不负责任，不值得提倡，应该戒除。

（四）重部署，抓落实

重部署、抓落实，就是批示要注重作一些部署，还有就是抓落实。"部署"有总体部署和具体部署。总体部署是方向性的、原则性的、整体性的、全局性的。

具体部署是具体性的、针对性的、操作性的、实现性的。一般而言，层级比较高的领导者所作的是总体部署，执行部门的领导者所作的是具体总署。在批示时，领导者重视部署，执行者在执行时就有了明确的方向。因此，领导者在批示里面要注意正确的部署。

对批示来说，仅有部署是不够的，还要在部署的同时抓落实，即在批示中把如何完成这些部署、如何检查这些部署的落实措施也提出来，以督促执行者把部署落实下去。比如，不要仅仅批示如何去做，还要要求执行者把结果呈报上来，有个结果反馈。再比如，对部署完成的时间有明确的规定等。这样，批示的内容才能够比较好地落实下去。

（五）用语准，含义明

作批示是一个书面语言的表达，对书面语言的要求比较高。作批示的时候必须用好书面语言。我们一定要有这样的一种意识："字词不同意有别，用词准确含义明。"用的字词不一样，它的含义就不一样，只有用词准确了含义才能清楚。

下面一组在批示的时候常会用到的词语："阅示""阅处""阅办"，它们之间有什么区别？

首先适用的对象不同。"阅示"，是请上级领导批示的时候用的，下级给上级打报告、作请示的时候用，如"请张局长阅示"。"阅处"，是请你的下级领导办理的，也就是高层领导批给中层领导的用"阅处"。如"请办公室主任阅处"。"阅办"，是请下属办理时用的。

其次，对收阅者的使用约束也是不同的。"阅示"，收到阅示者一般需要回应，但也可以不回应，因为他是上级领导。"阅处"，收到阅处者可以亲自办理，也可以安排自己的下属去办理，如果是后者负责阅处的领导必须要把关和担责任。"阅办"，收到阅办者即使是中层领导也必须亲自办理，不得再另行安排下属去参与。

再次，应对事件的复杂程度不同。一般来说"阅处"的事情比"阅办"的事情要复杂一些。比方说，要制定一个单位的薪酬体系，"请人力资源部阅处"。如果说只是报送一个领导名单，那么就"请人力资源部阅办"。阅处的事情相对来说是复杂一点。如果事情比较简单，能够直接去搞定，那么就用阅办。我们一定要斟酌自己的批示用语。要根据事情的不同的复杂程度选择不同的词语。

（六）重细节，不马虎

重细节不马虎，就是要注意批示中的细节问题，认真对待批示的每一个细节。批示时，要注意以下几个方面的细节问题。

1. 错字别字不应有

批示中不应该出现错别字。出现错字别字，一是会因此造成收阅者的误解，二是影响领导者形象。

2. 句有歧义难理解

句有歧义难理解，就是要防止写歧义句。比如前文提到的"歧义表态"，就让人难以理解，作为一个批示应该很准确地表达自己的含义。

3. 有姓无名不知谁

有姓无名不知谁，就是有的人批示时只写一个姓，而不写全姓名。这也可能会造成误解。比如，有人只写个姓"王"，可能局里有三个副局长都姓王，这就不知道到底是哪个王副局长批示的。所以说，这个姓名要写全。

4. 月日具而年份缺

月日具而年份缺，就是在写日期时，只写月和日，而不写哪一年。这是领导者作批示的时候经常出现的一个问题。虽然在当时写月日，大家是清楚的，但时间长了可能就会出问题。我们知道领导者作了批示之后往往是要存档的，年份长了如果没有存档，或存档没有整理好，那么哪一年哪一月就搞不清楚了。因此，应该把年、月、日都写清楚。

5. 标点符号有深意

批示时，标点符号这种小事情也要处理好。刚才我们谈到"同意请某某处理"这样的歧义表态如果有标点符号就可以避免歧义了。可见，即使是一个标点符号也能够决定一条批示的含义是清楚还是不清楚。

所以说对于一些细节也不应该马虎，只有把细节注意了，把情况摸明了，把各种关系理清了，才能够非常好地去协调关系，衡量利益，作出明确的决策。批示可以说是领导者作出正确决策并以书面语言准确表达的结果。

沟通提升领导力 ①

【阅读指要】

    领导者应树立一种观念：沟通产生领导力。学会沟通，有助于提升领导力。沟通的过程就是领导的过程。深刻把握沟通与领导活动的关系才能真正运用好沟通。沟通的本质是上下级间协商，沟通中的尊重会产生领导力，沟通旨在上下级间达成共识。从影响沟通效果因素的角度看，应着重掌握以下沟通技巧：勤沟通早沟通，学会换位思考，注意沟通细节。

    沟通是人与人在平等基础上思想、情感、信息、能量等传达与反馈过程。沟通的目的是求得思想的一致、感情的和畅、信息的共享、能量的互换。沟通的前提是平等，沟通的本质是协商，沟通的结果是共识。沟通是人类重要的生存方式，沟通也是重要的领导方式。可以说，没有沟通就没有领导。然而，有的领导者却忽视了沟通，甚至忘记了沟通，由此给领导活动制造了障碍。领导者应树立一种观念：沟通产生领导力。学会沟通，有助于提升领导力。从沟通的方向看，可以分为下行沟通、上行沟通和平行沟通。下文以领导者对下属的下行沟通为例探讨领导者沟通中领导力的提升。

---

① 本文发表于《湖北教育》，2014 年第 7 期，第 28—29 页。

一、沟通过程即领导过程

有人把沟通视为领导活动的手段，其实沟通不仅是领导活动的手段，更是领导活动本身，沟通的过程就是领导的过程。深刻把握沟通与领导活动的关系才能真正运用好沟通。

（一）沟通的本质是上下级间协商

领导活动中的沟通，不是下达任务的过程，更不是命令的过程，而是与下属协商的过程。下达任务与命令，都是单向的，不是沟通；沟通必须是双向的。既然如此，沟通就不是领导者"一言堂""自己说了算"，而是要与下属坐下来平等的协商。

沟通本质上是人与人在平等基础上的协商。虽然，"领导者"与"下属"在领导地位或社会地位上有差异，但在本质上，他们是同事，只是分工有不同。从同事的角度看，领导者与下属在平等的地位上，领导者不能凌驾于下属之上。沟通要在平等的基础上进行。

在沟通过程中，下属可以与领导者讨价还价。比如下属提出只从事部分工作而不是全部，要求领导者把完成工作的时间放长、追加资金、增加人手，等等。这些都应视为正常要求，而不应被视为无理要求。领导者可以考虑满足下属的要求，也可以提出自己的看法与下属协商。领导者不能要求下属无理由服从，因为自己提出的要求也会有不合理之处，下属在执行中确有困难。领导者必须要考虑下属实施的可行性。在相互理解、相互体谅的基础上，形成双方都能接受的方案，这才是好的领导。换言之，行动方案产生于沟通，产生于协商。沟通好了，协商好了，也就领导好了。

（二）沟通中的尊重会产生领导力

传统的领导方式往往是领导者把任务吩咐下去，让下属们执行。下属们迫于领导者的权势，或者出于自身利益的考虑，会去执行任务。但此种情形下，下属们执行起来是非常不舒服的，甚至会故意拖延，或者出工不出力。为什么会这样？一个很重要的原因是，领导者没有尊重下属，没有与下属充分沟通，调动起下属的积极性。

　　根据马斯洛的需要层次理论，被尊重是人的一项重要需要。任何人都需要得到尊重。对领导活动而言，领导者必须谨记：下属是人，不是领导者手中的棋子，可以任意摆布。领导者必须给予下属以尊重。尊重下属就要尊重下属的意愿、尊重下属的要求、尊重下属的感觉。

　　沟通过程中，要把下属的重要性突显出来，把下属的自身价值突显出来，给予他强烈的自尊感和认同感。苏联著名教育家马卡连柯曾经说过："我的基本原则永远是尽量多地要求一个人，同时也尽可能多地尊重他。实在说，在我们的辩证法里，这两者是一个东西：对我们所不尊重的人，不可能提出更多的要求。当我们对一个人提出很多要求的时候，在这种要求里也就包含着我们对这个人的尊重，正因为我们向他提出了要求，正因为他完成了我们的要求，所以我们才尊重他。"①马卡连柯抓住了"尊重人"与"要求人"之间的内在关系。有的领导者没有看到两者之间的内在关系，只知道"要求人"，却没有"尊重人"，结果造成了很多领导过程中的障碍，比如下属不服从领导者的安排。此时，领导者还会把原因归结到下属不顾全大局、不服从组织、不听从安排、不懂得道理等，却忘记了正是由于自己缺乏对下属的尊重，才出现这种情况的，制造这种障碍的，正是领导者自己。

　　领导者必须明白一个道理：谁尊重了下属，谁就会赢得下属的尊重与拥护。这并不是领导的秘诀，而只是人之常情。但领导者对下属的尊重，会产生比平常人之间尊重更大的效力。因为领导者对下属的尊重，体现了领导者对下属的重视，让下属感受到自身价值的重要性，可以更加激发起更大的工作热情和动力。可见，尊重产生领导力。

（三）沟通旨在上下级间达成共识

　　最糟糕的领导是把自己的意愿强加给下属。最好的领导就是让下属心甘情愿地跟随自己去奋斗。这除了要给予下属以尊重，还要与下属达成共识。沟通的目的是为了达成共识。对领导者而言，要与下属达成共识，最重要的是让下属对领导者提出的任务产生价值认同。为此，领导者不仅要"动之以情"，更要"晓之以理"，让下属认识到请他去做的事情的重要性——对单位存在和发展的重要性，对

---

① （苏）马卡连柯著，吴式颖等编：《马卡连柯教育文集（上卷）》，北京：人民教育出版社，2005年版，第104页。

下属个体发展的重要性，等等。善于表达的领导者总能够通过各种方式让下属明白事情的重要性。下属认识到事情的重要性，认同了领导者的价值理念，有时不用领导者开口，下属都已经主动请缨了。即使达不到这种程度，在充分沟通的基础上，领导再提出要求，下属也会比较情愿地接受安排。有了充分沟通、达成共识的前提，下属工作起来就会非常积极，而且工作也往往能够取得良好效果。此时，领导的目的也就达到了。

二、掌握沟通技巧提升领导力

有效沟通才能提升领导力。有效沟通是一项实践能力，需要掌握一些沟通技巧。从影响沟通效果因素的角度看，下面几个点是沟通时应着重掌握的沟通技巧。

（一）勤沟通早沟通

就沟通频次与效果而言，沟通比不沟通要好，多沟通比少沟通要好。因此，领导者应加强与下属的沟通频次，特别是主动加强与不经常接触下属的沟通。加强沟通频次必然会增加沟通时间、精力等方面的沟通成本，却可以提高领导效果。换言之，为达到良好的领导沟通，加强沟通是必要的。当然，加强沟通或多沟通，有个必要性、适度的问题，并不是沟通得越多越好。如果没有必要也进行沟通就会形成过度沟通。过度沟通反而会给下属造成心理压力，影响沟通效果。

从沟通时间与效果的角度看，提前沟通胜过临时沟通，临时沟通胜过事后沟通。遇事提前沟通是领导成功的一个重要技巧。提前沟通才能够让下属感受到被尊重的感觉，才能防患于未然，才能避免事后的龃龉。因此，领导者遇事要提前与下属沟通，所谓要"谋定而后动"，不能"先动而后谋"。事后沟通只能是补救性的，即使能够在事情上弥补不足、挽回损失，但在下属情感上的损失是很难弥补和挽回的。

（二）学会换位思考

从沟通对象与效果的角度看，沟通要把握对方心理。对领导者而言，一件非常重要的能力是知人善任。要知人就要善于把握对方心理。成功的人际交往是有一些规律的。人际交往的黄金定律：你希望别人怎么对你，你就怎么先对别人。人际交往的白金定律：别人希望你怎么对他，你就怎么对他。对领导活动而言，领导者要学会遵循和利用白金定律，最忌讳的是独断专行：我想叫你怎么样，你就得怎么样。要学好用好白金定律，就须学会换位思考。

　　沟通的过程也是换位思考的过程。领导者不能只是站在自己的立场和角度来思考问题，还必须站在下属的立场和角度来思考。换位思考，需要领导者具有同情心和同理心。同情心，是通过对自己情感的体验与反思来推知他人情感的能力。领导者要学会以己之情、人之常情来把握下属的情感。同理心，是以同样的道理来推测类似事情的能力。同情心和同理心可以使人在情感与事理上达到相通与共鸣，从而使人与人之间更容易相互理解、相互认同。领导者具有了同情心和同理心，就能够体会下属的情绪和想法、理解下属的立场和感受，并站在下属的角度思考和处理问题。如果能够做到这样，领导者就可以赢得下属的尊重和认同，进而完成领导任务。

（三）注意沟通细节

　　从沟通情境与效果的角度看，沟通时的场合、时间、情境等都会影响沟通的效果。"涉世较深的人，大多能够体会出谈话的地点及场景很重要。"[1]场景常常暗中规定和引导着话题。因此，要选择恰当的时间、地点、情境与下属或他人进行沟通。肢体语言、语气语调等也都参与沟通，会无形地影响沟通效果。研究表明，沟通中肢体动作占说服效果的55%，声音占38%，文字占7%。著名作家韩少功说："在我们的交谈之外，一定还有大量的信息在悄悄地交流：表情在与表情冲撞，姿势在与姿势对抗，衣装在与衣装争拗，目光在与目光搏杀，语气停顿在与语气停顿厮咬，这一切都在沉默中轰轰烈烈地进行……"[2]在沟通中，人们确实注意了那些比较显在的因素，却很容易忽视这些不易被察觉，但可能影响沟通效果的隐形因素。

　　为了追求良好的沟通效果，提高领导力，领导者需要更加关注这些隐性因素

---

① 韩少功著：《暗示》，北京：人民文学出版社，2002 年版，第 5 页。

② 韩少功著：《暗示》，北京：人民文学出版社，2002 年版，第 22 页。

的力量，并在沟通中尽量利用这些隐性力量，使他们产生积极的沟通能量。比如，领导者以更加平等的姿态、更加平和的语气、更加平衡的语调、更加平稳的心态与下属进行沟通。当领导者能够在心理上、在姿态上，把自己与下属摆平时，可能他也就很容易把下属给"摆平"了。此时，不是领导者的权威降低了，而是提高了；不是领导者的地位降低了，而是升高了；不是领导者的形象渺小了，而是高大了。真正有智慧的领导者、有自信的领导者、有能力的领导者，才能够做到这样。

最后，让我们铭记马卡连柯的经验："尽量多地要求一个人，同时也尽可能多地尊重他。"尊重产生领导力。尊重人和要求人的过程就是沟通。学会了沟通，也就具有了领导力；善于沟通，也就提升了领导力。

午睡：领袖们的保健之方 [①]

【阅读指要】

　　健康是一切生命活动的源泉，健康也是领导活动的基础。领导者要学会爱护自己的身体。爱护身体的方法有很多，午睡就是其中一种。英国首相丘吉尔、美国著名军事家道格拉斯·麦克阿瑟、德国领袖康拉德·阿登纳等人，都有午睡的习惯。这些领袖们，不仅一生中做了大量卓有成效的领导工作，取得了骄人的成绩，而且活出了健康，活出了长寿，活出了生活质量。这或多或少与他们午睡的习惯有关系。

　　健康是一切生命活动的源泉，健康也是领导活动的基础。提高身体素质也是提升领导力的重要方面。领导者要学会爱护自己的身体。爱护身体的方法有很多，午睡就是其中一种。中医界提倡睡"子午觉"，"子"是指 23：00—1：00，"午"则是 11：00—13：00，认为睡午觉有益身体健康。科学研究已经证实，适当的午睡有益于人们的身体健康。美国哈佛大学心理学研究中心曾在有关人类睡眠效果的研究中，将 105 名实验对象分成有午休和没有午休两组来进行实验，最后数据显示，午休一小时的人下午的清醒度是 9：00 的九成，这说明适当午休能让人脑袋灵活一整天。领导工作十分繁重，领导者所承受的各种压力也非常大，更需

---

① 本文以"那些午睡的领袖们"为题发表于《领导科学报》，2010 年 1 月 18 日，第 1228 期，第 3 版"高端论坛"。

要具备良好的身体素质和充沛的精力。因此，适当的午睡对领导者来说是十分必要的。在那些世界级的领袖人物中，有许多人就有午睡的习惯。从尼克松的名著《改观世界的领袖们》一书中我们可以看到好几位坚持午睡的领袖。[①]

温斯顿·伦纳德·斯宾塞·丘吉尔（Winston Leonard Spencer Churchill，1874—1965），是著名的政治家、演说家、作家以及画家和记者，他于1940—1945年及1951—1955年两度任英国首相，被认为是20世纪最重要的政治领袖之一。他于1953年获得诺贝尔文学奖。丘吉尔能够取得辉煌成就与他的精力充沛是分不开的。他好像总是很有精神，即使正式会谈时间拖得很长，甚至有时枯燥乏味，他依然兴致盎然。丘吉尔是一个坚定的午睡者，他习惯于下午小睡片刻，即使在战争年代也没有中断，因此晚上他的精力依旧充沛。或许午睡的好习惯给了他一副好身体，使他能够应付繁重的工作，而且使他能够长寿。丘吉尔活了91岁。

道格拉斯·麦克阿瑟（Douglas Mac Arthur，1880—1964），是世界著名的军事家，第二次世界大战时期历任美国远东军司令，西南太平洋战区盟军司令；战后出任驻日盟军最高司令和"联合国军"总司令等职。麦克阿瑟几乎从不生病。他只练健美体操，但他经常在办公室、起居室、飞机上，甚至打仗时还在轮船甲板上来回踱步，有时一天要走好几英里。除此之外，麦克阿瑟还是一个坚持午睡者，他对午睡的作用有着清醒的认识。他认为自己身体健康是因为坚持睡午觉，几乎滴酒不沾，饮食有节制，几乎一上床就能睡着。麦克阿瑟活了84岁。

康拉德·阿登纳（Konrad Adenauer，1876—1967）是一位跨世纪的人物，他经历了德意志帝国、魏玛共和国、第三帝国和联邦德国等四个重大历史时期。在他的领导之下，德国在政治上从一个战败国到重新获得主权，进而成为西方国家的一个平等伙伴；经济上"医治"了战争的创伤，并通过实施社会市场经济，创造了德国的"经济奇迹"。人们把这一时期称之为"阿登纳时期"。作为一个国家领导，阿登纳公务超级繁忙，但他明白"长寿使人有机会总结经验"，所以他很注意锻炼，注意良好的饮食习惯和生活习惯，他习惯早起，不喝酒，不吸烟，不随便生气，还注意陶冶自己的情操，收藏画作，听音乐会，读文学作品。阿登纳最大的资产之一就是到了70多岁的年纪似乎仍然不知疲倦。有一次他对美国前总统理查德·尼克松说，最好的政治家是"能把别人坐垮"的人。在必要的时候，他会

---

① （美）理查德·尼克松著，尤勰等译：《改观世界的领袖们》，昆明：云南人民出版社，2002年版。

有意让会议拖到深夜，他耐心地坐在那里，困倦不堪的反对者只好一个又一个地接受他的观点。年已八旬的阿登纳依然精神矍铄、身体健康，每天完成的工作和比他年轻二十多岁的人一样多。由此可见阿登纳的精力有多么好。其实，阿登纳也是一个午睡者。他每天都要午睡，却不愿意承认午睡。要是有人问他午休睡得如何，他会生气地说："我没有睡，我忙着呢！"阿登纳活了91岁。

　　这些领袖们，不仅一生中做了大量的卓有成效的领导工作，取得了骄人的成绩，而且活出了健康，活出了长寿，活出了生活质量。这或多或少与他们午睡的习惯有关系。通过著名领袖们的午睡习惯及其健康长寿的现实不难看出午睡的重要性。有人说，"午休"即"午修"。如果把人比作一台机器，那么不时要进行"修理"，除了定期进行"大修"外，还需要不时进行"小修"，而午休，就是一种"小修"，哪怕只是片刻的小憩，也是大有好处的。领导者是繁忙的，但再忙也应注意身体。身体是革命的本钱，"休息是为了要走更长远的路"。为了身体，为了工作，无论是否领导者都午睡一下吧！

做一身正气的领导者 [1]

【阅读指要】

  一身正气，充满正能量，是领导者应有的品格。《箕山小吏》的主人公郑峰，就是一位一身正气、充满正能量的领导者。这部小说也是一部弘扬正气的官场小说。领导者应当像郑峰一样，做一个充满正气、散发正能量的人。

  一身正气，充满正能量，是一个领导者应有的品格。这种品格，不仅是领导者形象的体现，也是领导活动成功的保证。在官场小说中，塑造一身正气、充满正能量的人物形象，既是小说创作的艺术需要，也是现实生活中优秀官员形象的真实体现。官场小说，古已有之。晚清作家李伯元的《官场现形记》，是著名的谴责小说，也是著名的官场小说。官场小说虽然是热门的题材，每年都有许多作品问世，但跟风之作、粗糙之作、媚俗之作也是不少，可看之书并不多见。得阅《箕山小吏》实属偶然，然细读之下，却被其吸引和打动，因为其主人公郑峰是一位一身正气、充满正能量的领导者，这部小说也是一部弘扬正气的官场小说。

---

[1] 本文发表于江峰，赵胤博，相黎丽编著：《心灵的清居和激荡——文学力作〈箕山小吏〉评论集》，北京：作家出版社，2014 年 3 月版，第 107—114 页。

一、讲述"为官之道"的官场小说

《箕山小吏》从书名上看似是一部官场小说，但它又不纯粹是一部官场小说。这有两个方面的表现。第一，小说前面很大一部分是在写主人公何峰在军队的生活，这一部分像是军旅小说。第二，小说的内容与那些卖弄如何立身官场的官场之技、官场学问的官场小说不同，而是讲述何峰如何处理事情、解决问题，如何成为一名真正的好干部的。因此，本文虽然使用了"官场小说"这一概念，但请注意不要把它当作那种描写"为官之技"的官场小说，这是一部讲述"为官之道"的官场小说，是一部充满正能量的书。

为了博得读者的眼球、赢得市场的利润，有些作家不惜以大量的性描写、媚俗的段子来写作，严肃的文学作品受到很大的冲击。与这类媚俗作品不同，《箕山小吏》只写那些正经的、有价值和意义的事情。与充满抱怨、满腹牢骚的批判实现主义的作品不同，这部作品在直面现实的基础上肯定社会，"尽管当下社会风气令人担忧、人与人的关系多有微隙，但正气还是绝对的主流。"[①]与那些揭示官场里你争我斗的"为官之技"和如何立身官场的官场小说不同，这部作品要弘扬的是官场正气。这本书也写官场的黑暗，但更写官场的光明面、积极面，描写以何峰为代表的官员与黑暗势力做斗争的昂扬正气。

在书中，主人公何峰也面临很多官场里的障碍，是同流合污，还是坚持原则立场、正义立身，也是他所面临的抉择。在利益诱惑、人身威胁与重重困难面前，他没有选择同流合污，而是一如继往地坚守了正义。这就不得不说到小说的第一部分，即何峰的从军经历。小说分了三卷，卷一写何峰当兵的经历，卷二写何峰作为长水县组织部副部长的经历，卷三写何峰作为金河区副区长，区委副书记、区纪委书记和区人大主任的经历，在结构上十分清晰。从人物经历的角度看，第一部分是人物人生起始阶段，从故事前后之间关系的角度看，正是在军队里所受到的锻炼，特别是品格的锻炼，为人物的性格奠定了基础，使得何峰在日后的官场工作中能够依然保持积极向上、追求正义的品格。反腐败是一场严峻的斗争。作为纪委书记，何峰在对待腐败问题上，有着坚定的立场："只要有人触犯党纪国法，我们就一查到底，有多少查多少，决不心慈手软，否则上对不住党，下对不住老百姓。"[②]

---

① 赵俊杰著：《箕山小吏》，北京：中国文联出版社，2013年版，第307页。
② 赵俊杰著：《箕山小吏》，北京：中国文联出版社，2013年版，第472页。

当别人在跑官要官买官时，何峰却能够不受到这种歪风邪气的影响，对此他的认识是"三句话，一是成也此，败也此，咱不为此累，咱不为此忧。二是人的命天造定，提拔不提拔由组织决定。三是外边的传闻不要听不要信也不要传。别人咱管不了，但咱能管住咱自己。"① 孔子说："人不知而不愠，不亦君子乎。""不患人之不己知，患不知人也。"（《论语·学而》）一个有品格的人，依靠的是自己的修为，而不是歪门邪道。何峰能够在选拔的问题上，表现出这样的品格是非常难能可贵的。他是一个靠自己的真本事来做事做官的人。这样的人才是社会最需要的官员，最能够代表社会价值、传递社会正能量的官员。

作者对社会正义和官场正气的弘扬是通过何峰这一人物形象来实现的。通过何峰的所作所为，更深刻地揭示了只有正确的人生观、价值观、权力观、政绩观和高超的思想境界才能真正成为一名好的领导干部。何峰正是一个在这些方面都堪称典范的人物。

作为一名领导干部，要有正确的人生观、价值观。人生观、价值观决定一个干部在工作中的价值取向和立场原则。在何峰看来，"人生在世，荣辱进退固然能体现一个人的价值，但最重要的价值是人的社会形象，具体到一个党员领导干部，则是看他为老百姓做了多少事，群众满意才最有价值。"② 这是何峰的价值观。正是因为有这样的价值观，所以他才不看重荣辱进退，而看重为老百姓做了多少事。

作为一名领导干部，要有正确的权力观。正确地认识权力、利用权力，才能正确地发挥权力的效用。官员的权力来自人民，权为民所用，利为民所谋，才是正确使用权力的途径，以权谋私，最终是害民害己。何峰对权力有着正确的认识。他告诫同侪说："不要老想着自己的权力有多大，有多牛，要经常想着咱们的权力是谁赋予的，自己的责任有多重，人民的需求是什么？为人民多办事，办实事、办好事。为国分忧，为民尽职，坚持开拓创新，依法依规，为民发展，务实发展，科学发展。以德、以能、以绩、以廉服众。"③ 正是因为正确地认识自己手中的权力，所以何峰才能够"为国分忧，为民尽职"，成为人民的好干部。

作为一名领导干部要有正确的政绩观。有正确的政绩观，才能知道该做什么，重点做什么。在何峰看来，"在咱们的任期，不求老百姓给咱们竖碑立传，只求老

---

① 赵俊杰著：《箕山小吏》，北京：中国文联出版社，2013 年版，第 109—110 页。
② 赵俊杰著：《箕山小吏》，北京：中国文联出版社，2013 年版，第 467 页。
③ 赵俊杰著：《箕山小吏》，北京：中国文联出版社，2013 年版，第 496—497 页。

百姓的生活越来越好，越来越幸福，咱们的干部职工工作积极性得到发挥，不犯错误或少犯错误。"① 只有站立人民群众的立场，把人民的利益摆在首位，才能真正把工作做好。何峰之所以能够把工作做好，做到群众叫好、领导叫好、心怀邪念的人不叫好，正是因为他做到了这一点。

作为一名领导干部，要有很高的思想境界。思想境界高才能不以个人利益得失而斤斤计较，才能够顾全大局。何峰也受到过不公正的待遇，受到同侪的排挤，受到不法分子的攻击，当此之时，他也会愤懑、恼怒，但他都能够以大局为重，最终把思想的纠结化解开，这体现出一个人很高的思想境界。

通过何峰，我们看到了一个清正廉洁、敢于担当、有勇有谋、一心奉公、全心全意为人民服务的政府官员形象。通过何峰这一人物形象，作品弘扬了官场正气、社会正气，为官场、为社会输送了正能量。

二、主人公所带有的积极的现实意义

文学作品中人物形象、人物品格不是凭空而出的，而是与人物本身的努力与境遇紧密相连。对何峰这一人物形象，我们不能只看到他人品正、思想好、境界高、能力强等优点，还要看清楚这些优点的根基与来源。何峰只有高中学历，但是思想素质和业务水平都很高，这是为何？他是一个爱思考、爱钻研的人，也是一个热爱读书、喜欢写作的人。多年积累下来，他写了一百多篇文章，并结集出版了著作，可见他是一直在思考、研究、阅读、写作的。这是使他不断获得进步、获得个人素养和业务水平提升的重要因素。在做了领导干部之后，他不像有些领导天天围着酒桌转，而且坚持读书、写作。一个人的水平来自一个人的修为，来自一个人的学习。何峰说："学习确实很重要，学习可以立德增智，提高修养。学习对于一个人来说，就像大树对阳光和雨露一样不可缺少。"② 正是因为有这样的认识和不断学习的习惯，何峰才成为有修为的人、有作为的官。何峰平时写的文章能够集成著作出版，与"冷观世事，忙中偷闲"是分不开的。如果每个领导干部都能够在繁忙的公务之余，沉静下心来思考、研究、阅读、写作，那么不仅个人

---

① 赵俊杰著：《箕山小吏》，北京：中国文联出版社，2013 年版，第 497 页。
② 赵俊杰著：《箕山小吏》，北京：中国文联出版社，2013 年版，第 542 页。

的素养和水平会改变，而且整个的工作作风、工作水平也会改变，官场和社会的风气也会有所改观。

何峰是一个做一行爱一行，做任何事情都全力以赴的人。正如何峰对战士说的那样，"不管做什么，都要有一股子精气神，勇于战胜一切挫折和困难，朝着自己的人生目标前进"。[①]何峰是这样对战士说的，他自己是这样做的。不论在军队，还是在地方，何峰一级级升上来，好像一切都很顺利，但他的顺利并不是来自天赋，而是来自全力以赴的努力。能否去当兵，是靠他自己的争取；为了完成打字任务，他工作三天三夜累得晕倒；抗洪期间，他被累晕，昏迷三天三夜；为了考大学，他常学习到深夜两三点。他的努力当然不是为了赢得上级的青睐，而是为了更好地完成工作，但如果不是这样的努力，也就不会赢得上级对他的青睐，赢得一次次机会。应当看到，不论做什么事情，何峰都是非常认真、全力以赴地去做，正是这样一种精神，使得他不断取得人生的进步。在何峰这个人身上，体现出一种积极向上、踏实进取的精神品格。这种精神品格，是成就个人、成就事业必不可少的要素。

何峰是靠自己的实力，是靠工作的实绩，是靠领导的赏识、群众的赞誉而升职的干部。何峰虽然官不大，但人品正直、一心为公，工作有思路、有魄力、有方法，解决了许多轻重缓急的问题，是一位在工作一线做出了实绩的干部。虽然这是一部小说，却积淀着深厚的实践工作经验，书中何峰对很多问题的解决思路，对今天的领导干部仍然具有启发意义和借鉴价值，即它让人学会如何去做一个好的领导干部，如何去更好地处理问题和解决问题。这也是这部书所具有的积极的现实意义。

三、作品的艺术成就

就小说的创造本身来说，作者使用的艺术手法与所要表现的作品内容是紧密联系在一起的。这部小说的写作手法与作者的写作意图及作品内容之间具有内在联系。我们应该首先理解作者的意图与要描写的内容，然后再去理解作者为什么使用这样的手法，而不能先有了对写作手法的理解，再去要求写作手法在内容上的运用。

[①] 赵俊杰著：《箕山小吏》，北京：中国文联出版社，2013年版，第109—110页。

本书借由神话开篇，是一种传统的开篇方式，像《红楼梦》就是由神话开篇的。如果仅仅是以此来追溯源头，那么神话的作用就不大。然而，本书并没有仅仅用它来开篇，而是为后续的思想作铺垫。这就使得神话开篇具有了另一种意义：既作背景交代，又作思想基调，使其成为不可或缺的组成部分。小说从人物出生前的史前说起，主人公何峰的人生从降生开始写起，显然是采取了一种传记的写法，作者意在为主人公立传，要把事情的来龙去脉，写得清楚。

作为一部长篇小说应该有一条主线。这篇小说写到了很多的内容。既有何峰处理整顿煤矿安全、反腐倡廉这样涉及集体利益的事情，也有群众上访这样涉及个人利益的事情，这些大大小小的事情交织在一起就构成了作者要描写的主要内容。这使得作品看上去缺乏自始至终的主线，其实，小说的主线是何峰的人生经历。作为基层的干部，何峰每天就是在处理这些大大小小的事情中度过的，就是在处理这些大大小小的事情中，一个一心为民、鞠躬尽瘁的基层干部的形象就逐渐清晰起来、立体起来了。

小说一般是讲究技巧的，特别是现代小说更是把技巧发挥到极致。"故弄玄虚"是小说的重要技巧，比如悬念、伏笔、倒叙等技巧都可以达到吸引读者的效果。这部小说几乎没有运用悬念、倒叙等"故弄玄虚"的小说技巧，只是按照事情发展的线索顺叙而下，何峰的人生历程在作者的叙述中缓缓地随之展开了。这与这部写实主义的小说的性质是吻合的，因为人生或生活有时就是这样铺展开来的。

这部小说的语言十分朴实易懂，同时运用了一些方言。作者对方言的运用很有分寸，并不是在任何地方都用方言，而是在一些特殊的场合，比如在何峰的家乡，在宋立柱讲段子时才使用。方言是地方文化的标志。方言的运用是作者自身语言文化的反映，也是作品的需要。使用方言会让对方言区的读者产生亲切感、认同感，非方言区的读者则会产生陌生感、新奇感与隔阂感。作者很体谅非方言区的读者，对所使用的方言都做了夹注，以帮助读者更好地理解作品。语言的朴实与方言的恰当运用是这部小说的语言特色。平实的叙述，加之朴实的语言，使本书具有了一种平实的现实主义风格。

四、"小吏"的"大义"

小说是历史的摹写，现实的反映，人生的写照。读《箕山小吏》这部小说，可以唤起我们对过去的生活的回忆，特别是在卷一中，可以回到那个年代，感受那个年代曾有过的生活。读这部小说，可以看见现实中存有的现象，看到现实社会生活方方面面的问题，以及解决这些问题的可能路径。读这部小说，可以通过小说主人公的人生历程进而反思自己的人生。

中国古人说"文以载道"，作为一部作品在给人们提供娱乐的同时，还应该向人们传递人间正道，传递有利于社会的公平正义的价值观，传递正能量。在《箕山小吏》这部以"小吏"为主角的作品里，就包含了这样的"大义"。这本书就向人们传递了一种人间正道，那就是积极进取，坚持正义，有作为就会有前途。《箕山小吏》这个书名其实也挺有意思。如果说"小吏"是指何峰的话，那么它让我们看到，作为"小吏"会受到很多的掣肘，虽然如此，在官场里，即使是一个"小吏"也是可以有所作为的，也是可以为民除害、为民谋利、为社会弘扬正气的。为官不在大小，在一心为公，在有所作为。

读了这部小说，可以从主人公何峰的身上汲取很多正能量，很多正义的力量。它告诉人们，只有堂堂正正做人、认认真真做事，公公平平做官，才能真正把"人"字立起来，把"事"做起来，把"官"做好。读《箕山小吏》，学浩然正气，做堂堂正正的人、堂堂正正的事、堂堂正正的官，这就是这部小说所传递的人生正能量、官场正能量、社会正能量。总之，《箕山小吏》是一部严肃的文学作品，具有中国传统小说的中正品格和"文以载道"的社会功能。相信每一个认真阅读它的人，都能够从中获得人生的正能量，从而提高思想境界，提高生命质量。我们需要这样的官场小说，需要这样的文学作品，期待更多这样作品的出现。

教师教学领导力的开发[①]

【阅读指要】

　　"教师成为领导者"命题的提出符合教学活动与教师角色特征。教学活动是一项领导活动，教师是教学活动中的领导者。教学领导力具有不同的主体与层次。教师教学领导力的开发需要教师不断进行自我修炼、研究熟悉自己的学生、构建领追型师生关系、构建共同的学习愿景、科学有效地施展教学。

　　教师是由诸多角色同构而成的角色丛，从不同角度与功能可对教师角色产生不同理解。今天"教师成为研究者"（teachers as researchers）的口号已经深入人心，仿此，我们认为在教师角色丛中应该加强教师作为领导者的角色，即教师成为领导者（teachers as leaders）。提出"教师成为领导者"的命题是因为它符合教学实践活动的领导特性与教师角色的领导特征，因为教学活动与领导活动具有高度相仿性，教师角色与领导者角色具有高度趋同性。研究教学领导力并不断提升教师教学领导力，对促进教师观念转变，改进教学实践，具有重要的价值与意义。

① 本文为"领导力开发与领导能力培训"课题的研究成果之一，项目编号：celap2007—per—
　61；发表于《当代教育科学》，2009 年第 24 期，第 3—7 页。

一、教学领导力的概念与层次

教学领导力是教学活动主体对教学活动施加影响以使教学活动有效运转，进而取得预期目标的一种力量。因为"领导教学是一项集体工作"[①]，所以教学领导力的主体也是多元的。教学活动的主体包括教学活动的管理主体与实施主体。教学活动的管理主体，包括教学活动的各级行政部门、机构及其相关领导者、学校校长、教务长、教研组长等。教学活动的实施主体即教学活动的直接实施者，主要是教师。

教学领导力具有不同的主体，不同主体间领导力的范围与层次有所不同，教学领导也呈现出不同的层次。根据教学领导实施范围及影响，我们把学校层面的教学领导力划分为如下四个层级（见图 2-1）。

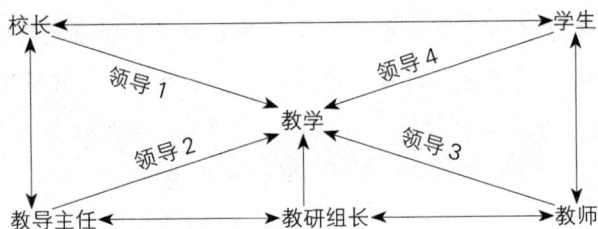

图 2-1 不同层次的教学领导力

（一）校长教学领导力

校长教学领导力主要是在学校层面上展开的。校长教学领导力依次表现为对教导主任、教研组长、教师乃至学生的直接领导（图 2-1 中的领导 1、领导 2、领导 3、领导 4 都与校长的教学领导有关）。苏霍姆林斯基说："校长靠科学来领导教学，就可以成为教育工程师。这种科学领导，能使全体教师团结一致，发挥力量；能真正地把小学、初中、高中各个阶段的教学活动衔接起来。"[②]校长对教学的科学领导主要体现在对全校的教学制度、教学质量、教学问题、教学监督等进行

---

① （俄）苏霍姆林斯基著，赵玮等译：《和青年校长的谈话》，《苏霍姆林斯基选集（第 4 卷）》，北京：教育科学出版社，2001 年版，第 811 页。

② （俄）苏霍姆林斯基著，赵玮等译：《和青年校长的谈话》，《苏霍姆林斯基选集（第 4 卷）》，北京：教育科学出版社，2001 年版，第 810 页。

宏观领导。当然，这种宏观的、科学的领导是建立在对教学实践的深入了解和把握的基础之上的。

（二）教导主任的教学领导力

教导主任的教学领导力（图2-1中的领导2）也是在学校层面上展开，但它属于中观层面的教学领导力，具有双重性质，一方面执行校长领导，另一方面创造性地领导全校教师的教学工作。苏霍姆林斯基说："在领导教学工作中，校长和教导主任的力量会结合起来。对技能和知识的分析，对学生掌握技能和知识的时间上的分配，以及对它们的相互关系的确定，——教学领导中的所有这些问题，只有通过分析许多堂课和学生的书面作业，通过对比多年工作的结果，才能得到解决。在这里，校长和教导主任的职责是不能截然分开的。"[1] 可见，教导主任与校长在教学领导方式上具有非常强的相似性。这种领导同样要根植于教学实践，苏霍姆林斯基说："校长和教导主任指导学生的脑力劳动，这首先就是经常听课、观察课和分析课。"[2] 校长和教导主任虽然也会置身于教堂之中，但他们是课堂教学的观察者、旁观者，而不是课堂教学的直接参与者与直接实施者，因此，他们对教学活动的领导仍然主要是通过课堂教学之外的指导、规范等方式来达到的。

（三）教研组长的教学领导力

教研组长的教学领导力（图2-1中的领导3）主要是针对本学科、本教研组内教师的教学工作展开的，主要通过制定教学计划，组织集体备课、教学研讨，协调教学进程等活动来实现的。教研组长的教学领导力介于中观与微观教学领导力之间，相对于直接的课堂教学中面对学生的教学领导，这种教学领导也主要是间接达成的。

---

[1]（俄）苏霍姆林斯基著，赵玮等译：《和青年校长的谈话》，《苏霍姆林斯基选集（第4卷）》，北京：教育科学出版社，2001年版，第810页。

[2]（俄）苏霍姆林斯基著，赵玮等译：《和青年校长的谈话》，《苏霍姆林斯基选集（第4卷）》，北京：教育科学出版社，2001年版，第811页。

（四）教师的教学领导力

教师的教学领导力（图 2-1 中的领导 4）属于微观的教学领导力，但也是最具体、最直接、最重要的教学领导力，体现在教师的课堂教学活动中，体现在师生互动中，教师通过对学生个体和群体的领导，形成教学吸引力、教学凝聚力、教学影响力从而达到学生学业水平提高，提升教学质量的目的。教学质量主要通过教师教学领导来实现。

其他几种教学领导力都要通过教学质量来体现，它们的存在最终要落实到课堂教学中教师的领导力上，它们作用的发挥都是为了教师教学领导力的形成与提升从而达到教学质量的提升。因此，研究教师的教学领导力具有重要的现实意义。鉴于教学领导力有上述不同层次及教师教学领导力的重要性，下文谨对教师的教学领导力展开探讨。

二、教师与领导者角色的趋同

我们常说，教师是指导者、引导者、诱导者，教师是班组的管理者，却很少说教师是教学的领导者。其实，美国著名的教育家约翰·杜威（John Dewey，1859—1952）早就明确提出教师是领导者。他认为，在传统教育中，倾向于把教师看成是独裁的统治者。"实际上，教师是一个社会团体的明智的领导者。教师作为一个领导者，依靠的不是其职位，而是其广博、深刻的知识和成熟的经验。认为自由的原则使学生具有特权，而教师被划在圈外，必须放弃他所有的领导权力，这不过是一种愚蠢的念头。"[1]削弱教师的领导地位是一种错误的观念。遗憾的是，由于种种原因，长期以来，教师的领导地位与教学领导权并没有得到充分的重视。今天这种观念要改变了，需要向前推进一步了。因此，我们提出"教师成为教学领导者"。为什么提出"教师成为教学领导者"命题呢？因为我们对教学活动的认识、对教师的理解又有了新的视角与新的进展。

从领导学的角度看，教学活动是一项集体活动，是一项需要领导的活动。与

---

[1]（美）约翰·杜威著，姜文闵译：《我们怎样思维·经验与教育》，北京：人民教育出版社，2005 年版，第 223 页。

其他的领导活动相比，教学活动同样具有领导活动的特征。领导者与教师都要面对一群需要凝聚的人，他们之间都结成共同体，都为了一个共同的目标而努力。教学活动与领导活动都需要构建美好的愿景，都需要为了美好的愿景而努力。领导活动的目标是完成领导任务，教学活动的目标是为了学生的成长与提高。教学与领导都是具有关心人与关心任务两个维度的活动。领导者要关注领导任务，也要关心下属；教师既要关注教学任务，也要关心学生。教学活动与其他领域的领导活动一样，都需要一个坚强的核心，一个组织的构建者、引领者。从这个意义上说，教学活动是一项领导活动，而教师就是教学活动中的领导者。

教师与领导者具有许多相互贯通的特征，这表现为领导者具有师性特征与教师具有领导特征。首先，领导者具有师性特征。师性特征是指一个人可以为楷模，可以被学习仿效，另一方面他可以给予他人以有效的指导，引导他人不断提高。领导者具有这样的特征。在领导活动中，他需要充分体现出师性特征。其次，教师具有领导特征。领导特征是指一个人可以把其他人凝聚起来，使人们自愿地跟随他为了实现共同的目标而努力。教师具有这样的特征。虽然，现代意义上的教师与学生之间的关系首先是建立在组织安排的基础上的。但这并不妨碍在此基础上，教师运用自己的人格力量、知识力量、教育力量把学生变成自己的追随者，在他的领导下实现他的教育目标。教学与领导都是一种影响活动，在本质上都是影响他人，让他人在相信或信任的基础上，接受、认同教师或领导者所讲授的内容。

因此，我们说教师与领导者角色之间具有高度的相仿性，或者说两者具有高度的趋同性。可以说，领导本身包含着教育的内在要求，教学本身包含着领导的内在特质。不具备领导特质的教师就无法很好地完成教学任务，就无法成为优秀的教师。因此，教师向领导者学习，增强自己的教学领导者的角色意识，让自己变成有意识的自觉的教学领导者是十分必要的。

三、教师教学领导力开发的途径

领导学的研究把领导者、追随者与领导任务看作领导活动的三要素，领导力就产生和体现在这样的"领导三角"之中。参照领导活动的三要素，我们认为，教师、学生与教学任务是教学领导的三要素，它们构成了"教学领导力三角"（见图 2-2）。教学任务的完成需要师生具备更高的教学愿景，这里我们用"教学愿景"

代替"教学任务"，这里的教学愿景的构建包含对教学任务的期许。教师与学生作为单独的教学领导的要素都是要专门研究的，不仅如此，他们之间的关系即师生关系的构建也是教学领导力的重要构成。教学实践活动把上述诸要素有机地整合在了一起，它是教学领导力产生与实现的场所，也是需要专门进行研究的。图2-2表明了上述思路。

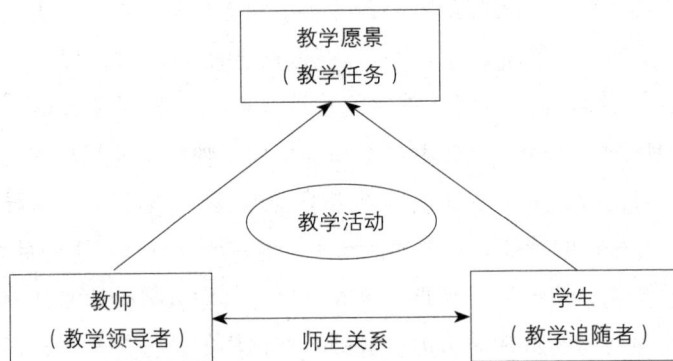

图2-2　教师教学领导力构成要素

根据上述理解，我们认为教师教学领导力的开发需要教师不断进行自我修炼、研究熟悉自己的学生、构建良好的师生关系、构建共同的学习愿景、科学有效地施展教学。

（一）不断进行自我修炼

中国古典的领导力开发模式中十分重视修己以安人。"修己"即进行自我修炼、自我提升。在西方领导力开发中，也十分重视个人素质的提升。"领导力并不是技能的固定组合，它依靠的是大量的虽看不见但却十分重要的个人素质。"[1]因此，教师的个人素质的提高是教学领导力开发与提升必不可少的内容。根据教学实践的需要，教师应在如下方面不断进行自我修炼。

---

[1]（新加坡）林志颂、（美）理查德·L.德特著，顾朋兰、解飞、姜涛等译：《领导学（亚洲版）》，北京：中国人民大学出版社，2007年版，第17页。

1. 具备渊博的背景知识

坚实丰富的知识是一切教学的基础。作为知识传授者、引领者的教师从事教学时必须具备渊博丰富的知识。苏霍姆林斯基警告说：怀着空虚的心灵去接近学生是危险的。同样，缺乏丰富深厚知识的积累而去从事教学也是危险的。约翰·杜威认为，教师要成为好的教学领导者，"他应当有超量的丰富的知识。他的知识必须比教科书上的原理，或任何固定的教学计划更为广博。教师必须触类旁通，才能应付意想不到的问题或偶发事件"。[①] 杜威所说的主要是背景性知识的掌握的。背景性知识是指教师广泛阅读各学科内容所获得的知识。这些知识可能并不直接进入教学过程，但当需要时它们可以帮助教师解决问题。苏霍姆林斯认为："面对勤学好问、满腔热情的青少年，教师只有每天都有新的东西表现出来，才能受到他们的爱戴。如果你想成为受学生爱戴的老师，那你就要努力做到使你的学生不断地在你身上有所发现。"[②] 如何才能每天都有新的东西表现出来，当然要靠不断的学习。为此，教师需要不断地学习，不断地扩充自己的视野，扩展知识的广度与深度。具备了坚实深厚的知识基础，教育就拥有了面对学生的勇气，就具有了吸引学生的力量。在实践的教学中我们会发现，那些在教学中旁征博引、纵横捭阖、知识渊博的教师，总是能够在教学中如鱼得水、左右逢源，总是能够吸引学生、得到学生的喜爱、赢得学生尊重，总是会有大批的学生环绕在他的周围。这就是渊博的知识所产生的教学领导魅力。可见，渊博的知识是把学生培养成为追随者的必不可少的力量。

2. 成为所教学科的专家

教师不仅要有丰富的"背景知识"，还要具备丰富的自己所从事学科的"专业知识"，成为所教学科的专家。苏霍姆林斯基说："教育素养是由什么组成的呢？这首先就是教师精通自己所教的学科。"[③] 教师不仅要掌握扎实的学科基础知识，还应清楚地了解自己所教学科中最复杂的问题，了解学科的学术思想前沿的问题。

① （美）约翰·杜威著，姜文闵译：《我们怎样思维·经验与教育》，北京：人民教育出版社，2005 年版，第 224 页。

② （俄）苏霍姆林斯基著，赵玮等译：《和青年校长的谈话》，《苏霍姆林斯基选集（第 4 卷）》，北京：教育科学出版社，2001 年版，第 769 页。

③ （俄）苏霍姆林斯基著，赵玮等译：《和青年校长的谈话》，《苏霍姆林斯基选集（第 4 卷）》，北京：教育科学出版社，2001 年版，第 642 页。

"教师要掌握高深的知识，以致在讲课时无须把注意力放在教材内容上，而是在儿童的脑力劳动上。"[1]可见，专家型教师教学注意力的分散能力更强，他不用照顾学科问题，而更多地关注学生，由此可以带来更好的教学效果。这一点已为心理学的研究所证明。约翰·杜威认为，教师要成为领导者，必须对个人所教的学科有特殊的准备。"在上课之前，教师应当想到种种问题：对于这一课题，学生先前的经验和以前学过的知识有什么可以利用的？我怎样帮助他们形成新旧知识的联系呢？需要采用什么手段来激起他们渴望学习的动机呢？怎样才能把教材讲清楚，并使学生牢记教材呢？怎样才能使课题个别化，就是说，使它既具有某些显著的特征，而教材又能适合每个人的特殊需要和个别的爱好？"[2]心理学对新手与专家的研究表明，专家比新手考虑问题更细致、更周到，具有运用学科基本知识解决复杂问题的能力。因此，成为所教学科的专家而不仅仅是一个教书先生，这是教师成为教学领导者的重要条件。这就需要教师不断走专业发展之路，通过专业发展不断提升自己的专业水平，进而提升自己的教学领导力。缺乏专业水平的教师是很难具备有效教学领导力的。

3. 具备高超的教育技巧

教师要成为有效的教学领导者，还需要熟悉心理学、教育史和各种教学法等"教育技术知识"，掌握高超的教育技巧。苏霍姆林斯基说："我认为教育和教学的过程有三个源泉：科学、技巧和艺术。要领导好教育和教学过程，就是要精通教育和教学的科学、技巧和艺术。"[3]课堂教学充满不确定性，充满变化与挑战，教学变故随时可能发生；教学内容与学生认知之间存在落差，学习障碍与认知偏差也随时可能出现，教师只有掌握高超的教育教学技术才能应对纷繁复杂的课堂教学情境。那些能够化难为易、浅入深出、生动有趣地讲授，合理地把握课堂教学节奏，调控课堂教学进程，酝酿课堂教学氛围，巧妙应对教学变故的教师，就是能够调动学生积极性，领导学生不断迈向教学目标的教学领导者。教育技巧和艺术

---

① （俄）苏霍姆林斯基著，赵玮等译：《和青年校长的谈话》，《苏霍姆林斯基选集（第4卷）》，北京：教育科学出版社，2001年版，第645—646页。

② （美）约翰·杜威著，姜文闵译：《我们怎样思维·经验与教育》，北京：人民教育出版社，2005年版，第225页。

③ （俄）苏霍姆林斯基著，赵玮等译：《和青年校长的谈话》，《苏霍姆林斯基选集（第4卷）》，北京：教育科学出版社，2001年版，第575页。

的形成与提升是教师在教学实践过程中不断探索、不断掌握的。因此，教师要善于学习借鉴他人的教育技术与教学艺术，不断总结自己的教育教学经验，在学习与实践中逐渐形成高超的教育技巧与娴熟的教育艺术。

总之，教师成为教学领导者需要具备背景性知识、专业知识和教育技术性知识等三方面的知识，使自己成为既有丰富知识又具备高超教育技术的博专结合的复合型人才。苏霍姆林斯基说："我们所从事的教育事业的性质就是这样：你要领导它，首先就要不断地自我充实和自我更新，使自己在精神上今天比昨天更富有。一个学校的领导者，只有精益求精，每天提高自己的教育和教学技巧，只有把教育和教学以及研究和了解儿童这些学校工作中最本质的东西摆在第一位，他才能成为一个好的领导者，成为一个有威信、博学多识的'教师的教师'。"[1]苏霍姆林斯基的这番话是针对校长说的，把它拿来针对教师说，同样适用，教师也需要不断自我提高并不断研究学生才能真正成为教学领导者。

（二）研究熟悉自己的学生

学生是教育的对象，是教学过程中的伙伴，也是教学领导中的追随者。没有追随者就没有领导。在班级中，并不是每一个学生都是教师的追随者，有许多学生是被动地被分配到班级里接受教育的。为了把这些被动的学生变成教师的主动追随者，教师必须深入了解和认识他们。"教育素养这一重要品质的第一个标志，就是教师直接触及学生的理智和心灵。"[2]不充分了解学生就无法有针对性地展开教学，更无法做到因材施教。这种了解与认识越深入，越有助于有针对性地对其进行领导，有效地展开教学。

教师如何触及学生的理智和心灵呢？只有充分地研究学生。教师要利用一切机会研究学生。对学生的熟悉与研究的功夫，既要在课前做，也要在课堂教学过程中进行。教师要领导好一个班级，就必须深刻理解和把握教学过程的最奥妙的细节，并理解它深远的根源。苏霍姆林斯基认为："教师在讲课时，应一边思考他

---

① （俄）苏霍姆林斯基著，赵玮等译：《和青年校长的谈话》，《苏霍姆林斯基选集（第 4 卷）》，北京：教育科学出版社，2001 年版，第 575 页。

② （俄）苏霍姆林斯基著，赵玮等译：《和青年校长的谈话》，《苏霍姆林斯基选集（第 4 卷）》，北京：教育科学出版社，2001 年版，第 645 页。

所讲的理论材料，一边观察学生的脑力劳动情况，即注意观察和分析学生的注意力、兴趣、意志力以及他们对待脑力劳动和教师的态度。把教师劳动的这两个职能和谐地统一起来，善于思考各种不同的现象，并从不同的角度对学习这个复杂的过程进行分析——这是教育技巧最微妙的领域之一。"[1] 教师通过课外与课中对学生展开全面了解、认识与研究，这样就掌握了教学领导的资料，具备了教学领导的基础，从而可能实施有效教学领导。

（三）构建领追型师生关系

师生关系是教学领导力的重要体现。虽然，从领导学的角度分析，可以说教学是一项领导活动，但并不是所有的教学都是领导活动。虽然，教师有许多的学生，但并不是每个学生都是教师的追随者；虽然，教师站在课堂上不断向学生宣讲，但并不是每位教师都是教学的领导者。没有追随者就没有领导力。只有当教师与学生之间的关系成为一种领追关系（领导者与追随者的关系）时，教学活动才成为领导活动。因此，构建领追型师生关系是教师教学领导力开发的重要内容。

在以前，人们往往把师生关系看作是教学所产生的一种副产品，其实，师生关系就是教育教学本身。在师生互尊、互敬、互助、互爱、平等、民主、团结、友爱的过程中，育人的任务已经在进行，也已经在完成了。所以，任何师生关系不好的教学，任学生的成绩再好，教学成绩再好，也很难说是成功的教育。以往人们常以师生关系是否融洽作为师生关系评判的一个标准。只有融洽是不够的，还必须追求深度师生关系。这种深度是师生之间认知上的、情感上的关系而言的。[2] 表现在认知上的师生关系，教师要能够凭借自己的专业知识与专业技能赢得学生对自己的认同与尊重。这是教师运用"专家权力"而赢得追随者。教师的教学不仅要具有非常强的认知关系与理性特征，而且要具备丰富的情感色彩。表现在情感上的师生关系，教师对学生要有爱心，要真诚，要公平公正地对待每一位学生，从而赢得学生对老师的爱戴，师生之间建立起浓厚的情感与深切的信任。

教师在教学中占据着主导地位、领导地位。当然，这种主导与领导的地位

---

① （俄）苏霍姆林斯基著，赵玮等译：《和青年校长的谈话》，《苏霍姆林斯基选集（第4卷）》，北京：教育科学出版社，2001年版，第602页。

② 李冲锋著：《语文教学范式研究》，北京：华龄出版社，2006年版，第268页。

不应是建立在外烁的"职位权力"的基础之上，不是建立在威胁、强迫、惩罚的"强制权力"的基础之上的，而应是建立在教师的人格魅力与专业权力的基础之上的，是建立在师生自愿基础之上的。教学领导力表现为：学生为教师的人格魅力、渊博知识、高超教育技能所折服；学生在理智上认同教师、在情感上亲近教师，愿意跟随他学习；学生在跟随教师过程中不断成长与提高。当此之时，学生成为教师的追随者，师生关系成为领追关系，即领导者与追随者的关系，教师才真正成为教学领导者，教学领导力才得以形成。领追型师生关系的形成是教师教学领导力产生的核心内容。因此，教师要始终致力于领追型师生关系的构建以促进教学领导力的产生与维持。

（四）构建共同的学习愿景

没有整个班级集体的奋发精神，就不会有学生的整体提升，要充分注重班级集体对学生成长的作用。教师成为教学领导者必须要能够领导全体学生共同构建学习愿景。愿景（vision）是人们所向往的前景，是人们最终希望实现的图景。愿景是一种意愿的表达，概括了未来目标、使命及核心价值。对个人来说，愿景是个人在脑海中所持有的意象或景象；对组织来说，愿景必须是共同的。共同的愿景是组织成员所共同持有的意象或景象。共同的学习愿景就是班级全体成员对未来发展方向的一种期望、一种预测、一种定位。这种期望、预测、定位既是集体的学习目标，同时表达了个体的学习意愿。共同的学习愿景具有凝聚人心的力量，具有持续的激励力量。

构建共同的学习愿景，可以使师生在精神上息息相通、和谐共振，构成学习共同体，在共同体中成长、提高。苏霍姆林斯基说："教育的某一个定义也可以这样来表述：教育是教育者和受教育者在精神生活上的一致，是他们的理想、愿望、志趣、思想和感受的一致。"[①] 从这个意义上来说，真正有效的教育必须包含凝聚师生理想、愿望、志趣、思想和感受的共同愿景。共同愿景能形成统一的精神力量，集体力量，在此过程中带动个体精神的成长、人格的完善、智能的提高与智慧的提升。

为构建共同的学习愿景，教师必须具备教育激励的本领。教师要知道如何让

[①]（俄）苏霍姆林斯基著，赵玮等译：《和青年校长的谈话》，《苏霍姆林斯基选集（第4卷）》，北京：教育科学出版社，2001年版，第622页。

学生领会自己的意图，认同自己的目标，并且要懂得如何激发学生们的学习热情并维持其学习积极性。建立共同愿景不能靠命令，不能靠规定，只能靠周而复始的沟通和分享。共同的学习愿景不但是建立在每个人的愿景基础上的，而且是在不断鼓励成员不断发展个人愿景的过程中形成的，因为无数愿景强烈的人组织在一起，才能产生强大的效率。必须认识到，建立共同愿景也不是一蹴而就的，它的建立和完善需要细致的工作和漫长的过程。

（五）科学有效地施展教学

教学是内容丰富而过程复杂的领导活动，只有科学施教、创造性施教才能使教学具有非凡的吸引力，真正激发学生学习积极性，解决教学过程中的难题，有效地完成教学任务，达成教学目标。

1. 科学施教

科学施教是教学领导力产生的重要基础。"科学地领导教学工作，有助于在教养的两个最重要的组成部分——技能教养和知识教养之间建立正确的关系。"[1]科学的教学，需要合理地调配课程教学内容，合理地分配教学时间与教学资源，需要有条不紊地、循序渐进地展开教学过程。苏霍姆林斯基说："我们必须科学地分配学生掌握最主要的技能和知识的时间，这样领导教学工作，就能保证学生不但掌握一定数量的知识，而且在智力上得到发展，从而学会如何学习。"[2]"对教学过程的科学领导，应当促进学生在技能和知识两个方面都不断地发展和完善。"[3]科学施教就是遵循教育教学的规律和基本规则，使学生能够快速而简洁地、"和易以思"（《学记》）地掌握所学内容。科学施教是建立在对各种教学要素认真研究基础之上的。因此，教师要不断学习教育教学理论，掌握教育教学规律，深入研究教育教学现状，夯实科学施教的基础，从而展开有效的教学。

---

[1]（俄）苏霍姆林斯基著，赵玮等译：《和青年校长的谈话》，《苏霍姆林斯基选集（第4卷）》，北京：教育科学出版社，2001年版，第809页。

[2]（俄）苏霍姆林斯基著，赵玮等译：《和青年校长的谈话》，《苏霍姆林斯基选集（第4卷）》，北京：教育科学出版社，2001年版，第809页。

[3]（俄）苏霍姆林斯基著，赵玮等译：《和青年校长的谈话》，《苏霍姆林斯基选集（第4卷）》，北京：教育科学出版社，2001年版，第810页。

2. 创造性施教

创造性施教是教学过程中最为重要的方面。那些模式化、套路化的教学总是无法引发学生学习兴趣。教师必须运用自己的聪明才智，不断改革教学方法，更新教学内容，使课堂教学不断给学生带来新奇的学习体验，不断让学生感受到教师创造性教学所带来的惊喜，在这个过程中，教师引导学生展开创造性的学习。创造性是让人不知疲倦、持续兴奋的源泉，是让人不懈追求，体验到学习之悦与教学之乐的最重要的内在驱动力。教师能够创造性地开展教学活动就能够持续地吸引学生，让学生在学习过程中充满理性提升快感、情感的喜悦。教师就可以稳固教学领导者的地位，领导学生不断进行理智的探险与情感的攀升。

成为教学领导者是教师专业发展的必由之路。通过各种方式开发自己的教学领导力，不断提升教学领导力应是教师不懈努力的方向。教学永远充满活力，充满开放性，教师教学领导力的提升是没有止境的。

班主任领导力的提升 [①]

【阅读指要】

　　班主任是班级的领导者，把学生培养为追随者，构建班级的共同愿景，促进班级教育公平，创新工作方式方法是班主任领导力提升的重要内容。班主任领导力的提升主要是在各种活动中。在班级活动、学校活动、与学生交往、与同事合作、与家长沟通及自我发展中，班主任自身的能力得到锻炼，自身的魅力得以展现，同时与各方面的关系得到协调，领导力就会随之提升。

　　班主任在班级中所担任的角色是什么？班主任是班级的保姆还是警察？是班级的管理者、服务者还是领导者？从领导学的角度看，班主任是班级的领导者。为更好地带领班级前进，班主任需要提升领导力。

一、班主任领导力提升的内容

　　班主任领导力的提升涉及多个方面，其中把学生培养为追随者，构建班级的共同愿景，促进班级教育公平，创新工作方式方法是班主任领导力提升的重要内容。

[①] 本文发表于《新班主任》，2016 年第 5 期，第 64—66 页。

（一）培养学生为追随者

领导者对应的不是被管理者、被领导者、被服务者，而是追随者。追随者对领导者的追随不是被动的，而是心甘情愿的自觉主动行为。现行的学校分班是学生入学时随机划分的，班主任进入一个班级也是被安排的，师生之间都没有选择。因此，班主任与学生之间的关系并不是天然形成的领导者与追随者的关系，即领追关系，而首先是一种职务上的关系。班级里的学生对班主任会有不同的态度，有的是支持者、拥护者，即追随者；有的则是中立者，随大流，未必真心认同班主任；有的则是班主任的敌对者、反对者。班主任领导力的体现是，把中立者和敌对者、反对者也培养成自己的追随者。班主任要获得学生的认同与追随就需要在组织安排的班级构架下做好学生工作，为此班主任特别注意以下两个方面。

第一，加强对学生的理解。知人善任是领导者必备的且是最为重要的能力之一。"知人"是一切领导活动成功的前提。深切地理解学生而不仅仅是了解学生，这是领导者和追随者关系建立的前提。班主任作为班级发展和学生个人发展的负责人全面而深入地理解学生才能知道学生有何深层次的需要，进而给予他们关心与帮助。当班主任能够理解学生时，学生就会认同班主任，从情感上亲近班主任，进而逐渐成为班主任的拥护者、追随者。

第二，善于激励学生。激励是领导学的重要学问，善于激励是领导力强的重要表现。班主任对学生的激励主要表现在两个方面。一是对学生进行目标激励，指明个人发展的方向。学生在发展过程中，未必会知道自己要什么，会对未来和前途有一种迷茫。此时，班主任要能够根据每个学生的个性、爱好、特长等为他们指明个人发展的方向。这既是对学生发展的帮助，同时也为学生树立发展的目标，形成对学生的目标激励。二是善于激发学生的各种潜力。我们都知道，学生是发展中的人，他们身上具有巨大的发展潜力。班主任不应该仅仅是园丁，为学生的成长除草、浇水、施肥，班主任更应该是一个燃梦者，点燃学生渴望成长，成为更好的自己的梦想，激发出学生的各种潜力，使学生全面发展，成为自我实现的人。一旦学生的梦想被点燃，学生就会发挥出极大的能量，而同时班主任的领导力也可以得到彰显。

（二）构建班级共同愿景

领导者不仅需要一个个具体的追随者，更需要通过组织目标来凝聚整个团队。

班级集体的形成并不是众多个体的简单集合，而是众多个体形成共同的目标追求、价值理念、行为方式等的过程。健康的、富有生机和活力的班集体的发展，必须具有共同的"合力"。构建班级发展的共同愿景，是班主任把个体的追随者凝聚成团体力量的重要方式。苏联著名的教育家马卡连柯（1888—1939）分析了儿童集体形成的阶段，提出了前景教育原则，即通过经常在集体和集体成员面前呈现美好的"明天的快乐"的前景，推动集体不断向前运动、发展，永远保持生气勃勃的旺盛的力量。他所说的前景，就是为班级描绘美好的共同的发展愿景。班主任一方面要根据班级的实际为班级确定明确而美好的愿景，另一方面要不断地强化这种美好的愿景，让它成为全体班级成员共同追求的方向、齐心努力的目标。当班级里的所有成员都心往一处使，劲往一处用的时候，强大的班集体就形成了，而班主任的领导力也就体现出来了。一个一盘散沙的班级，怎么能够说明班主任有领导力呢？

（三）促进班级教育公平

公平是一项重要的社会价值，班主任如果不能保持班级工作的公平就无法获得大家的认同与追随。班级生活中离不开公平。虽然，我国的教育法律法规中提出"公民不分民族、种族、性别、职业、财产状况、宗教信仰等，依法享有平等的受教育机会"，教师要公平公正地对待学生，但在现实的教育实践中仍然有些教师不能做到这一点。班主任手中往往握着各种各样的权利，比如分配各种机会、荣誉等。有的班主任因为学生是借读生、非本地户口、贫困生、学困生、相貌丑、太调皮等种种原因而歧视学生，把各种好的机会留给自己喜欢的或者与自己有利益关系的学生。当班主任处事不公时，学生还会信任他吗？其实，班主任公平不公平，学生的心里是很清楚的。班主任处事不公平的结果是，学生公平接受教育的权利受到了侵害，同时班主任的威信也将遭受质疑。因此，作为班主任要高度重视班级工作中的公平。教育公平的关键是机会公平，班主任须把各种机会公平地分配给每一个学生。不论学生是怎样的，只要他在自己的班级里，他就是班级里的一分子，他就应该受到公平公正地待遇。不论学生是怎样的，只要他在自己的班级里，他就是我们的学生，他就是我们尽力竭力服务的对象。班主任公平公正地对待每一个学生，就会在学生心目中树立起公平公正的形象，赢得学生的尊重和信任，从而提升自己的领导力。

（四）创新工作方式方法

学生的需求总是多样的，学生的个性总是多元的，然而现实的教育却往往通过统一的、一刀切的方式进行，结果是教育限制了学生的发展，也泯灭了学生的个性。班主任如果在工作中墨守成规，只是一个劲地对学生进行一刀切式的"严格控制"，那么不仅无法得到学生发自内心的认同，赢得学生的尊重与追随，而且会妨碍学生的健康成长。班主任工作是一项富有挑战性和需要创新性的工作。班主任要根据教育的培养目标、学生的实际需求和时代的发展变化，不断创新班级工作的方式方法。对教育而言，新奇的教育方式方法就是教师教育智慧和创新性的表现，本身就具有教育的价值和意义。这样说，并不是说不要班级常规，常规当然是要坚持，但同时要通过富有教育智慧的、个人特色的方式方法来满足学生多元多样的发展需求。当学生的多元需求被新奇的方式方法所吸引时，教育的领导力就显现出来了。

二、班主任领导力提升的路径

班主任领导力的提升主要依靠各种活动。活动中班主任自身的能力得到锻炼，自身的魅力得以展现，同时与各方面的关系得到协调，不知不觉中领导力就会得到提升。

（一）在班级活动中提升领导力

一个班级的凝聚力来自哪里？相当一部分来自于班级活动。通过活动，班级成员之间得到更多的交往合作、磨炼提升。班级活动给班级带来生机和活力，同时增强班级成员之间的凝聚力。因此，班主任要积极设计开展各种富有特色的班级活动，通过活动把班集体紧紧地凝聚起来。而班主任的领导力就体现在对班级活动的策划、组织、实施、评价等全过程中。班级活动策划巧妙、组织得当、实施顺利、评价公正，班主任的领导力既得到了锻炼，也得到了提升。当然，不当的班级活动或班级活动不当，也会削弱班主任的领导力。因此，班主任既要多组织班级活动，也要重视班级活动的质量，在高质量的班级活动中提升自己的班级领导力。

（二）在学校活动中提升领导力

学校有时会组织一些全校性的需要教师参加的活动，比如体育比赛、文艺演出、演讲比赛等。班主任要积极参与这些活动，并力争在活动中有出色的表现。这里所说的出色的表现，既包括获得好的名次，也包括虽然未获得好名次，但确实有令人佩服的表现，如表现出坚强的毅力、顽强的拼搏精神等。班主任在学校活动中的出色表现不仅会赢得班级学生的佩服，也会赢得全校师生的赞赏。这会提升班主任的魅力，有助于班主任成为魅力型领导者。这种魅力不是来自于职位职权，而是来自于知识技能，是领导者软权力的重要来源。班主任软权力的提升是领导力提升的重要方面，值得特别关注。班级的学生会为拥有在全校具有影响力的、受人尊重的班主任而感到骄傲和自豪。如果学生产生了对班主任的这种自豪感，那么班主任的领导力也会随之提升。

（三）与学生交往中提升领导力

班主任领导力的提升的另一重要途径是与学生的交往。班主任与学生的交往主要表现在与学生的两种对话中。第一种是集体对话，常表现为班主任对全体学生或部分学生进行面对面的交流，如给全体学生开班会、布置任务等。此时，需要班主任在讲话时，富有条理性，言语简洁、表达准确，同时富有幽默感。学生喜欢富有幽默感的教师和班主任。第二种是个别交流，常表现为班主任与个别学生进行交流，或对个别学生进行教育。此时，需要班主任真诚地对待学生，能够换位思考，想学生之所想，急学生之所急，并能够为学生提供切实的指导或帮助。在与学生交往中，班主任还要注意因材施教、公平公正等方面的内容。根据不同的情境、不同的学生给予不同的帮助。如此，班主任的领导力就会得到体现与提升。

（四）与同事合作中提升领导力

班主任领导力的提升还表现为教育合力的增强。因此，需要加强与同事，特别是学科教师之间的合作。这种领导力不是指向对同事的领导，而是意在通过与学科老师的交流沟通提升班主任对班级的领导力。一是与学科教师多交流，及时了解学生学科学习的表现，把握学生学科学习的动态。二是有些班级工作需要学科教师的配合时，要能够以恰当的方式请他们积极配合。三是需要配合学科教师解决的问题，要及时、积极地给予配合。与同事良好合作的结果是教师之间形成教育合力，共同把班级工作做好。能够把同事们团结起来，这本身是领导力强的表现，而同事之间所形成的教育合力能够把班级工作做好，这又是班级领导力强的表现。因此，在团结同事共同工作形成教育合力的过程中，班主任的领导力会得到提升。

（五）在家校沟通中提升领导力

班主任的领导力也表现在与家长的交流沟通中，即表现在家校合作之中。班主任要做好与家长的交流沟通，与家长形成教育的合力，共同来引导学生、教育学生。一个可以把家长紧密团结在一起的班主任，一定是有领导力的班主任。能够与家长紧密合作的班主任，也才能够更好地对学生表现出领导力。如果家长对班主任工作不认可，就会让孩子不听班主任老师的话，这样班主任的威信就会受到极大的冲击。如果家长认可班主任及其工作，那么也会帮助班主任共同来推进对学生的教育。此时，不仅会形成家校之间的教育合力，而且班主任也表现出家校合作方面的领导力，在家校沟通合作中班主任的领导力也随之提升。

（六）在自我发展中提升领导力

班主任领导力的发展，还有一个重要途径就是自己不断地学习，在自我发展中提升领导力。班主任不仅要学习一些领导学、管理学、心理学等方面的著作，还要广泛阅读，学习各方面的著作，开拓自己的知识视野，锻炼自己各方面的能力。班主任的整体素养提升了，班主任的人格魅力、学识魅力、才能魅力等才会增强，才会赢得学生的钦佩，并由此产生领导力。因此，班主任要多读书，多观察，多思考，多请教，多见闻，不断提升自身素养，不断促进自身发展。同时要注意不断提升班主任工作的水平和能力，走班主任专业化的道路，成为专业的班主任。当班主任成为专业的班主任时，就成了专家型领导，具有专业带来的领导力。

综上所述，班主任领导力提升的路径是多方面的，班主任要注意在各种活动、各种场合、各种交往中锻炼和提升自己的领导力。班主任领导力的提升，既指向班主任自身素养和班主任工作专业水平的发展，也指向班级领导力的发展。总之，每一个班主任都应把自己定位为班级的领导者，带领班级健康发展。

女性领导：柔韧的领导力 ①

【阅读指要】

　　女性领导已成为一股不可忽视的重要力量，正在影响和改变世界的现实与未来。女性领导具有不同于男性领导的特质，女性领导是典雅的领导、共情式领导、浸润式领导、柔性的领导、韧性的领导。

　　在我从小学到大学的求学历程中，所见过的校长都是男校长。直到来到上海求学，我才发现这里的中小学里有许多女校长。后来，我慢慢发现全国很多地方有不少优秀的女校长。女校长在我眼里从凤毛麟角到习以为常，已经成为中国教育的绚烂风景。

　　不仅如此，在世界范围内，在其他领域中，女国家元首、女官员、女科学家、女艺术家、女企业家、女高管等已不可胜数。女性领导已成为一股不可忽视的重要力量，正在影响和改变世界的现实与未来。

　　然而，在领导学的研究中，关于女性领导的研究还很欠缺。但即便如此，当我们把目光投向身边的女性领导者，品味感受她们的领导风格与个人魅力时，女性领导与男性领导截然不同的一些核心特质依然在我们面前日渐清晰起来。

　　女性领导是典雅的领导。你见过不修边幅的女性领导者吗？很少见。在女性领导者身上会散发出一种女性特有的典雅魅力。女性领导者往往非常注重个人形象，她们把个人的形象与组织的形象联系在一起，不论是妆容、发型、服饰，还

---

① 本文发表于《中小学管理》，2015 年第 7 期，卷首。

是坐立行走的姿势，都会很在意。她们总是以优雅的姿态出现在众人面前，她们不会爆粗口、说脏话，更不会往下属脸上泼酒水、耍暴力。她们在和声细语中，在尊重与理解的沟通中，在让人如沐春风中，实现良好的沟通。

女性领导是共情式领导。关心人与关心事是领导学的两大问题。女性领导者在关心事的同时，更能关心人，更能发挥共情的优势，使领导活动成为共情式领导。她们能够敏感地感受下属的情绪、认知等，能够自然地将领导者个人的关爱转化为组织的关爱，从而形成良好的团队意识、合作精神和执行能力，进而保障领导目标的顺利达成。

女性领导是浸润式领导。女性领导者往往不把自己凌驾在团队之上，或者远观团队的运作，而是把自己"摆进"团队中，"融入"团队中，与团队共进退。例如，女校长所具有的母性特质，让她在学生眼中更容易接近。在学生眼里，女校长往往不是"高高在上的""远远在外的"，校长是"在我们之中的"，校长不是"局外人"，校长是"自己人"。这种感觉对于领导者而言，其重要性不言而喻。

女性领导是柔性的领导。柔性领导所针对的是刚性领导、硬性领导，甚至是暴力领导。柔性领导表现为对话的、协商的，而不是指使的、命令的。女性领导者更多依靠非权力影响力进行领导活动。她们注重与下属的交流沟通，不运用铁腕，不以权压人，对下属充分尊重，愿意让下属自己做出判断和选择，让下属在没有感受到压力的情况下去完成任务。

女性领导是韧性的领导。女性在社会的艰难、家庭的重担、工作的困难中，都表现出很强的耐受力。女性成为领导者之后，会表现出更强的耐受力。她们一般都会非常执着于自己的工作，对完成领导目标有着坚强的意志力和坚定不移的追求。一位女校长常以这样的名言自勉："决不要因为是女人，登上了梯子就不往顶点爬去。"正是这种韧性，使女性领导能够不断地取得成功。

我们常说"女人能顶半边天"。以后会有更多的女性脱颖而出，成为女性领导者。有时候，一位女性领导者可能会具有男性领导的某些特质，而一位男性领导者的领导风格也可能具有女性领导的某些特质，女性领导者本身的特质也会不断改变。但这些都不重要，重要的是哪种风格更适合于组织发展，哪种风格更有利于团队的进步。

女性领导已经成为改变世界的一股重要力量，我们相信，以后以及更远的将来，女性，将拥有更多更大的领导空间。教育界的女性领导，必将以其柔韧的力量、母性的温暖，让组织领导活动更加充满教育的智慧和人性的光辉。

领导者阅读的五种境界

【阅读指要】

　　读书是领导干部提高自身修养、增强业务能力的重要途径。读书有不同的层次与境界，按照对内容理解与运用由低到高的标准，可以分为五种境界：读过了——读懂了——读通了——读透了——读化了。领导者阅读可以对照阅读的五种境界不断提升自己的阅读质量，防止只是停留在"读过了"的层次上，要向学以致用的层次迈进。

　　读书是领导干部提高自身修养、增强业务能力的重要途径。读书，不仅有数量要求，更要看重质量。读书有不同的层次与境界，按照对内容理解与运用由低到高的标准，可以分为五种境界：读过了——读懂了——读通了——读透了——读化了。领导者阅读可以对照阅读的五种境界不断提升自己的阅读质量，防止只是停留在"读过了"的层次上，要向学以致用的层次迈进。

一、读过了——经历过程

　　"这本书你读过了没有？""读过了。""我读过这本书。"

　　以上这样的对话或者表达，在日常生活中经常会出现。人们在谈论某书时，往往停留在是否读过的层面上。

读过了的结果也有不同的状态。有的人读过了，可能什么也没有记住，甚至什么也不知道。如果一个人读了一篇小说能够复述故事情节，读了一篇论文能够复述作者的主要观点，我们也可以说他读过了。

其实，读过了不等于读懂了，更不等于读通、读透、读化。读过了只是表明有过一个阅读的过程。这个过程可能是浏览翻阅、略读粗读，也可能是细读慢读，从阅读的次数上来说，读过一遍就算是读过了。读过了，并不能说明读书的质量是高的。

当然，读过了是读书的前提和基础，要想读懂、读通、读透、读化，都必须要先读过。那些道听途说，阅读他人介绍、翻译、评介的，都不能算读过了。

说得更浅白一点，读过了，基本上可以停留在文字过眼的程度上，对内容未必理解。只要具备识字能力和一般的社会常识都可以阅读，但文字过眼，未必理解。

二、读懂了——要点理解

读懂了是读书的一个基本要求。读懂了的基本表现是，知其大概，明白要点。如果一个人读了一篇小说不仅能够复述故事情节，而且知道通过这些情节想表达什么意思或主题；读了一篇论文不仅能够复核作者的主要观点，而且知道这些主要观点的真实意图，我们就可以说他读懂了。

读懂了，除了需要具备一定的领悟能力，还需要具备一定的专业知识和解读技巧。特别是一些专业性比较强的书籍，更是需要具备一定的背景知识或专业知识和解读技巧才能读懂。比如，像《旧制度与大革命》这样的著作，如果对当时的历史背景缺乏了解，对托克维尔本人缺乏了解，可能就很难读懂。再比如读文学作品，如果对文学技巧，如象征、隐喻、变形、反纲等不熟悉，有些作品就无法读懂。因此，读懂了其实并不容易。

有时为了读懂作品，不仅需要知识上和解读技术上的准备，还需要反复地读才能读懂。钱穆说："书要看一流的，一遍一遍读；与其十本书读一遍，不如一本书读十遍。"[①] 从阅读的次数上来说，真正要把作品读懂，需要反复阅读，多次阅读。从阅读的方式上来说，读懂作品需要精读、细读、慢读。

---

① 王小盾：《进入学术工作的十条经验（中）》，《古典文学知识》，2014年第2期。

读懂了时，内容点与点之间存在或连续或断续的关系链，但基本上还是停留在对每个部分都能够理解上，整体关系上的把握与具体细节上的把握未必到位，未必能够看到部分与部分之间的深刻关系，或细节的作用与效果。

三、读通了——意义贯通

读懂了还只是阅读的初级阶段，阅读的更高一级的阶段是读通了。这还是就读一本书而言的，读透了表现是能够把看懂了的部分与部分之间、细节与细节之间前后联系起来、左右贯通起来。做到这样就做到了知识连贯、达到了对作品的整体认识。读透了就是把一本书看作是一个有机的整体、有机的系统，看到它们之间前前后后的联系。

举例来说，读过《三国演义》（读过了），读懂了（知道讲的是怎么回事了），但能说出其中各部分各故事之间的关联、差异、区别吗？比如，诸葛亮善用火攻：火烧博望坡、火烧新野、火烧赤壁、七擒孟获火烧藤甲军、六出祁山火烧上方谷等，这些火攻之间有何异同？除此之外，《三国演义》里还有一些火攻：曹操打袁绍火烧乌巢、陆逊打刘备火烧连营八百里等，这些火攻之间是什么关系，与诸葛亮的火攻又有何异同？类似的问题如果能够回答说明读通了，如果不能回答说明只是读懂了，而没有达到通的境界。

读书要达到通的境界，必须要集思广益、前后联系、左右贯通，使知识既分类又连贯起来，从而达到整体认识。

从阅读的次数上来说，读通了也需要反复阅读、多次阅读。从读书的方式上来说，读通了需要对书中的内容进行分类阅读、分层阅读、比较阅读等。

四、读透了——多方迁移

把书读透了既是在深度上的要求，也是在广度上的要求。在深度上，说明读得深入了，有一定深度了，能够看到内容与形式、方法等之间的关联，要能够回答"为什么"的问题。比如，中纪委推荐书目里面的《史记精讲》，大家知道，《史记》从组成部分看，先是"本纪"，其次是"表"，再次是"书"，然后是"世家"，最后是"列传"。那么，《史记》为什么会形成这样一个结构？它的作用是什么？其历史文化原因是什么？再比如，《三国演义》中写了这么多火攻，在写法上有什么不同？为什么会用这些手法写这些不同的火攻？在广度上，则要求跳出整本书能够把这本书放到与之相关的谱系中去考察和理解，要能够回答"它与其他事物之间是何关系"的问题。比如，《史记》的体裁为何会影响到其他史书，以至于形成一个"正史"系列？比如，读《三国演义》，就不仅是读这本书了，而是要拿历史的真实与小说的演义来比较一下；把它放在整个中国小说发展史的脉络中来理解它的价值与意义；把它与其他同类型的小说来比较一下，等等。仍以诸葛亮的火攻为例，据《三国志》记载，烧博望是刘备设的计，烧赤壁是黄盖先提出的，更没有烧上方谷这一说。这样比较来看，就看出《三国演义》与《三国志》之间的不同，而且也看出作者笔墨的侧重与意图的所在了。如果能够对这些问题有所把握，那么可以说把小说读得比较透彻了。在此基础上，就可以对作品作出自己独立的判断了。

读透了是文本与文本间的对话与打通。从阅读的方式上来说，读透了需要进行比较阅读，在多重文本的多重对话中理解作品本身，进而理解作品之外的世界。达到"读透"的境界时，就可以触类旁通，拿这本书的相关内容与其他书作比较，或者把书中的内容迁移到其他方面。此时可以做到举一反三、闻一知十、多方迁移了。当然，这种迁移还只是在知识层面、思想层面、理论层面的迁移，还没有完全达到实践层面的转化。

五、读化了——实用转化

读书不仅是为了理解与认识事物，学习和获得知识，更要通过阅读提升个人的素养、增加个人智慧、解决实际问题，所谓"学以立德、学以增智、学以致用"是也。中国一直有学以致用的传统主张。《荀子·儒效》说："知之而不行，虽敦必困。"意思说，懂得许多道理却不付诸实践，虽然知识很丰厚，也必将遇到困厄。北宋政治家、文学家、史学家司马光在《答孔文仲司户书》中说："学者贵于行之，而不贵于知之。"南宋词人、诗人陆游在谈道读书时说："纸上得来终觉浅，绝知此事要躬行。"南宋学者罗大经在《鹤林玉露》中说："学不必博，要之有用；仕不必达，要之无愧。学而无用，涂车刍灵也；仕而有愧，鹤轩虎冠也。"

他把"学而有用"和"仕之无愧"并列，并不仅是并举，而是因为两者之间有内在关系：学的东西派不上用场，就像送葬用的泥车草人一样，空好看而已；做官尸位素餐，受之有愧，无异于乘轩车的鹤，戴冠冕的虎，滥厕禄位罢了。这种学、仕观，现在看来也是有道理的。读书就是要致用，做官就是管事，通过所读之书去管所辖之事，这就是一个领导干部应该做的事情。

读书的最高境界是学以致用，就是把从书本中获得的知识运用于日常生活、工作、实践之中。习近平总书记说："学习的目的全在于运用。领导干部加强学习，根本目的是增加工作本领、提高解决实际问题的水平。……读书是学习，使用也是学习，并且是更重要的学习。领导干部要发挥理论联系实际的马克思主义学风，带着问题学，拜人民为师，做到干中学、学中干，学以致用、用以促学、学用相长，千万不能夸夸其谈、陷于'客里空'。"[1]

读化了是文本与现实的对话与打通。

读化了，就是书本知识真正转化为个人思想、理念与个人知识了，它成为个人心性、思想、行为、习惯等个人素养的组成部分。

读化了，就是可以化知识为能力，把知识运用于实践之中去，能够创造性地运用所学知识，创造性地解决现实问题了。此时，书本上死的知识变成了实践中活的力量。

需要注意的是，学以致用，不仅仅是解决实际问题，也包括解决思想问题、认识问题、艺术修养问题，等等。不能把"学以致用"功利化、技术化理解。

为了进一步理清五个层次或境界，我们把上述内容整理为表 2-2，供大家参考。

表 2-2　阅读五境界

项目 层次	阅读次数	阅读方式	知识形态	内容理解
1.读过了	一次阅读	浏览翻阅 略读粗读 细读慢读	知其事其见 未必知其理	文字过眼，未必理解， 或知其大概

---

[1] 习近平：《在中央党校建校 80 周年庆祝大会暨 2013 年春季学期开学典礼上的讲话》，北京：人民出版社，2013 年版。

续表

项目 层次	阅读次数	阅读方式	知识形态	内容理解
2.读懂了	多次阅读 反复阅读	精读 细读 慢读	把握重点 掌握大概	文本中主要内容点的把握
3.读通了	反复阅读 多次阅读	分类阅读 分层阅读 比较阅读等	前后勾连 左右贯通 有机整合	文本间内容点的对话与打通
4.读透了	反复阅读 多次阅读	比较阅读	举一反三 闻一知十 多方迁移 触类旁通	文本与文本的对话与打通
5.读化了	反复阅读 多次阅读	在阅读中理解实践 在实践中深化认识	化识为性 转智为能 学以致用	文本与现实的对话与打通

　　需要说明的是，上述五个层次或境界的划分是相对的，它们之间往往是相互融合的，只是为了说明读书存在不同的层次，把它们做了这样的划分。但通过这样的划分，我们确实可以看到读书在质上是存在深度和广度的差异的。

　　当然，有人会说，一般人的阅读"读懂了"就可以了，"读通了""读透了"，那是专家学者们做的事情。其实，这种认识是有偏颇的。专家学者自有学术研究的任务，一般读者也有深入阅读、透彻理解的必要。专家学者以研究为要，一般读者以理解为要。因此，一般读者为了真正读好一本书，可以利用专家学者的研究成果，来使自己达到全面、系统、深刻理解的目标。

　　因此，领导者阅读不能仅只追求"读过了""读懂了"，而要向着"读通了""读透了""读化了"的境界迈进。这样的阅读才会有更大的收获，才能真正达到学以致用、用出实效。

提升社会教化力促社会稳定 [①]

【阅读指要】

  社会教化是促进社会稳定的重要力量。执政党、政府及行政官员是社会教化的重要主体，有责任推行社会教化。中国古代的教化思想和教化智慧，对今天的社会教化与社会稳定仍然有着积极的价值和意义。当今社会稳定中的社会教化存在教化活动匮乏、手段单一、方式不当等问题，要通过教化官员、宣传教化、移风易俗、行为外现等措施推动社会教化的实施。抓好社会教化，同时辅之以政令法规和社会管理，才能使社会和谐进步，使国家长治久安。

  社会教化力是执政者的重要领导能力，提升社会教化力有助于促进社会稳定。社会稳定是社会发展的重要前提，也是人民安居乐业的重要保障。然而，社会在发展过程中会出现各种问题，造成社会的不稳定。维护社会稳定成为社会发展的一项重要任务。在维护社会稳定方面，应该重视教育的力量，特别是通过社会教化促进社会稳定。

---

① 本文以《社会教化与社会稳定》为题发表于《领导科学论坛》，2013 年第 6 期，第 14—16 页。

一、社会教化的内涵

社会教化是指社会化的机构及其执行者通过一定的措施对民众实施社会化规范的教育、感化过程。

1. 社会教化的主体

社会化的教育机构及其执行者包括家庭、学校、社会组织、大众传播媒介等及其执行者，是社会教化的主体。从传统社会来看，行政官员、知识分子、地方士绅、家族长辈，甚至普通民众等都可能在各自的范围和能力所及之处承担了对部分人社会教化的责任，而成为社会教化的主体。

在今天，社会教化却面临着"谁才有资格教化他人"的教化主体的资格问题。在我们看来，执政党、政府及行政官员仍然承担着社会教化的重任。因为建设一个更好的社会是执政党、政府的职责所在，社会教化是建设一个更好的社会的重要方式和途径，执政党、政府应该运用好它。

维护社会稳定需要社会治理，比如严厉打击犯罪行为、预防突发性事件的爆发等。政府有责任教化民众，先要养育人民、教化人民，然后才是治理人民。"古者君既养民，又教民，然后治民，而其力常有余。后世不养不教，专治民而其力犹不足。"（《叶适集·水心别集》卷二《民事上》）"教民"要在"治民"之前。孔子说："善人教民七年，亦可以即戎矣。"（《论语·子路》）。让人民参军作战之前，必须要经过教育训练。"用民"要在"教民"之后。

如果不教化民众而用民，而民犯罪，政府也是有责任的。孔子说："不教而杀谓之虐。"（《论语·尧曰》）不加教育，犯了罪就杀戮，这叫暴虐。孟子说："不教民而用之，谓之殃民。"（孟子·告子下）不教化民众而役使他们，这叫作坑害百姓。从"不教"这个方面来看，如果政府没有对人民进行足够的教化，只是颁布了法律而缺乏深入的普法宣传和教化，那么人民不知道法律、不理解法律、不遵守法律、违反法律，政府有不可推卸的责任。因此，政令必须成为社会教化的主体，承担教化民众的责任。

鉴于以上理由，我们认为执政党、政府及行政官员是社会教化的重要主体。在下面的论述中将把执政党、政府及行政官员作为默认的社会教化主体，而非其他的机构或人士。

2. 社会教化的方式

社会教化必须借助一定的途径和方式方法才能进行。对人的教化有两种主要途径，一种是学校教育，一种是社会教育。

"学校，风化之源。"（《明太祖实录》）学校教育主要是通过有严格规划的课程设置、系统的学科教学的方式对人进行影响以使之发生教育者预期的改变。历代都十分重视学校在人的教化过程中的作用。"圣王修礼文，设庠序，陈钟鼓；天子辟雍，诸侯泮宫，所以行德化。"（刘向《说苑·修文》）"设为庠序学校以教之。庠者，养也；校者，教也；序者，射也。夏曰校，殷曰序，周曰庠；学则三代共之，皆所以明人伦也。人伦明于上，小民亲于下。"（《孟子·滕文公上》）今天学校里所设的专门的思想品德教育类课程和学科渗透的思想品德类教育，是社会教化的重要途径。

社会教育则通过日常的行为规范、劝诫引导、道德宣教、组织活动等方式促进人的思想与行为的改变。传统社会教育有家庭法规、家庭劝导、乡约民俗、士绅教导、榜样引领、艺文感化等多种途径和方式。

为示学校教育与社会教育的区别，可以把社会教育称之为社会教化，即狭义的社会教化专指对民众的教育。学校教育主要针对未成年人——学生，具有系统性、集中性的特点；社会教化主要针对社会上的成年人或已毕业的学生，具有零散性、分散性的特点。对人的影响改变，既需要学校教育的系统影响，也需要社会教化的零散影响。虽然社会教化具有零散性的特点，但对它的功效并不能轻视。社会教化应该具有与学校教育同等重要的位置。现代社会比之传统社会的一大区别在于传统社会十分重视社会教化的作用，而现代社会更加重视学校教育而忽视社会教化。

既然是"教化"，就不是"灌输"，更不是"强迫"。强迫接受不是教育，更不是"教化"。教化必须是"教而化之"。这种"化"是一种潜移默化式的教育，是一种自然而然形成的认识和行为转变过程。社会教化是人们自然、自愿接受的过程。如果强迫接受，那就是暴力，是反教育的，不能称之为教化。教化是建立在自愿认同的基础之上的。一切违背个人意愿的教育，都不是真正的教育，更不是教化。

既然强调教化，那就必须讲究艺术性，没有艺术性也不能称之为教化。社会教化的形式要贴近民众，要让民众喜闻乐见，让他们能够喜欢、能够理解、愿意接受。社会教化的形式不是单一、单调的，而应是多种多样的。

二、以社会教化促社会稳定的必要性

当今社会，我们的法律建设在逐步完善，法律一部部制订并出台，但社会问题却也层出不穷，不断推陈出新。为什么仅仅靠法律不能很好地解决社会问题。因为法律的力量是有限的，社会问题的解决要靠多种力量的合力来解决，其中包括运用教化的力量。

1. 教化以防社会混乱

人人具有趋利性，所谓"天下熙熙，皆为利来；天下攘攘，皆为利往。"（《史记·货殖列传》）今天很多的问题食品、问题药品，不顾及人民群众的生命安危，对这些产品的生产企业，特别是主管人员来说，他们是"利字当头"，而丧失了对社会的"义"。虽然，今天也有法律来约束这些行为，但效果乏善可陈。在问题发生之后，往往用法律来解决，在问题发生之前就应该以教化预防之。"万民之从利也，如水之走下，不以教化提防之，不能止也。"（《汉书·董仲舒传》）

《盐铁论·授时》中说："三代之盛无乱萌，教也。夏、商之季世无顺民，俗也。是以王者设庠序，明教化，以防道其民，及政教之洽，性仁而喻善。故礼义立则耕者让于野，礼义坏则君子争于朝。人争则乱，乱则天下不均，故或贫或富。"这里所阐述的社会不稳定的原因是"人争"，而人争的原因是"礼义坏"，礼义坏的原因是缺失教化。所以强调要"设庠序，明教化"。也就是说，教化是治乱之基，可以防止百姓作恶，引导百姓向善，等到政治与教化融合在一起，百姓就能够天性仁义懂得善良；教化可以防止社会混乱、防止贫富不均等状况的出现。

教化之所以能防社会混乱，在于教化可以正人心。古代特别重视对人心风俗的教化。王符说："上圣不务治民事，而务治民心。"（《潜夫论·德化》）王阳明提出："有司之政，风俗为首，习俗侈靡，乱由是生。"（《阳明全书·仰南安赣州府印行告谕牌》）官吏行政，以正风俗为首，习俗奢侈，乱由此产生。顾炎武提出："治乱之关必在人心风俗。"（《顾亭林文集·与人书》）治乱的关键在人心和风俗。为什么重视人心风俗的教化呢，因为这是国家安定的根本："先其本而后其末，固其必而理其行。心精苟正，则奸匿无所生。"（《潜夫论·德化》）教化是正人心、正风俗的一条最为适切的途径。

社会教化的工作做不好，就会导致社会的物质发展与民众的精神发展之间的鸿沟，从而引发社会问题，影响社会稳定。一方面是社会物质的极大丰富，另一方面是民众精神的滞后，甚至思想道德的堕落；一方面是"端起碗来吃肉"，另一方面是"放下碗就骂娘"。社会教化必须与物质财富的发展相适应。然而，社会教化并不是让人们认同不合理的社会制度和安于社会贫富差距拉大的社会差异，而是让人们的精神发展能够跟上快速的物质发展，或者让人们的精神发展带动、促进社会的物质发展。只有这样才能造成社会的全面、和谐发展，而不是只顾及物质发展，而忽视精神发展的片面发展。社会和谐、社会稳定的一大重要因素就是社会的物质发展与民众的精神发展之间的和谐。没有这种和谐就不会有社会的稳定。物质发展与精神滞后之间的冲突，是导致社会不安的重要原因。教化则是协调物质发展与精神发展之间的重要手段。社会教化的目的是为了社会公益的最大化，而不是某些个人或集团、阶级利益的最大化。这一点是必须要加以强调和加以重视的。

2. 徒用法不足以治世

法治是维护社会稳定必要的手段，但是仅有法治是不够的。"乱其教，繁其刑，其民迷惑而堕焉，则从而制之，是以刑弥繁而邪不胜。"（《荀子·宥坐》）使道德教化混乱，使刑罚更加苛重，那么老百姓就会因为动辄得咎，无所适从而变得怠惰，于是国家又因此而制裁他们，因而导致刑罚更加繁苛而奸邪刁滑之徒却不能消除的恶果。法治无法达到理想的效果，而教化却有神奇之处。"民亲爱，则无相伤害之意；动思义，则无奸邪之心。夫若此者，非法律所使也，非威刑所强也，此乃教化之所致也。"（《潜夫论·德化》）必须还要通过礼义的教化来实现社会的整体改变，从而保证社会的整体稳定。

在社会治理中，中国古人强调"德主刑辅"。为什么这样？因为"道之以德教者，德教洽而民气乐；驱之以法令者，法令极而民风衰。"（《汉书·贾谊传》）以德化民，才能安民；以法治民，法律穷极时，也是民心散乱时。所以要不能以严苛的法律来治理维护社会的稳定，来治理国家。《贞观政要·仁义》云："为国之道，必须抚之以仁义，示之以威信，因人之心，去其苛刻，不作异端，自然安静。"治理国家的原则，必须是用仁义来安抚百姓，把威严和诚信告示百姓，顺应民心，废除苛刻的政令，不搞歪门邪道，这样国家自然会安定平静。

在社会治理中，古人十分重视礼乐教化，而不倾向于使用法治。"礼所以防淫，乐所以移风，礼兴乐正则刑罚中。故堤防成而民无水灾，礼义立，民无乱患。故礼义坏，堤防决，所以治者，未之有也……治国谨其礼，危国谨其法。"（《盐铁论·论诽》）治理得好的国家尊崇礼义，秩序不稳定的国家推崇法律。邢政靠政府的强力实施，礼乐则靠教化实施。实施法治简单，实施教化难，因此人们更喜欢运用法治，而不太乐意使用教化。然而徒用法治不足以形成社会的稳定，还必须要有社会教化。社会教化虽然费时费力，便效果却更好，社会可以更加稳定。因此，要把社会教化放到比法治更为重要的位置上来对待。

3. 政教风俗相顺而行

社会稳定需要靠多种手段的措施并施而行，合力维护。古代强调礼、乐、政、刑在社会稳定中各有其用。"礼以道其志，乐以和其声，政以一其行，刑以防其奸。礼乐刑政，其极一也，所以同民心而出治道也。"（《礼记·乐记》）礼节民心，乐和民声，政以行之，邢以防之，只有做到"礼乐邢政四达而不悖"，社会才能治理好，才能长治久安。杨雄认为要教化民众以仁、廉、正、礼义："君子为国，张其纲纪，议其教化，导之以仁，则不相贼；莅之以廉，则下不相盗；临之以正，则下不相诈；修之以礼义，则下多德让。此君子所当学也。"（《法言·先知》）只有这多方面的措施多管齐下，才能收到良好的治世效果。"政教习俗，相顺而后行。"（《荀子·大略》）政令、教化、社会习俗，三者一致才能更好地治理社会，维护社会稳定。所以，在重视政令、法治的同时，必须重视和加强社会教化，这是维护社会稳定的一条必由途径。

三、中国古代的教化思想

中国古代有着丰富的社会教化思想，其主要目的是教化民心以使国家得以长治久安。中国古代教化思想与社会稳定之间有着必然联系，学习和借鉴古代教化思想和教化智慧对今天的社会教化与社会稳定仍然具有积极价值和意义。

我国古代教化思想的先导者是周公姬旦。由他创制，见于《尚书》的各种"诰"，不少是训俗的文章，成为后世宣传教化的"谕俗文"。周公总结了以礼正俗的教化经验："礼行之于上，化而为风；民习之于下，变而为俗。"礼乐使大夫以上的人视听言行都有规范，造成风气和声势，使老百姓仿效学习，形成社会习俗。[1]

---

[1] 马和民：《论传统中国的社会教化实践与社会化榜样》，《浙江大学学报（人文社会科学版）》，2004 年第 5 期。

《学记》开篇云："发虑宪，求善良，足以諛闻，不足以动众；就贤体远，足以动众，未足以化民。君子如欲化民成俗，其必由学乎。""古之王者，建国君民，教学为先"。这里"其必由学"和"学"和"教学为先"的"教学"，都是指的广义上的教育。《学记》认为，"建国君民"、"化民成俗"的重任都需要通过教育来实现，这就把教育放到了国家建设和治理的战略层面上来认识，具有重要的意义。

孔子基于"性相近也，习相远也"（《论语·阳货》）的认识，提倡对人的教化。他常忧虑的是"德之不修，学之不讲，闻义不能徙，不善不能改"。（《论语·述而》）孔子主张，对百姓要庶之、富之、教之。（《论语·子路》）孔子把德、礼与政（法）、刑对立起来，强调施仁德、重礼仪教化。两者会有不同的效果："道（导）之以政，齐这以刑，民免而无耻；道（导）之以德，齐之以礼，有耻且格。"（《论语为政》）一个是民免而无耻，即免于犯罪，但出于不得已，没有道德良心的自责，压力稍一放松，便会有强求侥幸之心；一个是心悦诚服，有羞耻之心，恭敬之意。因此，社会教化要追求以德化人、仁者爱人，这样才能取得人心稳固、社会安宁的长治久安的效果。

孟子也主张先富后教。富是前提，同归于礼义是目的。他说："人之所以异于禽兽者几希。庶民去之，君子存在。"（《孟子·离娄下》）[1]人与禽兽有同有异，比如饮食男女，与禽兽无异，但人有善心，有道德礼义观念，禽兽没有。君子与庶民的区别在于，君子知道它，又能保存实践它，而庶民即使知道它，也容易丢掉。因此，对庶民百姓需要教育教化。孟子说："人之有道也，饮食暖衣，逸居而无教，则近于禽兽。"[2]（《孟子·滕文公上》）人不能不得温饱，然而吃饱穿暖了，而没有一点精神，不接受人伦道德教化，则于禽兽无异。因此，孟子强调要"谨庠序之教，申之以孝悌之义"（《孟子·梁惠王上》）。庠序之教，即是学校教育，其目的是"所以明人伦也"。孟子也认识到，一个国家的长治久安是领导者与百姓共同努力的结果，如果不这样，那么就会出现"上无礼，下无学，贼民兴，丧无日矣"的结果。孟子说："仁言不如仁声之入人深也，善政不如善教之得民也。善政，民畏之；善教，民爱之；善政得民财，善教得民心。"（《孟子·尽心上》）仁德的言语赶不上仁德的音乐入人心深，良好的政治赶不上良好的教育能获得民心。良好的政治，百姓害怕它；良好的教育，百姓喜欢它。良好的政治得到百姓的财

---

① （宋）朱熹撰：《孟子集注》，济南：齐鲁书社，1992年版，第116页。
② （宋）朱熹撰：《孟子集注》，济南：齐鲁书社，1992年版，第66页。

富，良好的教育获得民心。可见，孟子更重视"善教得民心"。

荀子十分重视乐教。礼乐教化，是古代社会教化的重要内容。孔子说："移风易俗，莫善于乐；安上治民，莫善礼。"（刘向《说苑·修文》）一方面是"礼"的教化，一方面是"乐"的教化。关于乐教，荀子说："夫声乐之入人也深，其化人也速，故先王谨为之文。乐中平则民和而不流，乐肃庄则民齐而不乱。民和齐则兵劲城固，敌国不敢婴也。如是，则百姓莫不安其处，乐其乡，以至足其上矣……乐者，圣人之所乐也，而可以善民心，其感人深，其移风易俗，故先王导之以礼乐而民和睦。"音乐，是教化的一种重要方式，也是重要内容。但并不是所有的音乐都能够起到教化作用，那些靡靡之音，不仅不能起到这样的作用，而且只会消糜人的斗志。只有"乐中平"、"乐庄肃"，才能使民齐心，使国家固。

管子认为，礼、义、廉、耻，是维护国家的四条巨绳。"四维不张，国乃灭亡"。他把这四维在治国中的作用看得非常之重要。为了维护国家的安定，就需要对人民进行教化，使之具有礼、义、廉、耻。这四个方面之所以重要是因为"礼不逾节，义不自进，廉不蔽恶，耻不从枉"。也就是说，知礼的人，不会超越规范节度去做事；守义的人，不会躁进，不会去投机钻营；守廉的人，刚正无私，不会掩饰过错；知耻的人，不会趋从邪枉之人，跟着干坏事。如果能够达到这四点，那么"不逾节则上位安，不自进则民无巧诈，不蔽恶则行自全，不从枉则邪事不生。"百姓及士人行为端正，不奸诈，不惹是非，社会秩序自然安定。管子认为，张大四维，首先要使百姓衣食温饱，使百姓富起来："仓廪实则知礼节，衣食足则知荣辱"。在温饱之后，百姓并不能自觉意识和遵从礼、义、廉、耻这些道德规范，应该加强对他们的教育、教化。他说："一年之计，莫如树谷；十年之计，莫如树木；终身之计，莫如树人。一树一获者，谷也；一树十获者，木也；一树百获者，人也。"他认为，教育教化可以培养良好的社会风俗，风俗淳美可以代替或减省刑罚，所谓"凡牧民者，使士无邪行，女无淫事。士无邪行，教也；女无淫事，训也。教训成俗而刑罚省也，数也。"

古代思想家的教化思想的共同之处是：重视礼乐（义）教化，都主张"先富后教"。在他们看来，"富"是社会道德进步、社会安稳发展的前提。"富则仁生，赡则民争止。"（《盐铁论·授时》）"不富无以养民情，不教无以理民性。"（《荀子·大略》）国家不富有，就没有什么可用来调适百姓的情感的，不施以教化，就没有什么可以用来调理百姓习俗的。在我们看来，社会的教化并不单纯存在一个先富后教的问题，社会教化应该贯穿整个社会发展过程之中的，在不同的社会发展阶段应该有不同的社会教化内容。但古人先富后教的思想对我们今天却有重要的启示价值和意义。在温饱问题基本解决，在奔小康的今天，我们的社会教化是否也到了一个十分必要的时候了呢？回答是肯定的，当今时代，必须要加强社会教化。在这样的背景下，重新回归中国古代的治理智慧，重拾失落的社会教化传统，或许是有必要的。

四、现时代以教化稳定社会

社会教化是任何社会都不可缺少的稳定社会的方式。察看现时代的社会问题与社会治理以及社会教化的状况会发现当今社会教化活动相较古代社会式微了，社会稳定中的社会教化存在一些问题，需要采取积极措施加强社会教化，以促进社会的稳定。

（一）当今社会稳定中的教化问题

当今社会稳定中存在着一些教化问题需要我们正视，主要有如下几个方面。

1. 社会教化活动匮乏

活动是社会教化的载体，社会教化必须凭借一定的活动来进行。现在的情况是很少有社会教化的活动，对相当一部分需要教化的内容没有进行教化。比如，普法教育应该是一项长期的、深入的社会教化活动。但现在真正了解法律、熟悉法律的民众有多少？让他们自己去学习就等于弃而不管，应该通过一些普法活动，如文艺演出、知识竞赛、普法书画展等，让民众学习法律、理解法律，进去遵守法律，运用法律。不用说，民众就是相关的一些行业性法律，从业人员也未必熟悉。为什么会这样，这与缺乏社会教化是有关的。社会教化活动的匮乏导致了民众社会规范意识、公共意识、法律意识等的淡薄，从而导致一些社会矛盾，甚至犯法犯罪的行为的出现，影响社会的和谐团结和稳定。

2. 社会教化手段单一

传统的社会教化方式家法族规、乡约民契、说书唱戏等在社会教化中曾经扮演着重要的角色，对维护社会稳定起得到重要的作用，然而在今天这些社会教化方式逐渐地退出了历史舞台。今天的文学作品、影视作品等的教化性也逐渐弱化。当然，文学、艺术等并不必然承担社会教化的责任，也不能强求它们必须承担社会教化的责任，但它们曾经是一种重要的社会教化媒介，是不能不正视的。这些逐渐消失或弱化的社会教化载体，曾经是社会教化的重要力量。今天的社会教化手段和方式比较的单一，基本上是靠标语宣传、电视宣传等宣传的方式。除此之外的社会教化方式并不是没有，但都相当的弱小乏力，也不能深入人心。社会教化方式的单一，削弱了社会教化的力量，进而影响了社会教化在社会稳定中的作用。

3. 社会教化方式不当

社会教化须借助一定的方式，特别是群众喜闻乐见的方式进行。然而，现在有些社会教化方式却很不恰当。比如，一些计划生育的宣传口号："宁添十座坟，不添一个人。""宁可血流成河，不准超生一个。""谁不实行计划生育，就叫他家破人亡。""一胎环，二胎扎，三胎四胎杀杀杀！""该扎不扎，房倒屋塌；该流不流，扒房牵牛。"这不能叫教化，只能叫恐吓。再比如普及义务教育："养女不读书，不如养头猪！养儿不读书，就像养头驴！"这不是教化，而且是侮辱。再比如一些关于上访的口号："非法上访，一次拘留，二次劳教，三次判刑。""打击违法上访，维护社会稳定。""严厉打击各种非正常上访行为。""对无理缠访、闹访和非正常上访行为坚决依法处理"。这样的一些口号，态度生硬，内容模糊（上访者不认为自己是非法上访、缠访、闹访，而认为是寻找正常合法的问题解决途径），不仅起不到教化的效果，反而招致民众的反感，甚至是愤怒。还有些标语强调对立、激化矛盾，例如"敢与政府对着干，当时就叫谁难看"。结果，社会教化成为一种不稳定因素，甚至在一定程度上激发了社会不稳定，不得不让人反思。

（二）社会教化的措施

社会教化是一项复杂的系统工程，具有长期性、反复性、多途径等特点。我们认为，在社会教化中下面措施值得关注。

1. 教化官员

官员应该是社会稳定的维护者和社会教化的主体。然而，官员却可能成为社会不稳定的因素的制造者，而且未必具备社会教化的能力、资格和威信。

历史上很多人把社会不稳定的原因归结到官员身上。唐甄认为："天下难治，人皆以为民难治也，不知难治者非民也，官也。"（《潜书·柅政》）王夫之说："国家之败，由官邪也；官之失德，宠赂章也。"（《噩梦》）国家的衰败是由于官吏的不正派造成的。官吏失去道德，是宠幸、贿赂和阿谀奉承造成的。《汉书·董仲舒传》里谈道官员失责不进行教化的恶果："今之郡守县令，民之师帅，所使承流而宣化也；故师帅不贤，则主德不宣，恩泽不流。今吏既亡教训于下，或不承用主上之法，暴虐百姓，与奸为市，贫穷孤弱，冤苦失职，甚不称陛下之意，是以阴阳错缪，氛气充塞，群生寡遂，黎民未济，皆长吏不明，使至于此也。"必须把官员的教化放在比民众教化更为重要的位置上来看待。治官重于治民，官治则民从，民从则国顺。

公信力的缺失是社会秩序紊乱的原因之一。只有领导者和公务人员在个人品德、行为和公共事务等方面能够立得住、靠得住，人们才会遵从他们的引导。不然，人们无法相信他们，就只好顺从自己的意志，而不顾及社会的公益而妄自为之。常言道："上行下效"、"上梁不正下梁歪"。如果领导者不能在思想品德和行为方面做出表率，胡作非为、贪污腐化，那么群众就不服务，就会愤怒，就有可能效法，以至于出现社会问题。因此，社会稳定的一个重要因素是官员清正为民、身正垂范。加强干部教育和管理，使领导干部成为思想道德模范和行为的表率，群众才会效仿，才会心服口服，"近者悦服，而远者怀之"。

2. 宣传教化

社会教化的前提是主流价值观的建立，是主流意识形态的传播。宣传是重要的教化力量。社会教化须借助宣传的力量。通过口号、标语、文艺表演、影视作品等对民众进行宣传教育是必要的。当然，宣传必须讲究艺术性，必须通过群众喜闻乐见的方式进行。宣传教化中的一块重要内容是榜样的引领。应该树立并大力宣传社会先进人物的先进事迹。社会化的榜样可以为民众的思想和行为提供指导，可资他们效仿。社会教化有个从概念、观念到信念的观念内化过程。首先要通过宣传教育使民众知道教化内容的相关概念，进而通过进一步的认识形成一定的观念，教化的最高境界是使人形成坚定不移的信念。这个过程是一个不断内化、不断深化的过程。

3. 移风易俗

良好的社会风气，是社会稳定的前提。恶俗的社会风气，则会蛊惑人心。社会风气不正，社会自然不稳定。因此，要破除旧的风俗习气、封建迷信等思想与活动，帮助民众建立起唯物的、科学的思想认识，形成良好的社会行为习惯。其中，引导民众形成公共意识，破除自私自利的意思和行为，养成自觉遵守和维护社会公共道德十分重要。要把民众从"居民"变成"公民"，是现代社会移风易俗的重要内容。人心坏了，社会风气也就坏了，所以移风易俗的核心是正人心，从而正风气。正人心的关键是引导人树立正确的、现代的、先进的思想观念、养成良好的行为习惯。这样才能消除萎靡腐化的、自私自利的、你争我抢的、互相鄙视的不良风气，形成积极上进的、团结和睦的、互相谦让的、互帮互助的良好社会风气。

4. 行为外现

如果教化的效果仅仅停留在思想观念层面是不够的，还必须达到知行统一的境地。现在社会教化的一个问题就是在认识上人们都知道，甚至也都认可，但在行为上却拒不执行。因此，如何做到知行统一，如何让人们在认识、认同的同时，能够身体力行就成为社会教化的一大课题。

社会教化是一项需要长期努力、坚持不懈地抓的工作，是一项用功多、见效慢、但效果好，必须抓、必须做的事情。因此，社会教化工作的价值和意义十分重要，值得认真研究、抓好落实。抓好社会教化，同时辅之以政令法规和社会管理，才能使社会和谐进步，使国家长治久安。

第三章　领导活动史鉴

　　历史的得失可以照亮现实、指引未来。只有更好
地面对历史，才能更清晰地看见现实，预见未来。历
史上的领导实践和领导思想，是今天和未来领导实践
与领导学发展绕不过去的存在。以史为鉴方能更好前
行。因此，我们需要在历史的经验得失里，在古人的
领导思想和领导智慧里汲取力量，以便更稳健的前行。

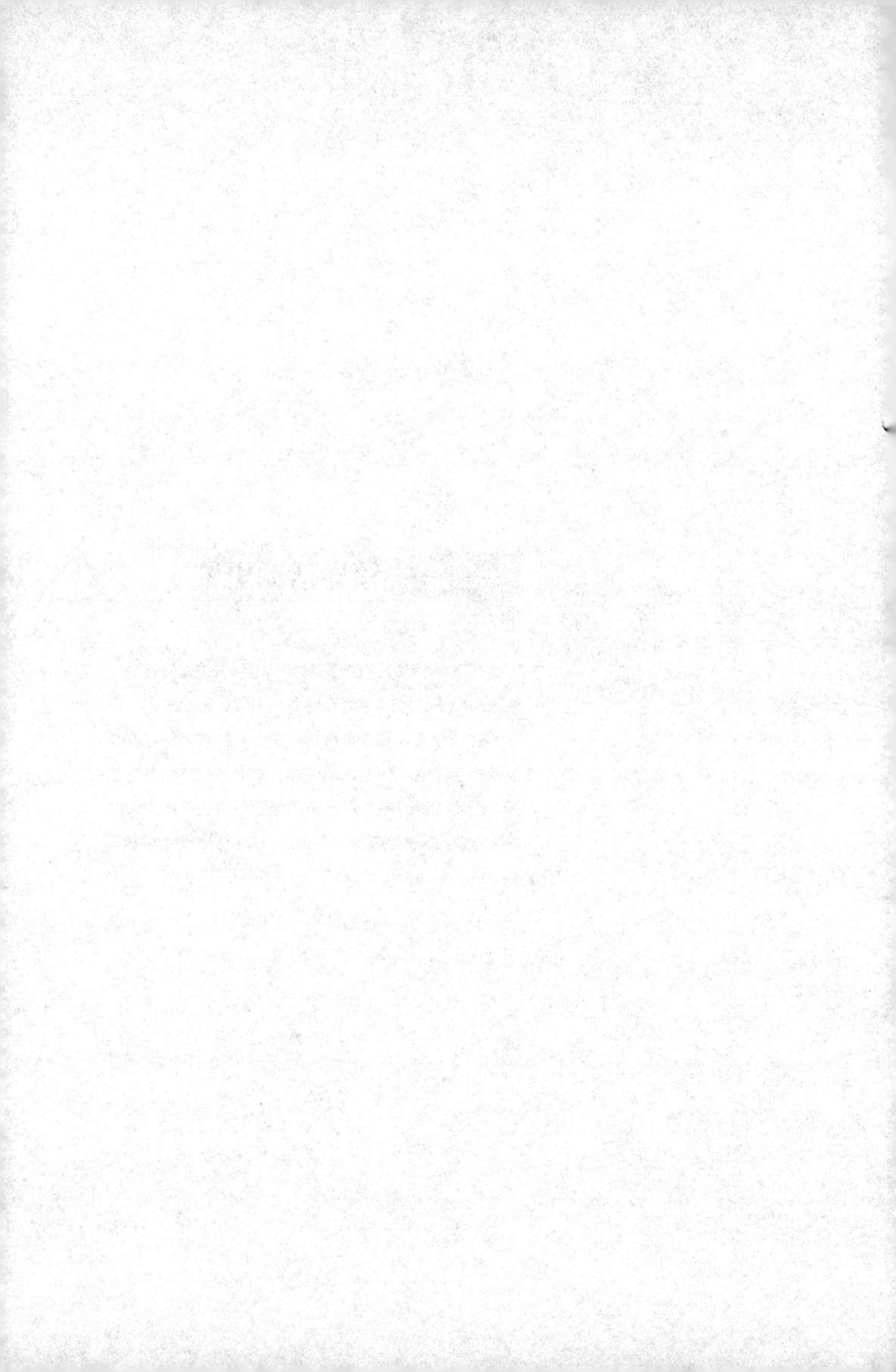

中国管理哲学的当代价值 [①]

【阅读指要】

　　成中英先生认为，中国传统典籍所包含的管理的智慧、为人处世的智慧、领导群能的智慧，在今天具有重要价值和意义。中国古典智慧是对人在真实世界的定位做出的真实回应。历史的发展需要传承，人的智慧有限，必须借重前人的认知过程来呈现自己、来超越前人。中国人懂得用历史智慧来和他者文化交汇互融壮茁自己。中国今天能站起来就是中国智慧力量的体现。中国的管理实际上是宇宙创化的自然管理与人生创造的自我管理。就个人来说，管理的最终目的是创造一个美好的人生、美好的社会；是为人的发展服务，提升人的价值；就社会与国家来说，管理的终极目标是为了使社会发展得更有活力，使国家发展得更为健全，使人类走向一个更为民主、更为自由、更为开放，也更为和谐的状态。中国的传统哲学的管理智慧不仅对中国文化与社会的再发展有重要作用，对中国人建立价值标准和行为方式同样非常重要，对解决问题、消除矛盾也有重要作用，而且对中西文化的融合，人类的再发展、全球化的基本需要与追求，以及如何实现世界的永远的和平与持续的和谐更有极大的重要性。这就是它的时代意义。

　　成中英先生，祖籍湖北阳新，生于 1935 年，现任美国夏威夷大学哲学系教

---

① 本文为笔者对成中英先生的访谈，发表于《中国浦东干部学院学报》，2010 年第 4 期，第 9—16 页。

授、国际易经学会主席、美国英文《中国哲学季刊》部编辑、国际儒学联合会副理事长、国际东西方大学的创办人，创办了国际中国哲学学会，现任荣誉会长。成中英先生是海外儒学研究的代表人物，长年在美国讲学。他在现当代西方哲学、易经哲学、儒家哲学、中西哲学会通以及本体诠释学等方面都有很深的造诣，长期以来为推动中国哲学的发展贡献良多。在中国浦东干部学院举办的第三届"国际领导论坛"期间，李冲锋博士就"中国管理哲学的当代价值"话题对他进行了专访。

一、中国古典管理智慧的时代性

李冲锋：成先生，您好。感谢您接受采访。今天想请您谈一下"中国管理哲学的当代价值"。之所以选择这个题目，基于两个方面的考虑。一是我从您的著作里看到，您对这个问题有所研究，如您对易经管理思想的研究，您提出的"C 理论"等都涉及这一话题。二是我最近刚做完一个综述，题目是"中国古代领导思想的当代价值"，内容主要是中国大陆学者 2006—2008 年对这一问题的研究。国内的研究情况，大家主要集中在对儒家、道家、兵家、法家的研究，墨家的也有一点。就这些思想的当代价值来看，研究者的目光主要集中在党政领导和企业领导身上，主要是今天如何运用古代的传统领导思想。成先生您有中国文化的根基，又在西方生活多年，对东西方哲学与文化研究有很深的造诣，中西文化背景使得您的研究呈现出一种创新。比如，您创导的"C"理论以中国的《易经》为基础，以阴阳五行为主干，整合中国古代哲学的诸子百家，统合现代东西方的各种管理理论与学说，从而形成了一个具有中国特色与时代特色的崭新的管理哲学系统。我对您的这种融汇古今、会通中西的研究很感兴趣。因此，今天想听听您对"中国管理哲学的当代价值"的见解。

成中英：你所谈的这个问题很重要。我想先说一下这个问题的重要性何在。中国的典籍包含了管理的智慧、为人处世的智慧、领导群体的智慧，作为后来者的我们今天要怎么去认识它，怎么去体现它，怎么去发扬它，是我们的职责所在。我们首先要认真的学习与认识它的价值，它的时代意义。我认为，有三个方面的价值与意义等待我们去学习与认知。

第一，中国传统的智慧是应对当时的社会、当时的时代的问题的。古人能够认识这些问题，而且能够对人的处境进行很深的考虑和思量，并且提出解决方案。在这些解决方案里又包含了一种引人入胜的活力，这就是它的智慧所在。这是在一种面对生命真实情况发展出来的智慧。特别是包含了重大变革和重大定位及重大创新的意识与知识。显然那是对真实的世界所作出的一种真实的回应，具有重大的启发性。

第二，历史的发展需要传承。人类的历史，从文明开始的原初时代，经过文明不断地重建，达到一定的高度，这是文明的进化。中国先秦典籍，包含了人类文明进化的智慧，是古代圣贤才智之士智慧的积聚，本身就具有生命力。我们今天讲诸子百家，讲的就是古人传承下来的生活与生命体验，必然能够启发我们。人的智慧是有限的，必须经过前人的认知过程来充实自己，来超越前人。这就需要回到人类智慧的根源上去。这就是古代典籍的时代意义。"现代"永远有面向历史的一面。世界历史中有过很多文明，正因为不能面对历史，因而丧失了进步，没有了过去，就没有了现在。当然我们应该根据现在的问题来检讨历史，超越历史，这就表示要向历史的经验学习，挖掘历史中的智慧眼光。现实的问题的发生往往是与文明进化的过程有关的。我们怎么可能仅凭现在有限的经验来解决问题呢？这是很困难的，因之我们必须要有历史发展的观点。历史发展在这个意义上讲，具有一定的哲学思想的含义。人性有深层结构，人有心智，都是从生命的历史经验中拓展出来的，不可一刻忘却它的反思性与开放性。这个反思性与开放性来自于对文明的智慧的反思与开放，因而能转化文明的智慧为时代的智慧，因而能用自觉的生命点燃与激活传统的智慧，发展知识与技术，为时代的问题定性，也为其解决提供真实可靠的方案与方针。总言之，解决时代的问题，必须借用前人的智慧。没有一个传统智慧的激活过程，就很难掌握时代问题的核心。

第三，华夏民族是在不断的经营中成长为中华民族。今天这个民族必须要面对世界，面对世界上不同的民族，并要面对其他文明的成功、成就和发展来考验自己。中华民族的持续发展显然离不开与西方文明的互动。我们必须通过这个互动的过程来衡量自己国家的未来发展。这种认识代表了很高的一个智慧。我们是不是要深化这种智慧呢？你要与他者互动，你就不可能是一片空白，而必须自我有所把握，并知道怎么吸取、融化、转换与创化。从这个角度看，中国人不但不能放弃本有的道家、儒家与诸子百家的智慧，更要用之来面对世界其他文化的价值与知识，认识创新知识与技艺的重要性。如此方能更有效地掌握新的经验和方法。如此才能更好地扩大与深化中西互动的含义，扩大眼光，也深化认知。传统的中国的才智之士懂得用历史智慧来融合外来的文化，一个明显的例子就是中国文化对佛教文化的吸取与融化，使中国人的精神世界发展得更有深度与张力。如果自己是空无所有的话，我们又如何去回应与融合外来文化？如何去学习转化与创新自身文化？显然，我们必须学会保有我们主体的智慧与主体的生命，从与世界的文明的互动中不断提升与更新。当然，近代以来，西学东来，西方以一种强势的科学和科技冲击中国与中国文化。可说三百多年来，中国与中国文化一直面对着被这个西方文明挑战与考验的问题。在有些人看来，中国文化已经被打败了，已经被淘汰了。其实，他们不了解只要我们有主体的自我肯定、自我反思与不断挖掘与探索的智慧，这种失败与面临淘汰的危机，正是反思与重建的机会：我到底还有什么东西来说明我之为我，我又怎样来掌握我的主动精神，使其成为更生与重建乃至创新的力量。显然，面对西方，人们应该一面学习西方，一面更应该重建自己。在学习西方的优秀的物质文明方面，中国可以"青出于蓝而胜于蓝"。这是荀子讲的话。（李冲锋：对。《荀子·劝学》篇里讲的。）但在建立自己具有活力的精神文明这方面，现代的中国相应传统的中国也要做到"青出于蓝而胜于蓝"。

二、中国今天站起来本身就是中国的力量

李冲锋：您在回答"如何重建中国哲学"这一问题时说我们要"吸收、理解西方哲学，借以解析、批评中国哲学。再用已现代化的中国哲学对西方哲学进行批评及解释"。从中不难看出您对中国哲学或中国文化所拥有的一种吸纳、反思、重建能力的深刻认识与坚定信心。中国近代史上，为了能够与西方接轨，有人曾提出全盘西化的观点，这种观点显然没有看到中国文化传统深处的这种成长动力。中国今天的发展、今天的成功，应该说还是得益于我们传统的智慧。是否可以这么理解？

成中英：全盘西方化的最大问题是完全放弃自己，什么都不要了。每个文明都有自己的独特性，都有自己的精神，如果全盘放弃，如何成为自己？中国在近代史上有这样一种遭遇——被击败的遭遇，但这个遭遇也是一种教训：中国必须重建。可惜很不幸，历史上外来的力量纷至沓来，中国恢复的时间几乎没有。但又很幸运，中国还是在万般困苦与压迫中站起来了。我认为，中国今天站起来，本身的文明与文化就是中国的力量。现在不能否定这一点。中国还是通过一种原始

的智慧、原始的生命力量、原始的文化潜力，站起来了。这种力量包括中国今天能够参与、吸收、接纳、发展与开创。中国 20 世纪 50 年代的社会革命采用马克思主义就说明了这一点。中国的马克思主义还是有中国的智慧在里面，还是有一种中国的生命力在里面，还是有中国的历史在里面，还是有中国的文明在里面。今天我们成功了。难道今天中国人就要陶醉在这种成功里面了吗？另一方面，是不是因为我们学习西方，也相对成功，那我们就可以以学习西方为满足呢？不要忘记了学习西方的东西，其成功的面还只是在物质文明上面，至于在社会建设方面，甚至在更深层的、人的存在方面，在道德方面，在精神上面，是不是我们也完全认同西方呢？事实上，我们并没有这样一种可能去认同。因为我们的历史有其连续发展的的要求与动力。要认同西方，必须要去了解西方的历史，成为西方的一部分。现在，我们不是西方的历史，我们有自己的历史。在这种情况之下，当我们强盛富裕的时候，当我们物质文明发达的时候，我们更应该回归到自己的历史。这样我们才能够支撑我们现有的状态，使它更好地面对问题，理解问题，并探索解决问题之道，创造新的文化内涵，也建立新的生活形态。现在学者们在讨论"现代性的多种形态"。西方的现代化强调理性、强调实用主义，要以此改革社会与文化。不要忘记，西方的现代化也有西方现代化的问题。从成功面来讲，它有值得效法与学习的地方，但我们也要看到它所带来内在问题。首先是人的整体价值的失落问题，其次是人性的分裂问题，最后是理性犯罪的问题，特别见之于引发当前金融危机的贪婪自私的问题。我们应该怎样去掌握一个整体的精神与人的价值与真诚，形成一种活力，来消除这些基本的问题呢。我们是不是要回到自己的精神传统上面，来创造一个新的价值观呢？事实上，这不仅是学习西方的问题，也是西方自身已经面临的问题。因之，是不是在学习西方之后，我们也要面临同样的问题？面临这样的问题，显然我们要回归传统的智慧，因为中国的传统智慧讲究学习与反省，讲究整体价值，和谐的心性与人格，以及真诚地面对自己与他人，并在实践行为上坚持真诚一致，这就是知行合一的道德。显然，这是我们文化传统的一项重要智慧，是我们不能放弃与忘记的。现在我们要警觉：我们的今天不能重复西方已犯过的错误。另方面，我们要认识中国现代发展的成功，是因为我们有我们文化内在的智慧，而并非全由西化而来。这种内在智慧怎么来的？它的来龙去脉是什么？为此我们必须要回到中国文化的精神与哲学智慧。再谈全盘西化是走入歧途了。但我们也不能不注意，回归中国的精神与哲学智慧绝对不是故步自封，而是更小心谨慎地更新文化，更精益求精地追求科学知识，更严肃端正地重视道德修养与社会伦理。如此中国方能面对世界天地的变化，全球化中人类追求福祉与正义的发展，关心与贡献有关全球性问题，国家问题，种族问题。战争与和平问题的解决。

努力学习与不断学习，学习以达到发展与改造，正是中国传统的精神与哲学智慧。在此学习的基础上反思自我，整合内外左右，以及古今中外，创造一个适合人类发展的生存之道，才是中国发展的正当途径。

李冲锋：您可以举例为我们说明一下吗？

成中英：这种划时代的学习精神可以从孔子时代讲起。孔子就特别强调学习的重要性，他能做到圣贤的品质就是他不断学习的成果。孔子说："学而时习之，不亦乐乎？"何以学而时习之，能够带来快乐，这是因为在不断的学习中，人们可以做出新的发现，不管是理论的还是实用的，都会带给人以快乐。从这个意义上说，学习就是一个不断创新的过程，是基于过去的经验加以审察而提升。孔子已经看到这种学习精神带来文化的进步。他看到每一个礼制的时代价值，但面对新的时代，人们必须在学习中变革。夏商周的礼制的变革必须如此来了解。一个成功的制度，它内含的一种普遍的价值，但它仍然要接受时代的考验。礼制或其他制度都有时代需要的背景，但也有为时代淘汰的可能，它要面对天地人的变化环境与需要来进行调整，所谓损益者是。这种损益的变革当然也包含着人性的需要，而人性的需要也是随环境与生命的发展变易的。重视天地自然变化而人必须适应与自身提升是周易哲学的洞见与智慧。儒家用此智慧来理解人性。《周易》强调：天地之道，是一阴一阳之变化。阴阳的概念很早就存在了。我们说，动静是阴阳，刚柔是阴阳，明暗是阴阳。这个阴阳，作为变化的一个描述，是相辅相成的变化，是一个对立而统一的变化，一种关系的变化。如果我们细心体会，我们也可以把阴阳当作进退的概念、精神跟物质的概念、行为和知识的概念、消费与分配的概念、创造与毁灭的概念。这些都可以说是阴阳。而且是有连贯性的。我们不从学习和对学习的反思中掌握这些根本的智慧，我们又如何去掌握呢？

从儒家来说，周易是儒道的一个基础。这里面关键是人类认识宇宙，在宇宙里面学习到一种创建的精神，从个人到家庭，从家庭到族群，然后到社会到国家。这样一种从反省到认知的学习，从不断认知到发挥人的创造力的学习，是人能发展的根本原因。依此，儒家强调人的创造性，强调人的思维，强调人类关系的重要性，强调人类社会和谐稳定的重要性。儒家谈的道德是"以德为本"，德就是人掌握自己的内在的能力，并依此能力，建立对人性的认识：个体的人需要他人、他人集合成为社会，个人与社会也就有了一种相互基础的关系。儒家提倡"仁爱"的精神，"仁者爱人"，这就是社会凝聚、社会和谐的一种力量。儒家的这个观点出现之后，我们认识到，从"仁"到"义"，再到"仁义礼智信"的德性需求是极其自然发生的。

孔子在《论语》里面还特别重视社会稳定性的问题，他举了三个稳定社会的主张：一个是"均"的主张——"均无贫"，一个是"和"的主张——"和无寡"，一个是"安"的主张——"安无倾"。这种主张我觉得很有意思。他是从观察历史、反思人性来考虑的。人与人之间需要有一种相对的思维，一种对应的关系。如果两个人之间相差太远，一贫一富，那么就会产生人与人之间的敌意、对立、矛盾，不利于人的总体发展。虽然说均财富，但孔子并不是要固贫。孔子只说"君子固穷"，但他看重民富，为了教民，财富也是要去追求的。民先要让他"富"，富之后要"教"。所以，孔子还是重视改善人的物质生活的，人民物质生活改善之后，还需要把握它们之间的均衡关系。怎么发展均衡，当然是大有学问。但是他提了这样几个基本原则。实现均衡的话，穷没什么关系，富也没什么问题。没有实现均衡，穷是一个问题，富也是问题。他至少提到这个概念。这是个"均富原则"。过去控制得太严，像早期的计划经济，那会走向"均贫"，大家都动不了。从这里我们就看到儒家的思想是什么？那就是"开物成务"，最根本的就是人是要参与天地变化来求进步、来发展。所以，不去创造财富是不行的，富也是需要的。从此理解，儒家传统的智慧已给中国传承了一套进取的、发展的经济哲学。

孔子又提到"和"，这个"和"在人民身上，是不是最大的问题？其实，在当时也不是最大的问题，关键在于你是否能团结、能和谐。如果是自己内部先分离，就不稳定了，所以这个"和"非常重要。我们要问"怎样"和"？回答是：要"和"就要有社会伦理。没有秩序或关系怎么"和"？"和"是各自有定位，能够相互有关系，还能彼此支持，是一种合作、一种信任。而合作与信任的基础是仁爱。

"均"字比较接近"义"的意思，"和"比较接近"仁"的意思。"和"和"均"最终是为了达到"安"的目标。"安"是一种长期发展、和谐发展、稳定发展的状态。这种稳定状态，是在"和"的、"均"的前提下建立的。这里看出孔子很深刻的一种体验，很敏锐的一种观察，是孔子从历史经验里面总结出来的，也是从他个人的生命体验里面发挥出来的。所以孔子的智慧就成为中国文化中非常重要的精神价值与哲学智慧，至于后来者能不能继承与发挥是另外一个考虑。但孔子的智慧至少能启发大家一种新的认识，就好像《周易》的智慧见之于"生生之谓易""一阴一阳谓之道"这类话能启发我们的眼光与认知一样。孔子的许多话都是有普遍意义的。为什么我们今天读它还有意义呢？这是因为它本身就是一种生命体验。如果我们忘掉它，那么再去学习它、再去掌握它，是非常困难的。结果反而是别人掌握了，我们再去学习它，那我们就落后了，只能跟着别人去"现代化"，而不能创造出一个自己的积极的领域。

中国传统中的道家智慧也是一样重要。道家说"道法自然"。自然是非常生动的，随着天地发展、宇宙发展，人的发展也可说是很自然的，有其发展的"道路"。从这个意义上讲，"道"是相对于《周易》的"易"字来说的，"道"就是易之道，变化之道。当然，人是变化里面的一部分。所以，能够提升自己的那种"道"在儒家是为人之道、为政之道、君子之道。但对对天地自然深思过的老子而言，道就是天地之道，自然之道。如今我们面临地球暖化的危机，应该对这天地之道与自然之道有更深的体会与认识。总言之，中国的文化智慧来自哲学的理解，而这些见之于易经儒道或其他诸子的理解是经过总结历史经验而加以深思的成果。我们应该认识到中国哲学是非常智慧的，具有哲学中最深刻的智慧。前些年有人以现代西方哲学和古典希腊哲学来否定中国哲学，这都是不足为"法"的。因为它没有认识自己，先去假设了他人。因为假设了他人，所以就否定了自己。没有，是因为你不知道你有。今天我们要弄清楚，今天西方提供的机会让我们学习到许多新的东西，我们可以重新认识自己。我们重新认识自己，我们可以再整合自己，再建设自己，为人类做出更好的贡献。

三、回归古典是我们重建自己的关键

李冲锋：成先生，您提出了中国哲学现代化与世界化的课题，并且深知中国哲学必然要面对西方哲学的挑战，我们必须知己知彼，深入西方哲学核心以理解西方，同时要展示中国哲学的精髓。就中国的管理哲学或管理实践而言，我们怎样做到与西方的整合，怎么在实践中发挥它的效用呢？

成中英：我们要根据自己的目标来整合资源与经验，然后提出新的计划与项目。我们现在应该遵守的基本原则是，学习他人的优点，反思自我的创造精神，整合内外左右、古今中外来创造一个适合人类发展的生存之道，也使我们更好地在世界上立足，能够为世界做出贡献。这个创新、创造的活动必然要在对我们的历史文化传统的重新认识的基础上进行。这是何以要回归古典的一个重要原因。回归古典是我们重建自己的关键。回归不是故步自封，闭关自守。正因为在开放世界里面，我们必须与相关者合作，建立自己的存在的特色、开发创新发展的精神。

学习西方是在理念上的学习，在实践上还必须从自己的传统中走出来，不能完全放弃传统，因为它涉及一个连续性的问题，你必须在经验基础上面去更化或更新自己，这就是自觉发展、自我转化的问题，也就是自我规范转化的问题。在管理方面也是如此。管理基本有两个问题：一个是你怎么去管理别人，另一个是别人怎么被你管。这个时候，你是不是要考虑到一种所谓语言的表达技术？你是不是要考虑到语言的本义是什么？你是不是要考虑怎么去和别人沟通，怎样去和你的团队怎么沟通？你怎么去建立理想的价值，怎么去实现理想的价值？这些就涉及对"管理"概念的新认识。"管理"一词英文对应为"management"，management 意思是手的运作。但我们的"管理"一词含有一种理性规范建立的含义。也就是要实现或施行一个"理"的秩序。因为"理"字有很深刻的含义，从先秦，经过宋明到近代，它的含义都在我们日常中，我们用这些字，甚至都不自觉它的原义。"管理"这词已经包含了中国人对世界认识的一种方式。再说另外一个相关的词以帮助了解，比如："知道"。当然"知道"不是翻译英文的"know"。我们中国就有这个词，比如荀子讲"知道"。"知道"就是说"我知道可以走的路"。但你不学怎么知道？《论语》里说"君子学以致其道"（《论语·子张》）。这已经有一套智慧在里面了。还有一个词是"革命"。这个词也是中国原有的语言，来自《周易》里面的一个"卦"，"革"卦。革命就是要除旧布新，要打到旧制度，建立一个新的制度来面对时代的需要。这本来就是与时俱进的一种要求。当然我们不能把这些字看成是西方文字的翻译，或对应西方的语言来进行了解。这表示我们必须认识自己的语言及其含义。实际上，我们也经常在用这些字，但我们要知道哪种情况有哪些意义，不能忘记它们的寓意。所以，在管理这个学科，我们要挖掘出来中国的"管理"的真正内涵、它的形式、它的精神、它的价值、它的意义何在。

进一步了解，我们注意到管理涉及行为问题。它实际上涉及怎么去带动他人，怎么去组织群众，怎么去发展企业。这些都涉及实际生活的改变。你如果只考虑到西方管理方式，你就无法与你自己的文化传承联系起来。事实上，中国人文化已有的状态，只能用中国人的智慧精华来提升。所以，管理科学可以学习到许多方法、流程等，主要是知道怎么去运作机器。这很好，但是一旦涉及我怎么做，我怎么对待人，我怎么对待我自己，我怎么去作一个决定，我怎么去做一个行为，我怎么要求别人做一个行为，这里就涉及责任的问题，涉及理性的说明问题，这也涉及知识的价值目标的问题。在这种要求之下，我们必须要回到我说的一种中国人的管理智慧的角度上来看问题。这种管理智慧，事实上，用现代的话讲就是"管理科学"。所以，西方管理为什么要这样做，它背后有管理科学。我们这样做，难道我们只是为了模仿西方，跟西方竞争吗？但我们有自己的文化传统，当我们成功到某一程度，我们必须主动地、自由地去发挥我们自己的价值，也必须要思考这个问题。所以，我提出了"管理哲学"这个层次。在这个层次上，我们一定要运用到中国人对技术、对经验、对知识、对智慧的整体来建立价值与行为标准。智，可以是知识，也可以是智慧；可以是智谋，也可以是智术。智更可以是一种对事物的见解、知见。你不这样认识智的含义，你就不能有效的发挥文化的影响力，进行价值的提升。至于人心涉及是非善恶的问题、正确不正确的问题，这是否要从管理哲学来判断呢？但管理哲学并不告诉你这些。从中国哲学来说，存在行为的后果或行为动机的问题，当然这是价值问题，广义的价值问题，虽然狭义的说是是非善恶的问题。这就是基本问题，什么是"是"，什么是"非"，什么是"善"，什么是"恶"，什么是"美"，什么是"丑"？难道我们就没有自己的标准吗？难道我们就要从西方开始吗？难道我们看不到这些价值标准实际上就是每个民族在它的文化发展中逐渐凝聚出来的价值观、价值的理想吗？它们具有内在的生命力，具有人的内在的体验的要求。所以，我们没有办法不去面对这些东西。这就把管理的技术、知识提升到管理的哲学层次，提升到管理的智慧层次。这涉及我们的宇宙论，我们的生命哲学，我们的道德哲学，我们的社会伦理，等等。

当然，这里面中国和西方的标准不同。由于中西方的标准不同，有人认为西方是对的，中国是错的。但我们需要一个更高的标准来说明中国是错的，西方是对的。显然目前并没有这样的标准，因而也就不能随便说中国是错的，西方是对的。首先，我们可能不了解中国传统，甚至我们也并非深刻地了解西方。所以需要深层地挖掘管理的含义和方法是什么，如此就逐渐提升到哲学问题。最后也必须谈到中西文化的融合问题，涉及智慧各有所长的问题，甚至涉及人文发展跟科技发展的问题。这些都是人类的基本问题。中国刚好有这样的传统，这个传统很重视人文，很重视道德，很重视价值，很重视人的自主性，很重视人的创造性。这些都是中国文明、中国哲学创造出来的，是最宝贵的东西。我们今天能够忽视它吗？

今天我们讲管理，管理的最终目的是创造一个美好的人生、美好的社会，是为人的发展服务，是提升人的价值的，就国家意义和社会意义上，是为了使社会发展得更好，使国家发展得更好，使人类走向一种更为民主、自由、平等的状态。讲管理就必须要用智慧来实现这些。为此，我们需要不断回到中国的这一套管理智慧。所以，我们提出了中国管理哲学。

中国管理哲学的一个中心概念是人的创造力的问题。人认识天地，人再认识自己，然后发挥自己的那种"仁者爱人"的精神，然后再进行组合、推广，达到创造社会价值、创造精神价值，实现持续的目标。这样我们就掌握了中国哲学、中国的管理智慧。

中国的管理智慧的问题，可以一部分用西方的眼光来看，但也可以用中国的文明、哲学来看。因此，它最好的解决方式也许是中西融合成为一体。但是，由于是中国的问题，又必须以中国人的智慧来解决，这样会更有创造性，更能够发挥它的作用。中国的成功，中国企业的发展，或国家的强盛，他的目标是为了实践。从这个角度说中国这一套哲学是非常现代的。比如：孔子的智慧、老子的智慧、《周易》的智慧……

再举一个《大学》智慧的例子。《大学》所谓"格物、致知、诚意、正心、修身、齐家、治国、平天下"就是人的发展模式。它就是从掌握外在事物的知识来反思人的内在存在的力量。只有"诚意"才能掌握一个目标，一个"善"的目标。有这个目标才能够"正心"。以这个为目标，你才能控制你的欲念，发挥你的正确的情感和意志来达到人格的建立，达到家庭的建立，达到国家的建立，达到世界和平的建立。这就是所谓以内在和谐实现为外在和谐的过程。它是通过人的内在的发展，自然的内部的发展，来实现一个外在的价值。所谓和谐就是人实现人的一种状态。也就是所谓"和"。当然在"和"当中，存在"均"的问题、"安"的问题。最后，目标指向"安"，大家都能够满足于现状，安心于一个平衡的状态。它的目标是继续不断发展以达到可持续发展的和谐平衡状态。

四、中国的管理实际上是宇宙的自我管理

李冲锋：您提出了一条新的管理学之道，即"C"理论，"C"指中国（China）的《易经》（*I Ching*）的创造性（Creativity）。后来，您进一步丰富了"C"的内

涵。是否可以说创造性是"C"理论的核心理念？我们今天如何更好地来理解这种创造性呢？

成中英： 我当初提出"C"理论，就是用"C"字来总结中国的管理智慧，就是看重这个"C"它本身的创造性。当然这个创造性仍然是宇宙发展的一个道理。所以，中国的管理实际上也就是宇宙的一种自我管理。宇宙是天地走的路，人是宇宙的一部分。宇宙能成为宇宙有宇宙成为宇宙的道理，人能成为人有人成为人的道理。人要成为人，要自觉地去把握自己的创造力。创造力也是一种自然，但是它是在一种高度自觉里面实现的自然潜力。如此，我们就要更好地去做好人的事。比如，我们需要企业组织，我们需要公司组织，我们需要自由市场，我们需要国际贸易，我们需要金融交易，我们需要很多很多这种工具性的东西。但是，这些工具性的东西，它是否能够符合我们作为人的自我发展及群体发展的价值要求与理想目的呢？我们要有一个内在的标准。假如没有的话，或者忘记了这一点，我们会过犹不及，或偏离达到目的的正道。中国哲学很重视宇宙与人所内在的和谐精神及创造和谐的精神，这点是中国人巨大的一个优势。跟西方人相比，西方重视现实主义、重视二元主义，是与中国精神有差别的，但这种差别也许可以正好用来促进人类社会的和平，这个很需要去发展。这就要回归到《周易》的那种"生生不已"的精神上来谈人的创造性。

李冲锋： 我们知道，您的管理哲学是以《周易》为基础的，但同时您也很重视其他诸家的观点与价值，认为儒、道、法、兵、墨，要互补互用，易、禅统合，即提出了"七家之言"。

成中英： 事实上，任何一种文化、任何一个学派，它都有自己的价值。但是，如果它不能在整体里面平衡自己，它有时候就会走向偏颇与极端。儒家与道家都重视整体性的东西。从这一点来讲，儒道在根本上是对《周易》精神的实现。我需要指出，其他诸子、其他学派国家也都有它的价值。所以我提出来"七家之言"，"七家之言"就是除道家、儒家之外，还加了法家，兵家、墨家，结合在《周易》的传统里面，同时走向自我超越的悟的境界，禅悟。几家之中，一般学术研究对法家做得还不够。因为"暴秦"等原因，我们对法家有些看法。还有当时我们讲法制，又害怕把法家跟法制搞混。总之，我认为对法家的研究还不够。

李冲锋： 我看到您对儒家内部"德""法"互补的研究，还看到您谈道儒、法两家交融的问题。

成中英： 儒法交融是最近一文所探讨的课题。过去我是反对法家的，要回到依荀子来谈"法"。因为荀子的法是跟礼仪联系在一块的，他的"法"是一种制度理性，是能够使社会走向制度化的一种秩序。我觉得这个意义的法是很需要的。它本来是一种"礼制"嘛，"礼"还不只是人和人的关系，它也是一种整体的社会文化的制度。发展当中，社会组织到某种状态，就需要某种制度来维护它的价值；找不到这样的制度，或者这个制度不能发展下去，这就表示这个组织它有问题。所以，荀子考虑得很周到。因为他是从学习经验来掌握这样一个历史发展的制度的。"法"具有一种自我管理的功能，一个人、一个家、一个国是可以自己去以身作则，自我规范，自我示范的。一切当然要以个人的修持为本，走向以家庭社团的修持为本，并再走向以国的修持为本。如此这个世界才能走上和平和谐之路。法的作用就在每一阶段的提升与推广。

李冲锋：我从所做的综述里发现，大家对墨家思想的当代管理价值有所关注，但比较少，您怎么看墨家思想的当代管理价值。

成中英：这个墨家我觉得很重要，因为它体现了在实际的亲民仁人爱物里面要真正体现的一个互惠互利精神。墨家不尚空谈，它是一种实用主义。"兼相爱，交相利"，就是说行为彼此要有利，它不忽视"利"的作用，"利"是实现"爱"的方式，或者说"爱"必须要有一个实质的支撑。当然，不能过分强调这一点，也不能过分忽视这一点。这个我觉得很有现代精神。

另外一点，它强调科技发展。因为墨家是非常现实的，非常重视经验的。有经验就能发明工具，它强调工具理性。它强调工具就必须要把许多知识掌握，要掌握知识就必须有一种清楚的概念。所以它也就发展了逻辑。所以从逻辑到知识到科技。科技是基本，逻辑、经验、知识，然后科技，这都是工具。所以它有很强的现代精神。墨家的发明精神是很强的，因为它是跟人的需求联系在一块的，墨者要克服生活中的困难，所以随时找出问题来解决。墨家是中国科学精神的萌芽，它的实用精神、发明精神尤其难能可贵。

当然后期因为当时社会稳定下来以后，墨家因为过分闭塞的团队化与教条化之故，无法推广它的这种科学精神。它只重实行，而没有再推广它的理论，来升级它的理论，影响中国的发展。中国的科学实践还是继承得下来，科学理论的发展却没有好好进行。墨子的理论没有推广，没有变成生活当中的、社会需要的源泉。所以很值得我们今天把它再挖掘出来，结合西方重视实用、重视逻辑、重视科技、重视功利的精神来重新看待。所以它的重要性无可否定。

五、中国的管理需要进一步整合创新

李冲锋：我们需要更深入地学习和研究中国管理哲学，为了更好地把握它，我们需要一种什么样的方法论？

成中英：在管理当中，人们要谈这个管理，一定要有一个综合创新。你先要综合起来，不能综合怎么能够成为一套整体的东西。综合事实上是为了整合，整合乃是为了融合、融合乃是为了创新。中国古代的管理智慧就包含在这综合而整合、整合而融合、融合而创新的过程当中。这样的智慧因之是经过天地间的生命元素千锤百炼出来的，是一种精华与结晶。我们应该学会去认知它，开发它，挖掘它，提炼它。当前讲管理的人，慢慢了解到诸子百家的重要。这是很好的，但是，还不只是我所提到的这几个学派而已。中国哲学史上后期的学派里，管理提的比较少的是宋明理学，禅宗提到也很少。但它们重视个人的修持已然隐藏着治国处世的道理。因之我们可以问禅宗在管理中的意义何在？这个问题以前的管理学者并未关注与回答过。我提出的观察是：禅学要"扬弃"世界而非弃绝这个世界，它要从"扬弃"中重新去认识这个世界，还原出一个元初的纯净，因之在"扬弃"中一个纯净的世界已经显露出来了，成为我们再起步再定位再发展的起点。为了管理的需要，扬弃更需要破除成见，然后新立一本。所以，禅学必须要和儒家等联系在一块，才发挥它最大的功能。中国的管理在整合上要研究得再深一点，要把作为天地人的生命元素的所有重要学派都包含进去，才能够更好地体现一日变化千里的时代需要。因为这个时代是多面的，有一种复杂性。怎么使复杂性变得系统，要用复杂系统的方法。但是现在的复杂系统论还不是很完善的理论。到底这个复杂系统包含了或基于什么复杂的联系的方式成立？是如何一个综合？如何一个整合？如何一个融合？如何一个创新？我的最根本的洞见是，这个复杂的系统也必须是一个创造性的变化系统，包含了最起码的相生相克的复杂关系，这个系统就是《周易》。《周易》是一种内在的、具有动力的动态系统。动态系统理论是在 20 世纪五六十年代已经开始出现的。但是动态理论、动态系统往往是偏向于机械动态，趋向建构为一套自动化的动态系统，而非自然化的动态系统。但一个机体的、开放性的、自然化的动态复杂系统，却是我们管理哲学所需要的。我的"C 理论"整合了中国管理哲学的元素，又把西方的管理科学的元素融合进来，这就包含了两种整合。这样整合起来的系统，可能是一个最重要的系统，是全球化可能最需要的一个系统。我认为 C 理论所代表的中国创造力的这个体系可能最具有整合性与生命力功能的体系。因为中国哲学本来就强调整体性、宏观性，强调天地人一体的思想，它与西方重视分门别类、部门研究、专家知识不同。中国人强调整体系统，也是《周易》的一个特征。这个特征在我看就是一个非常重要的认识。这一点对现代管理哲学可以做出巨大的贡献。然后它与部分性、微观性、分别性结合起来就开了一个新发展的先河，而且提供了一个新发展的基本模式。我们今天已经有了头绪与基础，问题是我们如何强力地继续向前走下去。

当然，要彻底了解以上我的所说并非容易。像刚才说的，西方知识性很强，个别需要性很强，但我们要开发一个整体性的框架，适应全球化的需要，来了解人类发展的一种管理体系，这就需要把中国的这个传统拉进来。从这个意义上来讲，中国的古典哲学实际具有多重的时代意义。它不仅对中国人的再发展有重要意义，对中国智慧再整合有重要意义，对中国人建立价值标准和行为方式有重要意义，对解决问题、消除矛盾有重要意义，而且对人类的再发展，对全球化的基本需要，对如何融合西方或提供西方新的发展方向也有重要意义。所以它的重要性是多重的，这就是它的时代意义。

我说了这么多，并不只是抽象地说，概念地说，我的所说是可以用在实际上面的，是可以用在工作上面的。这就需要我们进一步再去挖掘，并探讨怎么用的问题，在哪些地方用，在哪些条件下用，要达到什么用的效果。中国管理体系的操作性，它的具体的应用性，是可以去关注的一个问题。这一点西方人是要向中国学习的。西方人看到了中国的这种成功。这个成功，就像是洋山深水港，你不能把它只看成是一个巨大的工程的成功，你要看它代表着中国人在艰苦卓绝的精神之下创造的一种智慧的成功。

李冲锋：应该看到它的那种伟大，看到它背后支撑着的那些东西。

成中英：它背后的精神、这种力量，它的理念，它基于中国人的信念，中国人的那种刚健自强的精神，克服万难的精神。在中国是可以深刻体验到这些的。没有这些，再有多好的技术、多好的知识，也不一定能创造一个具有美感与善意的工程。那些外国人很惊讶：怎么做出这么一个东西出来？最有意思的是一个英国教授，他说，你们中国人怎么会做到这一点？我给他的回答令他吃惊。我说，中国人跟西方人不一样，中国人是和天地一块工作的。西方人信仰的上帝高高在上，而中国人的"上帝"是在中国人的心中，所以中国人拥有那种勇敢和开放，因为他是为"上帝"而工作，"上帝"也是为他而工作。

李冲锋：他们的上帝是在"上面"的，我们的"上帝"是在心里的，是与我们一起工作的。这个回答太棒了。

成中英：无论你怎样说，你一定要有个上帝来规定，其实那个上帝也是你的精神，是你的精神在指导你，那你怎么开发你的精神呢？后来，那个英国教授问了一个更奇怪的问题：你们做出这么大一个大桥出来，那这些岛是真的岛，还是你们做出来的岛？我说，我可以告诉你，这个岛是真的岛。中国人是配合天地之创造力来发挥自己的创造力。所以这样做出的东西来才具有鬼斧神工的那种精神，所以它也是一种"上帝"的奇迹，它也是一个锄头一个脚印、一个锄头一个脚印地耕耘出来的。它的每一个桩都是打出来的，都是靠人的群策群力造出来的，只是说，我们有同一个意志，我们有同一个信念，我们去做，用我们共同的智慧去创造。我们不需要有个上帝来指挥，"上帝"是内在的，"上帝"就在我心中，"上帝"为我工作，我为"上帝"工作。这就是中国的哲学智慧。

中国古代领导思想的当代价值[①]

【阅读指要】

中国古代领导思想在当代仍然具有重要的价值和意义。本篇对儒家领导思想、道家领导思想、法家领导思想、兵家领导思想及墨家领导思想进行了综述。

中国古代许多著作包含着丰富的治国理政的领导思想。这些领导思想在历史上曾经产生过不同的影响。在今天看来，这些领导思想仍然具有借鉴价值与实践意义。多年来，人们不断对其进行着探讨。本文选择先秦诸子百家中具有代表性的五家，即儒家领导思想、道家领导思想、法家领导思想、兵家领导思想与墨家领导思想作为研究对象，对2006—2008年间研究者的研究及其当代价值加以综述。这期间，管理学、领导学界及管理—领导实践界对五家领导思想展开了多方面的探讨，发表了大量相关论文并且出版了一些著作。这些著作如李锡炎主编的《中国古代、近代领导思想述评》、田广清等著的《中国领导思想史》等。本文以发表的论文为主。一般认为，领导学是管理学的分支学科。有人认为，领导与管理是有所不同的两回事情，但也有人认为领导与管理在一定程度上是同义语。从所收集到的材料来看，虽然有些研究贯以"管理"的名义，但就其内容来看，说

[①] 本文系为《中国领导学研究（2006—2008）》一书所写的综述，发表在于洪生主编：《中国领导学研究（2006—2008）》，北京：人民出版社，2010年3月版，第59—111页。本文注释保持了原书注释方式。

是"领导"亦无不可。鉴于领导学与管理学特殊且亲密的关系，以及当今研究界仍然有许多人习惯从管理学的角度来看待与研究古代领导思想，本文把以管理思想作为研究对象的论文或从管理角度研究古代领导思想对当代管理关系的文章，亦列为探讨的对象。

一、儒家领导思想的当代价值

儒家思想在诸子百家中脱颖而出，成为影响中国历史发展最为深远的重要思想流派。这种影响一直延展到今天。以孔子、孟子、荀子为代表的先秦儒家的领导思想对今天的管理与领导理论和实践仍然具有重要的价值与意义，论者们从多方面对此进行了探讨。

（一）儒家管理思想体系的价值

有些论者从儒家思想的整体出发考察儒家领导思想系统及其当代价值。

张素玲认为，先秦儒家领导思想是中国优秀传统文化的重要组成部分，具有极大的思想影响力和文化传承性。以人为本的仁爱思想、主张为政者的修身、重视道德教化、强调礼的规范化制度等是先秦儒家领导思想的主要内容。在今天，研究先秦儒家领导思想的特点和现代价值，对于构建马克思主义领导学理论体系，繁荣和发展中国特色马克思主义领导学，提升领导者的领导水平和治国理政能力，依然具有重要的现实意义。〔张素玲，2006（4）〕

陈元义认为，儒家天地人思想："一贯三为王"，"王道通三，参通天地人为王"，儒家天地人管理思想主要由管理王道来贯通，俾能表现管理现代价值。儒家天之王道管理的现代价值表现在：顺应天人——管理的历史价值，继绝举废——管理的复兴价值，行仁之道——管理行仁价值，管理天道——管理的天道价值。儒家地之王道管理的现代价值表现在：仁民爱物——管理的爱物价值，厚往薄来——管理的往来价值，保息养民——管理的保民价值，管理地道——管理的地道价值。儒家人之管理王道的现代价值表现在：以德服人——管理的德治价值，济弱扶倾——管理的济助价值，保民而王——管理的保民价值，管理人道——管理的人道价值。〔陈元义，2008（1）〕

郭生纺认为，孔子创立的儒学思想蕴含深厚的管理思想，其中以人为本是管理实质，道德教化为管理手段，修己安人为管理过程，知人善用为管理艺术的管理思想体系，蕴含着丰富的智慧，足以成为现代管理理论与实践的资源。孔子以人为本的管理思想，肯定人的价值，把人放在首位，克服了西方管理思想中忽视人的弊端。在尊重人，重视人自身的同时，提出推己及人。这种仁爱精神超越了个体，扩展到除己之外的他人，把仁爱精神升华，促进了人与人之间的和谐相处，弥补了因人类异化而带来的冷漠与猜忌。孔子为政理论集中阐述了自律与他律的意义，指出了人格素质的培养和道德教化在管理中的重要作用，使"修身"与"治国"联系进来，增强了个人的责任感，把个人主观的责任与命运和国家的兴衰联系起来，提高了个人的修养，同时提高了国民素质，使好的领导与民众结合起来，形成良好的社会风尚。孔子知人善任的理论可以启发我们在管理中建立科学合理的人事制度。要尽量吸引具有长远眼光和战略观念的贤者上升到领导岗位以使管理更加顺畅有序。我们应将孔子管理思想中的合理成分与现代管理思想有机结合，形成富有中国特色的新的管理体系，为经济建设、社会发展服务。〔郭生纺，2008（12）〕

李小莲认为，儒家政治智慧内容十分丰富，尤其以"人本民本，富民教民，为政以德，尚贤使能，统治者以身作则"等为经典。儒家的政治智慧对今天的中国特色的社会主义社会建设有很大的借鉴价值。表现在人本、民本思想奠定了我国政治文明建设的思想基础，富民、教民思想是我国建设和谐社会的起点，德治思想是我国实施"依法治国"和"以德治国"相结合的治国方略的思想渊源，尚贤使能思想对我国改革用人机制提供了借鉴，统治者要"以身作则"的思想对加强我国干部队伍作风建设有诸多启示。〔李小莲，2007（4）〕

张俊伟等认为，儒家思想所奠定的文化平台能让中国企业管理者们大有用武之地。（1）人本是儒家人本主义理念的哲学基础。儒家管理思想的最大特点是重视人，深信价值之源内在于人心，天地间以人心为贵，肯定人的首要地位、注重人的全面发展。基此而言，儒家文化的管理思想契合现代"人本主义"管理理念。肯定人在管理活动中的首要地位，注重人在管理过程中的全面发展。（2）人性是儒家人本主义理念的核心内容。儒家思想是充分肯定人性的，肯定人性是为了顺应人性、改造人性以实施管理活动。儒家管理思想主张满足人性中的各种正常要求，充分肯定了人的需求的客观性。满足人的需求是现代企业人力资源管理激励理论的核心问题。保障管理系统中人的最基本的生存权利，满足他们赖以生存的物质需求，是效实现激励、调动员工积极性、实行人本管理的前提。（3）仁政是儒家人本主义理念的实践策略。儒家的仁政以"爱人"为本，以"守礼"为原则。儒家的管理思想认为，"礼"是"仁政"管理中的外在行为规范，有着重要的约束作用。这提醒管理者，虽然要重视通过激励性制度及教育引导实行"爱人"为本的仁政，也要重视建立秩序性、引导性、保障性、防范性的管理制度，通过合理、完善、有效的约束性制度，规范员工行为，使各项工作有章可循，提高管理质量与效率，达到"道之以德，齐之以刑，有耻且格"的管理境界。〔张俊伟等，2008（12）〕

廖永红认为，荀子在其"人性恶"的人性假设之上，以"明分使群"为理论基础，以维护封建等级制度为出发点，系统地提出了"隆礼重法"的社会管理思想，强调以礼义道德为根本，以法律制度为辅助，将礼治与法治紧密结合，以保证整个社会的井然之序，对中国两千多年的封建社会产生了深远而深刻的影响。在建设有中国特色社会主义和致力于构建和谐社会的今天，其思想中也有许多值得我们借鉴和启迪之处。〔廖永红，2006（9）〕

马新才等认为，孔子的管理理论主要包括：以德行政、诚信为政、率先垂范、勤政躬行等论断。同时，还提出了如何选拔人才，在施政中既要谨慎，又要果断；既要三思而行，又不要犹豫不决；作为行政者，应"尊五美，屏四恶"，着力提高管理能力。他的这些理论对现代的管理实践仍然具有一定的借鉴意义。〔马新才等，2008（2）〕

李桂华认为，以先秦孔子、孟子、荀子等为代表的原始儒家思想"为政"理念主要包括：以民为本、修己安人、隆礼重法、中庸之道、实行仁政、节用裕民、以和为贵、选贤任能。学习儒家"为政"理念推进服务型政府建设要做到：树立以人为本的发展观，树立执政为民的政绩观，树立依法行政的法制观，树立科学民主的决策观，树立从严治教的责任观，树立勤政廉洁的权力观。〔李桂华，2008（5）〕

（二）儒家具体管理思想的价值

1."天人合一"与和谐社会构建

夏显泽认为，儒家"天人合一"思想从人与人、人与社会、人与自然和谐三个向度体现了对和谐社会的价值追求。因为"民胞物与"是其基本态度，"思知人，不可以不知天"是贯穿于始终的主线，赞天地之化育是其归属。"天人合一"所体现出的对和谐社会的价值追求，是我们构建社会主义和谐社会不可或缺的思想资源，它有助于我们全面、正确地领会社会主义和谐社会的含义，加快构建步伐。人与人、人与社会之间的和谐是社会主义和谐社会的主要内容；人与自然之间的和谐是社会主义和谐社会的前提和基础。〔夏显泽，2006（3）〕

田广清认为，儒家和谐治理观对历史中国和现代东亚国家的巩固和发展起了重要作用，并可以为当今中国和谐社会的建设和国家治理提供可资借鉴的思想资源。但由于其存在着理论与制度不同构、制度资源太少的根本性缺陷，不能作为解决当今社会政治问题的现成方案。欲实现社会和谐和长治久安，必须重构现代治理观，走出重"政治人"建设轻政治制度建设的历史误区，开辟一条靠制度执政、靠制度治国的新路。制度建设和创新的核心是民主与法治，其中又以党和政府的制度改革为重点。对战略策略做出理性化的选择，则是制度变革成败的关键。〔田广清，2006（3）；田广清等，2006（3）〕

沈春梅认为，传统儒家和谐社会与社会主义和谐社会的本质区别在于：传统儒家和谐社会是一个德性优先、贤人政治、片面和谐的社会，而社会主义和谐社会是一个德法并重、依法治国、全面和谐的社会。〔沈春梅，2008（3）〕

2. "仁政"管理思想的当代价值

在儒家看来，管理的本质是"治人"，管理的前提是"人性"，管理的方式是"人治"，管理的关键是"得人"，管理的组织原则是"人伦"，管理的最终目的是"安人"，总之，一切都离不开"人"。孔子的"仁学"思想，从管理哲学的角度来看，包括"修己"与"安人"两大原则。它首先要求社会统治和管理者，按"仁学"体系的要求进行自我修养，陶冶性情，成为仁德贤明的君主，然后用"仁"的原则去管理国家、社会和人民。"仁学"的管理思想在现代社会的管理价值主要表现在如下方面。一是"仁学"管理思想对于东亚地区经济的崛起起了重要作用；二是以"仁学"管理思想为代表的中国传统文化，正在走向世界；三是"仁学"管理思想对于弥补现代西方管理文化的缺陷具有重要作用；四是"仁学"管理思想伦理观念对于挽救现代人的精神和道德失落，具有积极的借鉴价值和指导作用。上述四个方面是从"仁学"管理思想的现代转换和走向世界的角度说明的。它揭示了两个重要事实：第一，"仁学"管理思想作为中国传统伦理文化的中心内容源远流长，在当代仍充满生机活力，可以转化为现代人迫切需要的精神财富；第二，"仁学"管理思想虽然产生于中国传统农业文明时代，原本是自然经济和宗法等级制度下的社会伦理思想，但在现代市场经济和民主法制条件下，仍然具有无法替代的道德约束力量和伦理促进效应。因此，传统的儒家社会伦理，既可以转化为现代社会伦理，又可以转化为现代经济伦理，并由此形成现代社会以仁为本的人生观，以人为主的管理观，以义取利的经济观和国家利益优先的发展观。这四种观念对于我国建设社会主义市场经济体制都具有十分重要的作用。〔胡纯华，2008（9）〕

赖慧文认为，儒家思想主张"仁"道，提出了"仁者爱人"的思想，强调"得道多助，失道寡助""天时不如地利，地利不如人和"。这些都深刻体现了儒家的人本主义思想。因此企业经营者人重视人的价值和人格，即"民为贵"；要正确把握人性的本质，推己及人，"己欲立而立人"。企业要关心人、理解人、重视人、依靠人、尊重人、凝聚人、培育人，最大限度的开发人力资源。〔赖慧文，2006（9）〕

周育平认为，孔子的"仁政"管理思想主要包括如下原则：为政以德，这是"仁政"管理思想的纲领；忠孝修身，这是"仁政"管理思想付诸实施的前提；礼乐教化，这是"仁政"管理思想的基本手段和措施；见利思义，这是"仁政"管理思想的道德规范，也是衡量一个人能否"成仁"的标准；选贤任能，这是"仁政"管理的重要组织和干部路线；博施济众，这是"仁政"管理的最终目标。孔子"仁政"管理思想和管理原则，是在继承发扬中国远古以来业已存在的德治传统的基础上，创造升华的一种伦理型社会管理理论。它的作用绝不仅仅限于为封建统治者服务，而是逐渐演变成为一种普遍的伦理道德学说，构筑了中华民族传统文化的主体内容之一，对后世社会产生了重大而深远的影响。

孔子"仁政"管理思想在现代社会的价值，主要表现在以下三方面。其一，"仁政"管理思想的基本管理原则，具有一定的普遍性，对于现代管理文化的建设具有借鉴意义。从狭义讲，"仁政"管理思想是处理管理者与被管理者的关系的管理原则；从广义讲，"仁政"管理思想是处理全社会的人与人之间的关系的基本原则，从而使整个社会建立和谐、稳定、友好、文明的生活方式。其二，以"仁政"管理思想为代表的中国传统文化，在经受了 20 世纪初以来西方文化的严峻挑战后，不但显示了顽强的生命力，而且正在走向世界，成为一种世界文化，其现实价值得到了世界人民的充分肯定。其三，"仁政"管理思想对于缓解现代西方个人中心主义价值观念所带来的精神危机，弥补西方管理文化的根本缺陷，促进新型人类管理文化的形成，具有重要作用。〔周育平，2006（6）〕

谢树放认为，孟子继承发挥孔子仁学德治思想，提出以民为本的仁政学说，经剔除其封建糟粕，具超时代超阶级的积极意义。孟子仁政说中保民而王、亲亲仁民、与民同乐及制民之产以安民富民的思想，其积极意义、历史贡献须充分肯定。它对我们今天促进加强社会主义政治文明、精神文明建设，尤其对提高党政干部为人民服务的自觉性，加强党风政风建设，对促进全面建设和谐小康社会，有现实意义，须大力弘扬。〔谢树放，2006，（1）〕

陈晓光认为，"德治"是儒家管理思想的核心和最典型特征。"修身、齐家、治国、平天下"既是儒家德治思想的出发点，又是它的主要内容。儒家"德治"管理思想建立在民本主义思想基础之上。儒家"以德为先"的思想，与党中央确立的"以德治国"的方略是内在统一的，研究这一思想对当前社会发展有现实意义。〔陈晓光，2006（3）〕

3."中庸思想"的当代管理价值

吉献忠认为，孔子的中庸思想是理性智慧和思辨哲学的集中体现，是一种成熟的管理观念形态。中庸思想具有"和而不同""过犹不及"，以及"时中"与"权"等特质。中庸之道从本质上说是一种哲学思维方法，是一种辩证法，它要求我们在看待和处理问题时应不拘一格，力求达到"恰如其分"的境界。因此，在社会生活中，中庸思想具有重要的管理价值。一是"和"的管理协调功能。管理说到底是做人的工作，"和"之思维方法能系统地协调人际关系，使社会、组织呈现和谐之态。二是"经权合一"的管理方法论。"经权合一观"是中庸思想中十分重要的实践方法论，它要求管理者一方面要把握永恒不变的基本原则，更重要的是要因地制宜、因时制宜、因人制宜。作为一种思维方法，中庸其实就是"叩其两端"。"两端"即矛盾的对立双方，即对立双方的统一、协调、均衡的交叉点。因此，儒家认为，要执中，就必须反对过与不及两种错误动向。在实践中，管理者在抓职工的思想作用和调动积极性时，往往采取"抓两头带中间"便是这种思想的典范。因此，对管理者来说，在管理中执经达权而取其中，就既要坚持中正之道，又要敢于打破常规。〔吉献忠，2007（2）〕

杨勇认为，儒家的"和而不同"思想构成了中国处理各种社会矛盾和各类关系的思维基础，这一思维方式具有重要的现实意义。"和而不同"思想在企业跨文化管理过程中可以继承并发展，将二者有机结合将成为跨文化管理问题研究的新视角。"和而不同"为企业跨文化管理提供组织保障，可充分发挥企业家的精神。〔杨勇等，2006（19）〕

4. 儒家"民本思想"的当代价值

丁艳平认为，民本思想是儒家政治哲学的核心价值，是一种重视民众在社会生活和国家政治生活中的重要地位的思想。在中国两千多年的封建历史上曾为调和社会阶级矛盾，维护社会稳定发挥过重大作用。虽然儒家的民本思想有局限性，但是今天，我们重新挖掘儒家民本思想的文化内涵对于构建社会主义和谐社会仍然具有重大意义，可从以下三方面探讨。一是尊重民意的价值观念。坚持以人为本的治国理念，在现代的历史条件下，赋予了新的内涵，主要应关注为民用权、为民谋利、理顺民心三个问题。二是关于为政以德的官德素质。人的和谐，除了法律的规范之外，就是要求人自身素质、文化、修养等提高，尤其是当前我国的法制还不够健全，德治是法治的有益补充。三是关于义利统一的施政准则。我国正处在社会转型时期，只有坚持适应社会主义市场经济的道德体系，正确判断市场中的善恶是非不随物欲之流而漂浮，才能有利于经济的发展、社会的进步。很显然，中国传统道德中的"义"在市场经济条件下的道德观中还是有合理的解释和合适的位置的。〔丁艳平，2008（3）〕

李绚珣认为，"以民为主"的群体本位的管理思想是儒家管理思想的核心，体现在现代管理中就是"以人为本"，企业管理中的"以人为本"就是做到以员工为本，以顾客为本，以社会为本。企业只有以人为本才能不断发展。〔李绚珣，2008（10）〕

刘海燕认为，儒家民本思想在现代企业管理中的实践表现在如下方面：管理注重"以人为本"；民本思想所主张的"以义统利，以信观仁"是企业长久经营的宗旨；儒家民本思想在企业管理上"以德服人"；儒家民本思想强调挖掘人的潜力，关心人的进步；儒家以人为本的管理理念强调个人对社会、对国家的责任感。〔刘海燕，2006（11）〕

（三）儒家领导思想与企业管理

1. 儒家思想对企业管理的积极促进

龚喜春认为，孔子提出的"性相近也，习相远也"的人性思想，对今天的企业管理正确地把握人性，从而采取恰当的管理方法不乏借鉴价值。孔子把人性分为"性"和"习"两个范畴，充分提示了后天环境对现实人性塑造的作用，从而在现实人性问题上，避免了陷入先验论的泥潭，而率先树立了人性可塑的理论。既然人性是后天环境塑造的，在好的环境下就会变得善良，在坏的环境下就会变得丑陋，在企业管理中就要努力塑造一种诚实守信、宽恕奉献、先义后利、敬业创新、协作拼搏、好学上进的文化氛围，从而弘扬人性中善的一面，抑制恶的一面，引导员工的现实人性向善的方向转化。要实现这一目标，首先，企业领导人要以身作则；其次，把企业倡导的价值观转化为具有可操作性的管理制度；再次，树立模范人物，宣传企业精神。既然人性中既有善的一面，又有恶的一面，企业管理中就要坚持德治与法治相结合的原则。通过德治，对人性善的一面加以引导、弘扬；通过法治，对人性恶的一面加以抑制、改造。孔子关于人性的另一观点是"唯上智与下愚不移"。意即唯有上等人和下等人是不可改变的。也就是说，并不是每个人都能够通过环境塑造成性善者。尽管孔子的这种观点带有的"先验论"的色彩，但现实生活中确实存在出淤泥而不染的性善者和根本改造不出来的性恶者。既然世上总有少数人难以教化为性善者，那么对企业内部现有的员工，就不要奢望通过企业文化建设来引导每个员工人性向善，将企业利益、同事利益与个人利益结合在一起，抛弃极端自私的观念。企业里有这样的员工，应毫不留情地删除掉。因为改造人性不是企业的责任，犯不着去做自己做不了的事，只能将这少部分人交给社会去改造。既然"唯上智与下愚不移"，在招聘员工中，就尽可能地聘用"上智者"，避免招进"下愚者"。企业一定要把好进人关。〔龚喜春，2006（2）〕

　　金长健认为，儒家思想主张"天生万物，维人为贵"，治理国家应"民为邦本，本固邦宁"。这启示我们在企业管理中，要关注员工的精神上和物质上的需要，将企业目标和员工的个人目标有机地结合起来，以最终实现企业的预定目标。我们看到，"极高明"正是在"道中庸"的过程中实现的。自形上之道始，以阴阳而立天，以刚柔而立地，以仁义而立人，实为不断一分为二又和合为而一，再一分为二复和合为一的过程。仁义和合而有礼仪、风俗、制度。偏于制恶则为法，偏于扬善则为乐，礼居德、法之中。所以在企业中，我们对人的管理应该树立人才战略管理理念、人文管理理念、形象品牌管理理念、企业伦理管理理念，以及知识价值观念、人才资本观念和多元和谐的新竞争观念。〔金长健，2008（1）〕

　　何军认为，从儒家文化中汲取精华，纳入企业管理和企业文化建设之中，继承创新，学习扬弃，光大超越，必将形成企业加快发展的不竭动力。自强不息是儒家文化的精髓。弘扬自强精神，增强忧患意识，实现企业持续快速发展是企业应对竞争压力、解放内部矛盾的关键所在。人本思想来源于儒学。继承传统的人本思想，要求企业必须创建以人为本的企业文化，切实把人作为目的而不是手段，努力使企业人力资本不断升值，谋求企业与员工的共同发展。学习超越传统的忠诚文化，建立企业与员工、企业与客户间双向多维的现代企业忠诚理念，是企业生存发展的根本。搞好企业管理，除了不断加强制度建设等刚性管理外，还必须全面导入以律己修身为主要内容的儒家柔性文化，做到柔性管理与制度管理的有机结合，刚柔并济，全面强化。和谐共处作为传统美德贯穿整合于儒家管理伦理中。企业应当与其所处的内外环境和各结构性要素之间协调统一，企业内部必须各履职责，分工协作，上下同欲，共谋发展。〔何军，2006（3）〕

吴红伟认为，儒家思想对现代企业管理的价值主要体现在：以人为本，以义统利，以信取仁，勤劳节俭，严于律己，重才尚贤。〔吴红伟，2008（8）〕

黄辉龙认为，儒家思想对现代企业管理的启示在于：建立"以人为本"的企业价值观，建立和谐的经营管理理念，建立"义利"相统一的企业经营理念。〔黄辉龙，2006（2）〕

万友根认为，市场经济要求伦理道德在现代企业管理中发挥协调作用，以抑制人在对利益的无限追求中所造成的人的价值迷失与社会的秩序失衡。儒家伦理突出了对人自身的关注及对人类共同体的终极关怀，更强调人本主义、普遍和谐、责任意识，等等。这些观念内化为企业的伦理意识，影响到企业家精神，企业伦理和企业文化的培育，这是儒家伦理在企业管理中存在的理由。现代企业可把儒家伦理优势转化为竞争优势，实现利益相关者的共赢。〔万友根，2006（4）〕

郭宇认为，儒家领导思想的时代价值可从儒家领导思想对日本企业经营方式的影响，对新加坡企业经营方式的影响，对韩国的影响，对我国企业经营方式的影响等方面来看出来。儒家领导思想及其对现代领导科学研究的时代价值，是理论界探讨"传统文化与现代领导科学研究与发展关系"的一个重要内容，也是当今我国构建和谐领导和一个理论根基。建立儒家思想与和谐领导的关系，应辩证地看待儒家领导思想，儒家领导思想随时代而"转型"，要取其精华，批判与继承。〔郭宇，2008（1）〕

2. 儒家文化对企业管理的消极影响

传统儒家文化对我国企业人力资源管理的消极影响，具体表现在如下方面。（1）重德治而轻法制的倾向。表现在企业人力资源管理上，常以非理性的伦理道德观念为原动力。它过分重视德行管理，忽视企业规章制度的作用。结果导致企业员工无章可循、有章不循、违章不究的现象司空见惯。规章制度停留在嘴上、纸上，而不能见之于行动。这种"德治"虽在一定程度上给企业带来和谐，但企业毕竟不是一个家庭。作为社会的经济组织，需要一个客观公平的标准对其成员的思想和行为加以约束和规范。（2）重均同而轻个性的倾向。在企业人力资源管理上，主要表现为：更偏重于那些重总体，轻个体的学说；没有完善的竞争和激励机制；在企业职工个性上，共同性胜于特殊性，群体性高于个性。（3）重传统而轻变革的倾向。千百年来，中国农村的自然经济管理一直占主导地位。一方面是家长专制式的管理关系和纲常礼教，另一方面是"天不变，道亦不变"的传统守旧思想。这种因循守旧，知足常乐，处事退缩，不思进取的倾向至今深深影响着当代企业的管理思想和行为。〔李洁，2006（9）〕

杨光辉认为，以儒学为代表的伦理型管理思想可概括为"修己"和"安人"，即以自我管理为起点，以社会管理为过程，最终实现"平天下"之目标。格物—致知—正心—诚意—修身—齐家—治国—平天下，是其管理思想的逻辑演绎，而管理的模式和方法没有本质的差异，对家族的管理方法同样适用于企业和国家，这样就形成了以家族管理为出发点的中国传统管理思想。伦理型管理是由己及人来看待社会，把治家的伦理道德准则及管理方法运用于企业及国家管理中，要求企业成员要像父子、兄弟一样相处，结果导致了在管理中讲人情、讲关系，平均主义大锅饭。这种管理方法企业内部人际关系比较融洽，但内部交易成本太高，企业对员工饮食起居、生老病死考虑的较多，领导要花大量的时间和精力去做人的思想工作，结果员工的积极性、创造性还是不高，企业经济效益差，企业目标变成了社会福利目标。家族式管理任人唯亲的现象严重。他们在处理人际关系时按亲疏远近而非因才适用，因此在组织内产生"自己人"和"外人"的差别。外人为了生存也就趋炎附势，拉帮结派，形成"你群""我群"的派系。有时会造成企业"内讧"。因此，家族式管理要么凝聚力很强，人际关系融洽；要么内部四分五裂，派系纷争。〔杨光辉，2008（9）〕

冯学梅认为，儒家思想对华人商业组织管理习惯存在以下不良影响。一是尊重权威，形成家长权威制度。这种制度中权力过分集中，有一定的长处，也有它的短处。二是"家族主义"或"泛家族主义"倾向普遍存在。当家族企业在市场竞争中，其内部交易成本大于那些非家族企业的竞争对手、造成竞争力低下时，那么家族企业是不合理的和低效的。三是重人情而轻法制的偏向。它过分重视人情管理，忽视企业规章制度的作用，结果导致一些企业无章可循、有章不循、违

章不究的现象司空见惯。规章制度停留在嘴上、纸上，不能见之于行动。〔冯学梅等，2007（6）〕

解晓燕比较了儒家传统管理思想与现代企业柔性管理的差异。一是儒家传统管理重专制，现代企业柔性管理重民主；二是儒家传统思想重保守，现代企业柔性管理重变革；三是儒家传统管理重义轻利，现代企业柔性管理义利统一；四是儒家传统管理重均同，现代企业柔性管理重个性。通过比较，可以得出的结论是：儒家管理思想自身存在不足，与现代企业管理不相适应。柔性管理是现代企业管理发展必然趋势，所以将儒家传统管理思想提升为现代企业柔性管理是促进企业柔性管理的措施。〔解晓燕，2008（5）〕

（四）儒家领导思想与领导素养

郑晓华认为，儒家的德治理论十分重视领导者的人格影响力，认为领导者应该是有德有才之人，具备仁、义、礼、智、信等道德修养，也同时也构成了儒家人格论的全部内涵。儒家的论断要求领导者把关注的重点放在自己的道德修养上，塑造和提升自己的道德影响力。儒家的这些思想并没有过时，和现代领导学的很多东西有着惊人的相似。现代领导者造就人格魅力要注意如下方面：克己——强化自身修养，应当从克己做起。孔子讲"克己复礼"，孟子讲"寡欲"。克己奉公、无私奉献是威信和人格力量的源泉。服务——服务是领导价值的重要体现，是领导的基本属性。安民、富民、求治去乱是儒家孜孜以求的目标。现代领导活动中，造福于民应成为一切政治、经济行为的基本价值取向。尊重——在以人为本的主张得到普遍认同后，正视人性、满足合理的人性需求，成为现代领导者必须谨记的道理。领导者要对人宽厚，关心下属的生活、利益和愿望，虚心听取他们的意见，以平等的态度对待下属，同时不把责任推诿给下属，不迁怒于他人，如孔子所说"己欲立而立人，己欲达而达人""己所不欲，勿施于人"。〔郑晓华，2006（4）〕

舒丹等认为，孔子创立了德性伦理学与政治伦理学相统一的原则，其伦理思想对现代社会仍有巨大影响。（1）孔子主张德政，反对以杀戮无道使国政趋向清明的"霸道"。如果排除孔子德政思想中的阶级成分，其思想对促进领导干部的政治道德建设，维护社会稳定，仍然有着重要的借鉴意义。它从根本上要求领导干部为人民掌好权，用好权，全心全意地为人民服务，要有爱民、为民、富民、利民、安民的意识。领导干部必须以自身的良好行为做出表率，然后才能教化人民，这是孔子的"为政以德"的德政思想的借鉴。（2）孔子重视义利的关系问题，赞成"见利思义""见德思义"，用义即道德来指导和决定利益。这种重视道德对物质利益的反作用，重视民利，强调个人的和局部的利益，应该服从整体的全局的利益的观点，对于领导干部的政治道德建设来说是极为重要的。领导干部除了拥有正当的个人利益之外，并没有特殊的利益，他们是广大人民群众利益的代表，当个人利益和广大人民群众的利益发生冲突时，一定要把人民的利益放在首位。用孔子的义利观指导人生，应该是不计较个人享乐和个人得失，一切以整体的利益为目标。必要的时候，还要为了人民的利益不惜牺牲个人利益。清正、廉明是领导干部的政治道德建设中的重要问题，领导干部一定要树立廉洁为最大美德，以腐败为最大耻辱的观念。在金钱面前，万不可见利忘义，损公肥私，而要廉洁从政，一尘不染。（3）孔子建立了"仁"为核心的道德规范体系，仁的基本内容是爱人、忠恕之道和克己复礼。爱人就是人和人之间有同情心，相互关心爱护，相互尊重。"爱人"不仅要求领导干部内部要互相尊重相互爱护，更要求领导干部要爱民。领导干部要坚持全心全意为人民服务的最高宗旨和道德准则，把为人民谋福利作为一切工作的出发点和归宿点。领导干部一定要掌好权，用好权，实现好、维护好、发展好人民群众的利益。这也是"孔子"的伦理思想在领导干部道德建设中的体现。所谓忠恕之道就是将心比心、推己及人的方法，这是孔子实行仁的基本方法。领导干部任何时候都要设身处地为人民着想，想人民之所想，急人民之所急，尽力为人民办好事。"克己复礼为仁"是仁的基本途径。将"礼"理解为脚踏实地、清正廉洁、坚持真理的道德规范时，"克己复礼"是进行领导干部政治道德建设的有效途径。（4）孔子十分重视自我修养，"学""思""行"是其主要途径。学，对现在的领导干部来说就是要学习马列主义、毛泽东思想、邓小平理论和"三个代表"重要思想，树立正确的世界观、人生观、价值观，从而为领导干部加强政治道德修养提供理论依据。对领导干部来说，还要提高主体政治道德修养的自觉性，使他们把社会主义道德要求，逐渐变成自己的内在约束力。这要通过不断的自我反省、检查自身、审视自我来达到。孔子"行"的道德修养思想，要求领导干部具有良好的政治道德行为，主要表现为要有合乎道德的工作作风和行为习惯。〔舒丹等，2008（4）〕

　　魏彩霞认为，为了实现仁政德治的政治理想，孔孟儒家非常重视对官德问题的探讨，在提出丰富的具有意义的思想的同时，也具有不可忽视的内在缺陷：官德修养上的道德精英主义，造成民众社会监督机制的缺乏；官德修养上的道德绝对主义，造成重德轻才的失衡；官德修养上的道德理想主义，造成实际道德的虚无；官德修养上的道德宗法主义，造成人情政治横行；官德修养上的道德义务主义，造成外在法制规范的缺失。挖掘儒家传统管理思想中的缺陷并寻求解决之道对于今天的官德建设具有借鉴意义。〔魏彩霞，2006（3）〕

张泽一认为，"仁""礼"和"中庸"是儒家管理思想的精髓之一。"仁"告诉职场领导如何以人为本，有效沟通；"礼"告诉职场领导怎样制定和制定怎样的规章制度；"中庸"告诉职场领导硬性管理和柔性管理的完善统一。仁礼并用，执中达和，三者相互补充，相得益彰，对于提高职场管理水平的重要的启迪作用。〔张泽一，2008（6）〕

陈良认为，中国的企业家应把儒家内圣外王的人格理想纳入追求的方向，用儒家精神支撑、涵养企业家的内在品格，为企业精神确立一个合理的伦理动机和价值规范，建立东方优秀的企业家精神。"修身为本"思想为企业家提供了一种人力资源意识；儒家思想中义利合一思想为企业家树立正确的经营理念；"和为贵""变则通"的精神，为现代企业管理营造了一种良好的人际环境。主张把儒家思想与培育有中国特色的企业家儒家思想的契合，并不是复古，而是一种民族文化的复兴，这种复兴是与当代社会的现实环境相适应的复兴，是复兴中华民族的重要因素，实际也是儒家思想的精神所在。〔陈良，2006（1）〕

王贺认为，数千年的政治实践过程中，儒家伦理思想表现出的是一种家国同构的伦理政治，其对中国社会发展产生了深远的影响。在今天我国公务员行政伦理的重构中，儒家伦理的修身思想、礼法思想、民本思想等，对公务员的自身修养、行政理念、价值观的培育具有重要的借鉴意义。〔王贺，2008（6）〕

二、道家领导思想的当代价值

以老子和庄子为代表的道家是儒家之外对中国影响最为深远的思想流派。道家领导思想在一定历史时期曾经对社会的发展起过重要的推动作用。在今天，道家领导思想仍然具有重要的借鉴意义与实践价值。

（一）道家管理思想与现代管理

韩琳等认为，老子的管理思想对现代管理理论的发展具有重要启示意义。

（1）"无为而治"的管理宗旨。老子的管理思想是以"道"为基础的。道法自然，"道"的基本特性就是自然，反映在管理思想上就是"无为而治"。它要求管理者遵循事物发展的客观规律，正确决策与领导，减少对决策执行活动的干预，反对瞎指挥及强作妄为。所谓"无为"，并非"不为"，而是不要"强为"。无为而治的管理模式将尊重人、关心人作为管理的出发点，对人类管理有着永恒的启示。（2）以人为本的管理思想。老子强调管理者应该以人为核心，这是搞好管理的根本。老子曰："故道大，天大，地大，人亦大。域中有四大，而人居其一焉。人法地，地法天，天法道，道法自然。"人与天地道具有同等的地位，强调了人的重要性。企业要发展，国家要富强，必须坚持人本理念，尊重人，重视人才，调动人的积极性和创造力，让他们成为真正的主人。关于人的使用，老子说"我无为，而民自为化"。主张管理者用无为的方式管理人、使用人。关于人的培养，老子说"道生之，德畜之，物形之，势成之。是以万物莫不尊道而贵德"。即以"道"来培养人，以"德"来涵养人。老子还认为管理者应关心百姓的利益，设身处地为他们着想："圣人无常心，以百姓心为心。"管理者若能领会和运用老子思想中所蕴含的人本思想，那么就一定能够达到管理的最高境界了。（3）上善若水的水式管理方式。老子教人管理要效法水的智慧，把水的特性化为智慧用于管理方面是老子管理思想的一个特点。水式管理主要强调管理组织的灵活化，制度的非刚性化，方法的情感化，人际关系的和谐化。管理活动应如同水随势附形一样善于灵活变化、因势利导，善于把握时机，如此则可做到游刃有余，左右逢源。（4）反者道之动的管理艺术。"反者道之动"是指事物向相反的方向变化，这是"道"的运动规律。这一思想包含着非常丰富的内涵，它揭示了事物之间对立统一，相反相成的关系，对于现代管理方略有着重要的价值。〔韩琳等，2006（3）〕

　　闫秀敏认为，道家轻松管理是其无为管理的一种表现，它要求从管理者到被管理者的主观认识状态和认知能力出发进行管理。为了能够在轻松无为中实现组织的管理目标，道家着重强调了管理者"知不知"的管理认识、虚己谦下的管理修养、群策群力的管理手段和各司其职的管理条件。道家轻松管理之道向现代管理者昭示：要想摆脱劳累之苦，就不能不从自身是一个管理者的实际情况和优势出发，以虚己谦下之德行群策群力之实，进一步借各司其职之用补能力有限之憾，成轻松管理之果。〔闫秀敏，2008（4）〕

　　李慧认为，《老子》中所蕴含的管理思想对当代管理者有重要启示意义，主要有如下方面："道"是管理的根本所在；无为而治是管理的最高境界；慈、俭、不敢为天下先是管理的三宝；行不言之教是老子极力推崇的管理方式；上善若水的管理艺术；知足者富的管理心得。〔李慧，2008（3）〕

（二）道家管理思想与国家治理

郇天莹认为，老子思想对当代中国政府管理理念转型的价值体现在如下方面：第一，老子思想蕴含"有限政府"的管理理念。老子提出的政府模式是一种"有限政府"的模式。在规模上，它"小国寡民"，组织精简，人员有限，税收更有限；在行动上，它"无为而治"，听任民众自主、自为而不过多干涉，以至民众"不知有之"；在制度上，它通过"道法自然"的途径创建、维护良好的制度环境，使民从拥有"自为"的空间。我国的政府管理转型中应建设"有限政府"，放松规制。第二，老子思想倡导"结果导向"的管理取向。政府要效法天道，不妄加外力干预，以便使民众达到"自化""自正""自富""自朴"的结果。第三，老子思想符合创建服务型社会的改革方向，服务型政府必然是"无为"的政府，以人为本的政府，促进社会和谐的政府。〔郇天莹，2008（6）〕

吕有云认为，全能型统制型的政府管理模式，不仅导致管理的低效率，也给腐败现象可乘之机，为经济和社会发展带来了诸多弊端。道家"无为而治"的古老智慧可以起到纠偏作用。道家的"无为"观，旨在消解政府、管理者对民众的生产生活的不应有的干预，批评那些不顾客观规律的强作妄为。落实到政治、经济和社会管理上，要求政府或管理者在管理中要遵循如下准则。其一，要以"无为"的精神来达到"无不为"的效果。"无为"并非排斥政府的一切管理行为，只是说不要"为"得太多太滥，要有所为，有所不为，要学会"无事""好静""无欲"。其二，政府当把百姓自己能做的事，让百姓自己去做，不要横加干涉，政府只是在旁起辅助和服务作用，这就叫作"辅万物之自然而不敢为"。其三，按照"道有当为、有不当为之常理，不为其所不当为，而为其所当为"的无为管理之道，政府的所为在于，建立和维护公平公正的法律制度体系，维护良好的社会环境，营造使企业和个人良好发展的空间。"无为"管理在当前我国政府职能转变和政府管理创新中的最佳模式是"小政府、大社会"。这种模式主要体现为：第一，转变管理理念，从全能型政府转变为有限型政府；第二，实施政市分开，发挥市场在资源配置中的基础性作用；第三，实施政企分开，使企业真正成为市场竞争的主体；第四，实施政事分开，积极推行事业单位改革；第五，实行政社分开，大力培养和发展社会中介机构和中介组织，形成良好的社会与政府的关系；第六，公开审批权限，精简审批事项和审批程序，有效抑制政府职能部门的自我扩张。总之，无为管理理念下的政府职能转变，一方面体现为政府放权，把不该管也管不好的事务还回给市场、社会和企业等角色；另一方面体现为政府的服务能力和服务效率的大大提高。〔吕有云，2006（4）〕

曾宪年认为，深入挖掘老子"爱民治国"思想，全面解读这一思想的现代意义，能为今天建设社会主义和谐社会提供参考和借鉴。老子"域中有四大"体现了以人为本的思想；"政闷民淳"的仁政爱民思想，告诫领导者如果政治清明宽厚，则人民淳朴忠诚；"顺百姓心"的爱民治国思想表明，领导者要消除与人民之间的矛盾，就必须代表人民群众的利益，满足人民群众的愿望，以实现人民群众和领导者的整体和谐发展。〔曾宪年，2006（3）〕

高耀志认为，老子丰富的辩证法思想对今天构建社会主义和谐社会仍然大有裨益。（1）"万物同源"与社会整体和谐。《老子》第42章："道生一，一生二，二生三，三生万物。"宇宙的本源是"道"，"道"生"无极"，"无极"生"阴阳"，"阴阳"生"天地人"三才，三才花生生养宇宙万物。宇宙万物相互作用，相互依存构成和谐整体，包括人与自然的和谐、政治关系和谐、人际关系和谐。（2）"有无相生"与社会辩证和谐。《老子》广泛地论述到了各种既对立又统一的关系，其中"有无相生"的论述立意最高。《老子》既看到了宇宙万物相反相成的普遍关系，也注意到了对立面双方不是一成不变的，而是相互转化的。《老子》虽然没有总结出质量互变规律，却揭示了事物发展由量变到质变的过程。量变到质变的法则，我们今天仍然要遵循。因为社会主义和谐社会的建设不是一朝一夕的事情，不可能一蹴而就，必须循序渐进，一步一个脚印扎扎实实地向前推进。（3）"周行不殆"与社会动态和谐。《老子》认为"道"是运动的，"独立而不改，周行而不殆"，是按照自己的轨道运行不息的。和谐社会的伟大目标要求我们不懈奋斗，做到可持续发展。社会主义和谐社会不是一个静态的僵化目标，而是一个动态的实现过程。〔高耀志，2007（6）〕

（三）无为而治思想的当代价值

高红认为，老子政治哲学的核心是"无为而治"思想，这一思想不是教导人无所事事，无欲无求，而是蕴含着"有所为，有所不为"的朴素的辩证法智慧。

"无为而治"对我们政府在构建社会主义和谐社会，以人为本，贯彻落实科学发展观的具体过程中，如何"作为"以真正让人民满意，具有一定的哲学寓意和借鉴意义；广大公仆要有"清静无为""少私寡欲"的意识；政府要"有所为""有所不为"；政府在行政过程中尊重规律，按规律办事，这样才能真正做到"以人为本"，实现最广大人民的最根本利益。〔高红，2008（12）〕

李思霖认为，《道德经》蕴含了丰富的管理思想，"道"可以作为企业管理的指导原则；"无为而无不为"可以理解为企业管理的最高境界；人本管理、柔性管理是老子管理的具体措施；老子"人尽其用"的人才观对企业人才战略很有帮助。老子的无为思想与现代管理理论中的领导理论在某种程度上有所契合。"无为而治"在现代管理中多被应用于管理的领导理论。这一思想在管理上的应用，就是管理者在原则和规章的指导下，充分尊重个人的人格和尊严，给每一级部下与其职责相应有充分的自主权，使每一个层次的人在规定的权力范围内能自主决策、自主经营。老子的管理思想就是如何合理使用人、信任人、尊重人。最终达到管理人的目的，从而达到统治人的目标。现代企业管理中的唯贤，主要体现为以人为本。老子提出了"守弱用柔"的思想，现代企业管理正由刚性管理向柔性管理转型，实施柔性战略，提升企业的市场响应能力已成为人们的共识。〔李思霖，2006（2）；江淑芳，2006（4）〕

葛晋荣认为，道家"无为而治"思想在企业管理上的现代价值表现在两方面。第一，在行为上要求管理者"逆其自然"者有所不为，而"顺其自然"者要有所为；第二，在竞争上要求管理者既要善于竞争，又要善于不竞争。这是一种以最小的管理行为获取最大的管理效果的高超管理艺术，在现代管理中具有指导意义。〔葛晋荣，2007（4）〕

姚霞认为，老子的"无为而治"思想是古代道家治理国家的学说，并不是现代的企业管理学，但这一思想与当前市场经济条件下的现代管理学，似还可以找到相似或相近的地方。"无为而治"管理思想有诸多启示。老子讲无为顺利自然，辅万物之自然而不敢为，这是"无为而治"思想中最重要的内容。现代管理者也应懂得这一道理，按照经济自然发展的规律办事，而不能主观妄为。老子讲"始制有名，名亦即有，夫亦将知止"。这就是说，最高明的领导者在于减少自己的有为而增加下属有为的空间，给下属机会调动其积极性。〔姚霞，2008（12）〕

沈飚认为，道家的"无为而治"在现代管理中多被应用于管理的领导理论。"无为而治"是凭借"顺其自然"的哲学智慧进行科学的领导和管理，是一种以最小的领导行为获得最大的管理效益的高超管理艺术。"无为而治"的思想对当今社会的领导和管理工作具有重要的借鉴意义。"无为而治"思想在管理上的运用，就是管理者在原则和规章的指导下，充分尊重个人的人格和尊严，给每一级部下与其职责相应的自主权，使每一层次的人在规定的权力范围内能自主决策、自主经营。除宏观的、全局性的决策外，不必凡事都请求上级。这对充分调动下属的积极性、主动性和创造性是很有意义的。〔沈飚，2008（6）〕

耿相魁认为，老子的"无为"管理哲学思想的实践价值表现在如下方面。一是"无为无不为的"企业管理模式。"道"的原则是"无为无不为"，"治大国若烹小鲜"的管理思想落实到现实的企业管理中，就是倡导一种"无为无不为"的管理模式，即以"优秀企业文化为基础，融科学控制与自我管理于一体"的管理模式。二是"有所为有所不为"的政府管理模式。社会主义市场经济对政府的定位是"守夜人"。政府在市场运作良好时充当无为之手，在市场运行出现问题时充当扶持之手，减少不必要的干涉和控制，为经济社会发展提供更加有效的公共服务，尊重经济社会固有的运行规律。政府职能部门要按市场经济的定位真正发挥管理的智慧和作用，就必须确立以"无为"求"有为"的理念。政府"无为"并不是缺位，而是更好地有所作为；政府把发展权交出，把路标设好，专一地去营造环境，搞好服务，这才是"无为"中的"有为"。政府要尽可能不干涉企业运作，对不该管也管不好的地方要"无为"，真正做到从管制型政府到服务型政府、从无限政府到有限政府的转变。有限政府是有效政府的前提，只有"有限"才能"有效"。〔耿相魁，2007（3）〕

（四）道家领导思想与领导素养

张秉福认为，从领导学的角度来看，《道德经》是一部重要的领导学著作，书中包含了丰富的领导方法和领导艺术思想。《道德经》认为，领导者应具备如下素质：品德高尚、认真谨慎、少私寡欲；领导者应具备如下领导行为：为人之下、不言而教、无为而治；关于领导权变要"道法自然"，即随具体情境而变，因具体情境而定，主要表现在因人制宜、以退为进、遵循规律等方面。对老子领导思想的探讨，为当代领导者的实践提供了积极的借鉴和参考。〔张秉福，2006（1）〕

刘义堂认为，道家所提倡的自然恬淡、知足常乐的生活观，上德如谷和柔弱谦下的处世哲学，对生活在物欲横流的现代社会中的人们，尤其是对政府官员教育具有一定的借鉴意义。在市场经济条件下，缺乏有效监督的权力必然去寻租以获得不当利益。在制度建设不断完善的同时，还要加强对政府官员的教育，以养成他们在生活中的自然恬淡、知足常乐的生活态度，在工作中的上德如谷和柔弱谦下的工作态度，才能有效地配合制度监督，从而促其更好地履行自己的职责，推进和谐社会建设。〔刘义堂，2006（8）〕

三、法家领导思想的当代价值

法家是我国学术史上的一个重要流派，在历史上曾经显赫一时，秦朝之后走向沉寂，但其思想学说影响深远，直到今天。论者们对法家领导思想的当代价值给予了多方面的探讨。

（一）法家领导思想与国家治理

葛晋荣认为，法家的治国之道，除了"以法治民"，还有"以术治吏"。法是公布于众的成文法，而"术"则是"君人南面之术"，即君主用以驾驭群臣的秘术。只有在"势"的基础上，将"法"与"术"有机结合起来，并且交合运用，才是法家完整的刚性管理。"术治"虽然含有玩弄阴谋的权术成分，但也凝聚了许多有价值的管理智慧，应当客观地全面地评价它。从管理学上，韩非的"术治"中含有不少防奸与考核相结合的积极因素，对于构建现代控制管理仍有一定的借鉴意义。〔葛晋荣，2007（3）〕

汤新祥、张雪梅认为，秦朝作为我国第一个统一的君主专制帝国，之所以成于法家，也败于法家，是因为商鞅和韩非两位法家代表对政治和谐在法治走向公平过程中的价值认识和处理方式不同，即在法与权、君与臣、治与力三对关系的处理上出现重大分野所致。在法与权的关系上，商、韩二人一个奉行的是"中法"式独断，强调"任法而治"；一个选择了"不共"式独断，强调君权第一，从法第二。两种君权独尊路径的不同导致法与权关系和谐的相异，最终使商鞅造就盛世，韩非导入暴政。在君与臣的关系上，商鞅强调以法治臣，提倡君臣合作，共同治理国家，使秦国获得强国富民所需的和谐的政治关系与稳定的政治秩序；韩非强调君臣利益的对立，坚持以术御臣，造成君臣关系的极度紧张，严重破坏了国家政治机器中的自我调整、自我纠错的公平和谐发展机制。在治与力的关系上，商鞅注重以法生国家之力，使秦走上了一条"刑生力，力生强""强必王"的变法成功之路；韩非注重以君主之术，生君权之力，最终失去了生力的重要源泉——臣心与民心。由此启示我们：要构建以民主法治和公平正义为首要特征的社会主义和谐社会，就应该把法治与公平放入政治和谐的视野中加以研究解决，而不能就法治谈法治，就公平谈公平，只有政治和谐发展，法治才能走向公平，公平才能得到最大实现。〔汤新祥、张雪梅，2008（6）〕

李全胜认为，韩非子对人性的深刻洞见以及治理天下的睿智，特别是在对儒家"道德"立国思想抛弃的基础上提出"依法治国"思想和"法、术、势"等基本方略，显得弥足珍贵。韩非子的思想也昭示我们，要正视人的现实生命之种种内容，尤其在处理一些公共事务时，更要全面把握现实人性的丰富内涵，把人本思想、科学管理、依法治理、善治等思想有机结合起来，实现与不同历史文化背景、政治社会制度、自然生态禀赋、经济基础与上层建筑的融合与叠加，去粗取精、去伪存真、承前启后、与时俱进，为治理理念和思想的丰富与发展注入源头活水。〔李全胜，2008（4）〕

王静认为，先秦法家学派的管理思想，对今天推进社会主义和谐社会的建设具有积极地参考意义。第一，多方引导，实现人性好"利"与趋"义"之间的有效平衡。一要调整国家公共投入的优先顺序，满足人性基本需求，实现社会有效管理；二要端正管理者言行，引导人性向善；三要充分利用人的趋利避害心理使人形成有利于和谐社会建设与发展的行为规范。第二，"法、术、势"结合，"治吏限权"，实现和谐社会建设所需的有效管理。为此要以法治世，以术治官，以势限权。〔王静，2006（1）〕

尹华广认为，法家关于法的治国思想主要是以重刑治国的"以法治国"的思想，也提出了制定的法律必须得到一体遵行、"壹法"、"一尊"等主张；儒家关于法的治国思想主要是"德主刑辅"的思想，儒家的刑与法家所主张的法在根本内容上并无不同。其对现代法治和谐的正反两面的启示主要是：要重视法与人的和谐；形式意义上的法治与实质意义上法治的和谐；"治民"与"治吏"的和谐。〔尹华广，2008（6）〕

张亲霞认为，虚静无为是韩非政治艺术的最高境界，它包含两方面的含义：含而不露；无须事必躬亲。韩非认为达到虚静无为的基本途径是君主凭借权势，运用法和术。如果我们剥离韩非思想中的君主集权、君臣等级等不利于现代管理的成分，就会发现无论是虚静无为的内涵还是达到虚静无为的手段对现代管理都有积极的借鉴价值。韩非作为政治艺术的虚静无为在现实政治中的实质就是通过客观的规则——法，以及一定的方法使管理者获得较好的政治效率。作为一名管理者，有了这种意识，就会积极主动地加强法制建设，加强制度建设。这无疑对避免人治，推进政治文化的现代化有重要的现实意义。管理者要想无为，就要加强职能部门的建设，充分发挥职能部门的功效。〔张亲霞，2007（12）〕

田长明认为，将韩非的领导思想置于现代领导学的视野中加以认识、诠释，可以为当今领导者提供借鉴。一是领导者必须把握人性；二是领导者不仅要有权，更要有威；三是领导者要重"法治"而非人治；四是领导者要讲方法和艺术。〔田长明，2008（14）〕

（二）法家领导思想与企业管理

赖慧文认为，法家以道为本，以国之治强为目标，以法为行为标准，以势为运行力量，以术为操作方法，法势亦相结合，构成了法家思想的管理观，即包括管理的本质观、目标观、行为观、组织观、控制观，以此构成了管理型法家治道模式。根据这种理论，以法治企是公司管理的首选。在管理中，首先必须进行刚性约束，就是在管理活动中依靠各种规章制度，强制性激发员工的工作积极性。要靠制度去管人，靠制度去约束人。〔赖慧文，2006（9）〕

徐从根、陆鹏认为，传统法家管理文化对现代管理具有指导作用。在韩非子的法家思想体系中，"法"是健全法制，也是制度的建设；"术"是指推行法令，驾驭群臣的策略和手段；"势"指的是君主的权势。这三者相互影响，相互促进。韩非子的"法"思想为我们提供企业制度建设之道，"术"思想为我们提供了制度执行之道，"势"思想对我们形成卓越的领导风格提供了借鉴。〔徐从根、陆鹏，2008（2）〕

魏满霞认为，韩非的赏罚观非常丰富。韩非认为人性好利恶害，故赏罚可用。赏罚应该循名责实，依法实施，赏罚还应该具有可行性，赏罚必须遵循信赏必罚、厚赏重罚、赏誉同轨、非诛俱行、赏罚不阿的原则。韩非的赏罚观对现代企业管理具有重要的启示。在以人为本的今天，缺乏人性化的管理是难以立足的。因此，应该将韩非法制化、规范化的管理思想与人性化的管理思想结合起来。〔魏满霞，2006（3）〕

四、兵家领导思想的当代价值

兵家思想是我国传统文化的重要组成部分，是中华文明受世界瞩目的光辉一页。兵书中的战略战术理论和经营管理原则被世界多种行业所吸收借鉴，从而在当代焕发出重要实践的价值。在众多兵家著作中，《孙子兵法》是最具代表性和影响力的作品。

徐纪敏认为，现今时兴的企业的资本运营、企业兼并、企业资源组合、企业营销网络改造、供应链整合、价值链流程重组等战略形式的出现，实际上就是巧妙应用《孙子兵法》中"以战养战"的战略思想，把社会其他可以利用的战略资源尽可能地归我所用，从而获得最大的经济效益。实际上，《孙子兵法》除了可以用于军事和商业外，还可以用到体育竞技、治病养生、为人处世等很多方面。这正是孙子兵法对全世界的宝贵贡献。《孙子兵法》以它厚重的历史文化积淀，在价值观念、思维模式、战略原则、战略思想等诸多方面，都给后人以思想启发。〔徐纪敏，2008（2）〕

（一）《孙子兵法》与领导素养

姚振文认为，《孙子兵法》关于将帅素养有着独到的见解。他在兵法中全面论述了"将帅五德""将有五危""幽静正治""进不求名，退不避罪"等思想，构成了较为完整的将帅理论体系，尽管这一理论受其时代的限制有其自身的局限，但从指挥者素质和修养的角度看，其普适性和超越性对现代领导者又不无启示。（1）"将有五德"——领导者的全面素质。"智、信、仁、勇、严"五个方面的素质是相互联系，相互作用的，只有把五者融为一体，发挥整体功能，才能成为高素质的领导者。当然，五德皆备，并非要求领导者成为"全能将军"，而是说五德各方面的基本要求必须具备。在五德皆备的前提下，一名领导者应取长补短，勤于学习，勇于实践，不断提高自身的整体素质，才能成为一代跨世纪的优秀领导人才。（2）"进不求名，退不避罪"——领导者的政治品格。作为将帅，胜利时不居功图名，失败时不推诿责任，考虑问题只知道保护民众，有利于国家。这样的将帅才是国家的珍宝。（3）"静以幽，正以治"——领导者的情操修养。《九地篇》云："将军之事，静以幽，正以治。""静"意为沉着冷静，具体而言，就是不急不躁，从不狂热，始终保持清醒的头脑，唯有在这样的冷静状态下，思维才能保持正常。"幽"意为深谋远虑，藏而不露，这对领导者而言，在很多情况下是非常必要的。"正"意为公平无私，对领导者而言，就是以身作则。"治"意为条理井然，指将帅作战要有耐心，有条不紊。（4）"将有五危"——面对危机时，避免性格缺陷。《九变篇》谈道："必死，可杀也；必生，可虏也；忿速，可侮也；廉洁，可辱也；爱民，可烦也。凡此五者，将之过也，用兵之灾也。覆军杀将，必以五危，不可不察也。"这是从反面论述将帅的五种性格缺陷，也可以说是五种致命弱点。孙子在此提出的"五危"应看作是对"五德"的必要补充，在提倡五德的同时，强调不能超过限度，告诫领导要力避五危。〔姚振文，2008（4）；李静等，2008（5）〕

姚振文认为，在领导工作中领导者应借鉴孙子"求之于势，不责于人"的思想，学会审时度势、灵活求势、主动造势、择人而任势，最终实现资源的有效利用，提高工作效益，使自己的工作思路和工作方法更加符合科学发展观的要求。具体而言，有如下几点。（1）"激水之疾，至于漂石者，势也"——领导者要学会借助速度以发挥"势"的效能。（2）"势如彍弩，节如发机"——领导者要通过对"势"的控制以增强"势"的效益。这时强调用"势"要突出两点：一是布"势"要险，要有打击力；二是发"势"要节短，要把握好距离和节奏。"势如彍弩"是说要完成"势"的准备，箭在弦上，待时而发。"节如发机"是说机会到来时，要能够在最短的时间内释放出最大的能量，势如急风暴雨、电闪雷鸣，以求取最大的功效。（3）"勇怯，势也"——领导者要高度关注"势"的精神因素和精神力量。（4）"势者，因利而制权也"——领导者要善于把握"势"的动态变化性。（5）"善战人之势，如转圆石于千仞之山者，势也"——领导者要把握用"势"的总体要求。第一，领导者要学会度势；第二，领导者要学会顺势；第三，领导者要主动去造势；第四，领导者要善于驭势。〔姚振文，2008（21）〕

肖敏认为，在市场经济条件下，竞争日趋激烈，商场如战场，管理者作为将帅之才，其综合素质不仅是履行职责的保障，而且对整个组织的生存与发展具有重要作用。所以，作为现代管理者也必须具有《孙子兵法》中主张的"五德"，即智、信、仁、勇、严，并赋予新的时代内容。（1）现代管理者的"智"，主要表现为三个方面的要求：一是博学多识，点石成金；二是足智多谋，善于应变；三是目光敏锐，思维灵活。（2）现代管理者的"信"，主要是指以诚信为核心的良好的道德品质和修养：一是精力充沛，心理健康；二是作风民主，善与人处；三是为人师表，不谋私利；四是严谨自律，品德高尚。（3）现代管理者的"仁"，一是宽容大度，体察如微；二是知人善任，务求实效；三是明辨是非，义利分明。（4）现代领导者的"勇"，一是英明果断，勇于负责；二是勇于创新，锐意改革；三是坚忍不拔，开拓前景。（5）现代管理者的"严"，一是严格纪律，威严肃众；二是公平公正，一视同仁；三是善于激励，处罚有度。〔肖敏，2007（10）〕

　　陈小虎结合《孙子兵法》中的"五德"就其对当代领导者素养的结合作了探讨。（1）信，就是智慧，将帅要知识渊博、多谋善断，能正确认识事物，预见事态变化，有克服困难、解决困难、战胜敌对势力的能力。孙子把"智"放在"五德"的首位，对领导者知识、智慧、才能给予了极高的关注。领导者要成为智者，要做到具备渊博的知识、正确的决策、多谋善变。（2）信，指诚信待人，言必行，行必果。领导者的重要职责之一是鼓励信任的生成，领导者要在下属中取得威望，有效行使指挥和控制职能，就必须对下属讲信用，以树立威信。为此，要做到"号令一也"，公正无私，施信于人。（3）仁，即仁爱。孔子的"仁"指将帅要爱惜体恤下属。领导者应仁爱待人。领导者须懂得如何关心、爱惜、尊重自己的部属；要重视满足员工合理的精神和物质需求；要仁爱不是溺爱，是基于严格管理的爱护、爱惜。（4）勇，即勇于决断，坚毅顽强。勇是敢于承担风险，当机立断的魅力和胆识。（5）严，即严格、严肃。领导者要做到"三严"：法令严明，赏罚严格，严于律己。孙子的"五德"思想对现代领导者自身素养的内容和要求起到了极为宝贵的借鉴作用。领导者应努力培养自身"智"为上的领导才能，树立"信""仁"为本的领导思想，养成"勇""严"为标准的领导风格。〔陈小虎，2008（5）〕

　　孙远方认为，借鉴《孙子兵法》中精辟的战争理论，可以提高领导者应对和处理现代公共危机的能力和水平，降低公共危机可能带来的负面社会影响。（1）"兵之情主速"——领导者处理公共危机事件要坚持快速反应原则；（2）"因利而制权"——领导者处理公共危机事件要学会灵活变通，防止极端化倾向；（3）"静以幽，正以治"——领导者处理公共危机事件要有处变不惊的大将风度；（4）"上下同欲者胜"——领导者处理公共危机事件要取得群众的信任、理解与支持；（5）"杂于利害"——领导者处理公共危机事件要有辩证的利害观。〔孙远方，2008，（12）〕

（二）《孙子兵法》与科学决策

　　姚振文认为，《孙子兵法》立足于人类战争的残酷现实，提出了一整套用于战争决策的方法和步骤，对当今竞争时代的科学决策有独特的启示。（1）庙算思想——科学决策的整体性、系统性分析。《计篇》中说的"故经之以五事，校之以计，而索其情"这句话突出体现了孙子决策思想的整体性。"经之以五事"，是就决策的全面性而言的，即要注重战略问题的整体性；"校之以计"，是就决策的辩证性而言的，即要注重战略问题的对抗性；"索其情"，是就科学决策问题的定性分析而言的。孙子坚持先量度后判断的决策原则，强调定量分析与定性分析的统一。（2）知胜思想——科学决策的认知前提。庙算必须建立在"知"的基础之上，"知己知彼，百战不殆"。孙子所强调的"知"包括知的辩证性和动态性、知的全面性、知的前瞻性等内容。（3）因变思想——科学决策的原则性与灵活性。"变"是孙子整个用兵思想的核心，主要表现为三个方面：化执为活、"因变"思想、不变之变。（4）全胜思想——科学决策的高层境界。孙子提出了以"全"争胜即"不战而屈人之兵"的思想。孙子在用一种至善至美的追求来设计和指导战争决策行为，力求最大限度地减少战争的破坏作用，尽可能在不使用武力的情况下达成战争的目的。这一点尤其值得今天的决策者学习。〔姚振文，2008（3）〕

张世和认为，《孙子兵法》中的领导决策思想，主要包括以下几种：预测的思想，决策的系统思想，决策中的比较，决策执行中的协调，决策中的主动权，决策中的权变等。《孙子兵法》内含着辩证的领导观、主动的领导观、权变的领导观和智慧的领导观，正由于此，对所有领导者都会有所启迪。〔张世和，2008（7）〕

（三）《孙子兵法》与行政管理

管正认为，孙子兵法的原则、方法适用于现代行政管理，而且具有重要的价值，在现代行政管理实践中，《孙子兵法》中关于"国事为重""将为国辅""视卒如子""以法治军""知者必胜""谋略取胜""求之于势""以变应变"等理论转化为行政管理的理论与方法，行政管理就能取得显著成效。〔管正，2006，（5）〕

田惠莉认为，建设现代行政文化需要发掘传统文化资源，《孙子兵法》作为兵学经典具有深厚的传统文化底蕴，其间蕴含的行政管理思想对行政文化建设具有独特的价值。从行政文化创新的角度看，《孙子兵法》的现代价值体现在《孙子兵法》的人文价值和科学精神与科学与人文结合的管理思想；《孙子兵法》的伦理道德思想与当代行政价值观的重塑；《孙子兵法》的战略思想与行政心理和管理艺术的提高等三个方面。〔田惠莉，2007，（5）；田惠莉，2008，（2）〕

（四）《孙子兵法》与企业管理

杨先举认为，《孙子兵法》大致有七个方面可供企业管理学习。（1）悟道。军要按孙子所说的"五事"中"道"的原则，"七计"中"主孰有道"的原则办事，得道胜。企业管理也要讲道，企业必须有正确的路线、方针、政策、企业文化等作支撑，并"令民与上同意"。（2）得将。将，"民之司令"，必须具备"智、信、仁、勇、严"素质的将，进不求名，退不避罪，领导好、指挥好作战。企业管理也要有好的厂长、经理、董事长、CEO等。（3）励士。军作战要"仁爱士卒"，要"教戒为先"，要"功而飨之"，要按"士卒孰练"的原则训练队伍。企业管理也必须遵循这些原来培训、锤炼良好的员工队伍。（4）造势。军队要造势，用强有力的态势致人不致于人，取胜对方。企业也必须造势，把企业做大、做好、做强，有好的产品，好的服务，及时供货，合理的价位等供应社会。（5）庙算。军，作战要讲先"计"，多庙算，做好决策工作，运筹帷幄之中，决胜千里之外。企业管理也必须讲庙算，做好决策工作、计划工作。（6）谋攻。军，"上兵伐谋"，主动地谋功，也要讲伐交，为做好伐谋工作，必须做到"知己知彼"，力求"不战而屈人之兵"，同时也要做好"伐兵"工作。企业管理也必须"知己知彼"，作好伐谋工作、伐交工作、伐兵工作，如销售伐兵、品牌伐兵等。（7）策胜。作战要讲策略，要因变制胜，处理好攻守、奇正、迂直、虚实、分合等关系，且要注意"贵胜"。企业管理也要注意上述竞争策略，处理好攻守等关系，注意竞争时效。〔杨先举，2006（5）〕

莫尧认为，《孙子兵法》在现代企业中的运用可有如下方面。（1）"治众如治寡，分数是也；斗众如斗寡，形名是也"——科学设置岗位和组织管理体系，建立健全法制和规章制度；（2）"兵者，国之大事，死生之地，存亡之道，不可不察也"——现代企业管理需要战略，需要战略家，战略计划是管理成败的首要条件；③"知彼知己，百战不殆；兵来将挡，水来土掩"——现代企业管理讲究信息对称，直面博弈，优中选优，科学决策。〔莫尧，2006（3）〕

戴孝悌认为，《孙子兵法》所包含的科学思想贯通企业营销管理实践中去，是提高企业经济效益的有效途径之一，也是企业管理现代化的重要课题。（1）用兵之道，以计为首，要赢得市场就应先建立市场导向的战略计划；（2）根据"道、天、地、将、法""五事"扫描营销环境，寻找营销机会；（3）依据"慎战、速胜、力求胜于无形"的原则，制定和发展营销战略。（4）用"因利制权，诡道制

胜"原理指导营销战略方案的实施。〔戴孝悌，2006（10））

薛国安认为，孙子的"主孰有道""将孰有能""法令孰行""士卒孰练""赏罚孰明"等观念，蕴含着深刻的治军艺术，将治军之道创造性地应用于现代企业管理，重视宏观管理策略、管理者素质、制度管理、各级培训、激励机制等，对于提高企业管理水平将大有裨益。〔薛国安，2006（5）〕

王学秀、范冠华认为，《孙子兵法》中的关爱部属、依法治军等理论对于规范的组织文化制度建设和组织凝聚力的生成也具有重要的借鉴意义。（1）以"五事"为核心的组织战略文化。第一，"经之以五事，校之以七计"是《孙子兵法》组织战略文化的核心。孙子提出了战略环境分析与管理的五大核心要素，即"经之以五事"："一曰道，二曰天，三曰地，四曰将，五曰法。道者，令民于上同意，可与之死，可与之生，而不危也；天者，阴阳、寒暑、时制也；地者，远近、险易、广狭、死生也；将者，智、信、仁、勇、严也；法者，曲制、官道、主用也。"在"五事"后又提出了关系到军队生死存亡的"七计"："校之以计，而索其情，曰：主孰有道？将孰有能？天地孰得？法令孰行？兵众孰强？士卒孰练？赏罚孰明？吾以此知胜负矣（《计篇》）"。第二，战略是文化的重要组成单元，同时也是组织文化得以形成的关键所在。《孙子兵法》组织战略文化的特点是文化与战略融为一体，它对现代组织战略文化的启示是有效的战略和先进的文化是组织发展和成功的关键所在。（2）以"智、信、仁、勇、严"为核心的组织领导文化。《孙子兵法》关于军队将领的内容，体现了如下一些对领导文化建设有借鉴意义的内容。第一，领导者的职业素质要求。《孙子兵法》提出了军队领导的5种基本职业品质，即"智、信、仁、勇、严"，这是对将领在个人先天素质和后天学习修炼之后需要准备好的职业素质方面的要求。此外，孙子还提出如果将领能够"进不求名，退不避罪，唯民是保，而利于主"，就是"国之宝也"。第二，全局和系统性的战略思维。这是《孙子兵法》战略思想的核心。第三，丰富的知识与高超的实践智慧。作为军队的领导者，既要懂得宏观形势方面的"经之以五事，校之以七计"，还经结合战争的具体过程，恰当地学习和运用知识，锤炼战争智慧，"不尽知用兵之害者，则不能尽知用兵之利也"（《作战篇》）。（3）以"令之以文，齐之以武"为核心的组织管理文化。在强调人和人性的重要性的基础上，孙子在《行军篇》中道出了组织管理的真谛："故令之以文，齐之武，是谓必取。"第一，严格规范和运行良好的制度是组织管理文化赖以生成的基础。孙子首先提出了制度制定的执行的日常化和程序化，他对组织管理的一些基本原则进行了分析，还十分强调组织管理的控制能力，他还将赏罚分明作为组织管理的重要法度。第二，对下属的"仁爱"是组织管理的另一方面。"严管"与"厚爱"永远是管理不可忽视或不可或缺的两个方面。孙子重视对士兵的关心，强调"用""养"并重，将仁爱管理放在制度管理之先，倡导管理者要"视卒如婴儿，故与之赴深溪；视卒如爱子，故与可与之俱死"，他还强调对下属的仁爱有把握适度。〔王学秀等，2007（5）〕

赵杰认为，《孙子兵法》作为一部兵学圣典，对企业管理具有重大的现实启示。他从现代企业管理要充分重视信息的重要性，现代企业在激烈竞争中要积极主动地掌控主导权，前线经理要懂得灵活机动等三个方面阐述了《孙子兵法》的现代应用价值。〔赵杰，2006（5）〕

（五）《孙子兵法》与人才管理

公炎冰、徐鹏认为，现代社会择贤用能、增加势能、发挥人的潜力已成为人才管理的核心内容。《孙子兵法》关于选拔人才、用人才治势、激励人才等思想，成为人才管理的重要借鉴。《孙子兵法》中蕴含的哲学思想对人才管理有重要的借鉴意义。拟定选拔人才的标准，可借鉴《孙子兵法》中对"将"的要求，指导具体的人才管理可借鉴用人治势的理论，其"以将造势""治众成势""兵强发势"的战略思想在人才管理领域具有切实的指导性和广泛的借鉴意义。〔公炎冰等，2006（5）〕

宋素敏等认为，《孙子兵法》的人本管理思想可运用于企业人本管理。孔子对将帅人才十分重视，企业人本管理也要高度重视人才的作用，尤其是各级各类管理人才。企业家要有求才若渴、爱才如命的精神，要把识才、育才、用才作为自己的中心工作，要善于营造使企业人才辈出、人尽其才、才尽其用的氛围和环境。孙子高度重视对士卒的训练和培养，将"士卒孰练""兵众孰强"作为衡量战争双方胜负的重要条件。从人本精神出发，企业家应高度重视员工培训，提高员工素质，这是促进经济社会、企业和人发展的头等大事。孙子强调管理者要"与众相得"（关系融洽亲密）、"视卒如婴儿"。人本管理非常强调情感管理。管理者要与被管理者建立深厚的感情，亲密的关系。人本管理还要求对员工进行有效的激励。管理者要善于把握人心、鼓舞士气，从而使企业形成有序高效的活跃态势。〔宋素敏等，2007（13）〕

五、墨家领导思想的当代价值

墨学与儒家并称春秋战国时期的显学。虽然，墨学的影响后来没有儒家、道家等显著，但其影响从未消失过。墨家领导思想在今天仍然具有一定的价值与意义。

（一）墨家管理思想与国家治理

张国胜认为，墨家在分析社会问题，阐明理论观点，抒发治国理想的体系中，深刻地论述了治国安民的管理策略，其主要观点包括：重利贵义的价值取向，民为政首的管理目标，尚贤使能的用人原则。墨家的许多思想与今天提倡的以人为本，执政为民，创建和谐社会的民意是不谋而合的。〔张国胜，2006（1）〕

许立新认为，墨家的管理思想包括："兼相爱，交相利"的人际关系管理思想，尚贤使能的人事管理思想，生财固本的生产管理思想，节用节俭的消费管理思想。总之，墨家的尚贤治国、崇尚节俭、重视农业、兼爱为本等管理理念对当今中国政治建设与发展有借鉴意义；墨子社会管理思想对维系社会安定有特殊意义；墨家伦理思想对重建今日中国公民道德具有作用；墨家社会思想具有实现社会本位的现实价值。〔许立新，2008（4）〕

丛蓉等认为，墨子管理思想的宗旨是"兼相爱，交相利"。虽然这一思想宗旨带有功利主义色特色，但它反映了当时小生产者反对以强欺弱、以富辱贫、以贵傲贱的行为，体现了天下之人互助互爱、共同发展的要求，所以对于当今社会发展仍然具有积极意义。墨子"尚贤"的人事管理思想，打破血缘和阶级的界限，就其基本精神而言，不仅适用于我们今天的社会建设，而且应该大力提倡。墨子"尚同"的行政管理思想，似乎不太切合实际，但"尚同"中所有包含爱民、利民、体谅民情的思想，以及对无政府的混乱状态的批判，对合理的政治思想的统一的肯定等，都是积极可取并有现实意义的。墨子的管理思想，即具"人民性"，又具有义利统一的特点。墨子以"人民性"为特点的管理思想与管理的人本主义范式有异曲同工之妙，因为管理的本质就是重视人情味的人本管理。墨子的"兼爱""尚贤""尚同"都蕴含了丰富的人本管理思想。如墨子的"兼爱"，不仅要求被管理者对管理者的爱，同时也要求管理者对被管理者的爱，如此才能激励员工的积极性。墨子"兼相爱，交相利"的思想中蕴含着"利义统一"的价值观念。在墨子那里"利"和"义"都是合理存在的，并且对"利义"的追求也是合理。

这种"利义统一",既包括个人利益与社会利益,也包括物质需要与精神需要统一。就是说,"兼相爱"是以双方都能获得利益为基本原则,墨子的"利义统一"思想,实质上是一种经济伦理思想,这对于当代管理理论和管理实践极富借鉴价值。管理者对被管理者应该讲究"利义统一",不能只有空头上的表彰与承诺,管理者对被管理者的嘉奖应该是精神与物质两者并重。"利义"的平衡和谐统一,是社会协调、稳定和安宁的根本,使国家和人民健康向上发展的必要条件。〔丛蒙等,2008(4)〕

(二)墨家管理思想与人才管理

杨明艳认为,墨子人才管理思想的核心"尚贤"。墨子的"尚贤"思想归纳起来有四个方面。第一是关于"贤人"的标准。墨子提出"况又有贤良之士,厚乎德行,辨乎言谈,博乎道术者乎!"可见,贤人一要具备道德品行标准,叫"厚乎德行",即贤人在道德行为上要厚道,是德行高尚的"仁人";二要具备交际能力的标准,叫"辩乎言谈",即贤人是能说会道的"智者";三是知识标准,叫"博乎道术",即要有广博的知识,贤者必须是知识渊博的"能人"。第二是关于崇尚贤人的四条原则,即"富之、贵之、敬之、誉之"。第三是关于"举贤"的原则,即"不避贫贱""不避亲疏""不避远近"。第四是尚贤使能是国家管理的根基。〔杨明艳,2007(4)〕

杨明艳认为,墨子"尚贤"思想中,蕴含了极其丰富的人才管理思想,对现代人事管理有极其重要的借鉴意义。一是明确提出了选拔人才的标准;二是反对任人唯亲,推崇任人唯贤;三是因事择人,量才使用;四是体现了责、权、利相结合的原则。〔杨明艳,2007(4)〕

郑磊等认为,墨子的人才思想包括:"厚乎德行",是人才选用的核心标准;"万事莫贵于义",是人才行为准则的标准;"兼相爱,交相利",是贤人社会的理想标准。墨子的人才思想,对当今人力资源的规划、对员工的激励、对人的考核、对管理理念灌输和控制等都具有启示作用。〔郑磊,2007(17)〕

刘朝晖等认为,"尚同"和"尚贤"是墨家管理哲学的两个基本原则。"尚同"即上下一致的集体主义原则,就是现代管理所说的"团队精神""共识式"的管理模式;"尚贤",即推荐贤才,重用贤者,就是现代管理重视人才的人事管理原则。〔刘朝晖等,2008(6)〕

黄亮认为，墨子将尚贤与尚同当作治理国家的举措。在尚贤与尚同的关系中，尚同是目的，尚贤是手段，只有通过尚贤，才能达到尚同；尚同是外在的政治秩序，尚贤是内在的根本保证，唯有通过尚贤，才能保证尚同的无私无偏。尚贤思想具有重要的社会现实意义。尚贤的主张要求破除宗法等级制度的禁锢，在社会中通过尊贤利贤，使贤士能人获得爵位，得到富贵，受到尊重，来营造一种尊重人才的氛围，国家的富强平治在于大量的有贤能的人得到尊重和重用。按照墨子的主张，就个人的发展而言，强调人的社会地位不是不可以改变的，人的贫富贵贱也不是不可以改变的。在尊贤使能的社会氛围中，人的能力得到发挥，人必须由此得到全面发展，社会也必然由此得到安定。就社会政治而言，强调人才对于治理国家的根本性作用，社会治乱，在于是否能够举贤任能，要求尊重人才，重用人才。这种人才观念和治国观念，不仅在当时社会具有鲜明的思想特色，而且对当今社会人才的使用和培养具有积极的启迪作用。墨子的尚贤思想与现代管理中的人本观念相契合。尽管现代西方社会管理理论，人文学说大量被引入到国内，但是研究墨子的"尚贤"思想，对我国的人才机制建设和良好的社会环境的建立，仍然有现实的指导意义。〔黄亮，2007（6）〕

（三）墨家管理思想与企业管理

陈杰认为，墨子的管理思想由"兼爱"思想、"尚贤"思想、"尚同"思想构成。墨子思想在现代企业管理中的运用表现在如下方面：现代企业以人为本的管理思想是墨子"兼爱"思想的延伸；现代企业的知识管理思想是墨子"尚贤"思想的实际运用；现代企业管理中的企业文化思想是墨子"尚同"思想的新发展。墨子思想在现代企业管理中的价值表现在如下方面：第一，"兼爱"思想在现代企业管理中的价值。墨子的"兼相爱交相利"思想，实质上是一种柔性管理，它通过人们的自爱和爱人，从而使每个人的利益都能得到满足，这既符合人的自然性的需要，又符合社会道德法律规范的要求。墨子的"兼爱"思想用于企业管理中，可以增强企业的凝聚力，对塑造成功的企业文化也具有实际的指导意义。同时，在企业外部实施"兼爱"思想，能够协调企业与企业之间、企业与顾客之间的关系，增进相互之间的理解，形成企业内外的良性和谐关系，从而促进企业的快速发展。第二，"尚贤"思想在现代企业管理中的价值。墨子认为，尚贤是为政之本，主张尊重贤才，任用能人。墨子不拘一格发现人才、选用人才的观点对现代企业管理同样具有借鉴意义。对真正德才兼备的贤才，无论其出身高低贵贱，都应广而招之，举而用之，使企业对人才产生巨大的吸引力和向心力，使人才乐于投奔于企业中，为企业的发展壮大，发挥出他们的一切聪明才智。第三，"尚同"思想在现代企业管理中的价值。墨子把"天下之百姓，皆上同于天子"的"尚同"思想作为治理天下的良方，认为由"君王来统一天下的义"，人们的思想才能统一，社会才不会发现混乱，国家才能得到治理。不仅如此，墨子认为天子与臣民之间的关系是可以互相沟通和协调的。这一思想完全符合现代企业的管理理论。世界 500 强的许多企业中，企业领导和普通员工的关系相当和谐，企业领导和企业员工的沟通渠道也十分畅通，由于劳资双方都把企业的利益放在首位，建立信息收集系统，上下关系融洽，因此形成良性循环，极大地促进了企业发展。〔陈杰，2008（9）〕

解启扬认为，墨家的管理思想以"兼爱"为伦理基础，以"尚贤"为指导原则，以"贵义"为社会目标，破除贵贱、亲疏的等级观念，力求构建一个公平合理、节约、效能的古代理想社会。虽然墨家管理思想立足于先秦社会，以政治管理为职志，但企业管理与政治管理有相通之处，如果能对墨家管理思想进行创造性诠释，对现代企业管理无疑具有借鉴和指导意义。现代企业管理根本是人的管理，以人为本，知人善任，力求最大限度地发挥人的效能，实现人的价值，实现企业效益与社会效益。〔解启扬，2008（10）〕

齐瑞瑞认为，墨子思想、精神运用于现代企业经营管理之中，可从以下方面着手：一是效法墨子，身体力行，以身作则；二是"兼相爱，交相利"是企业经营文化的核心；三是经营的成效在"尚贤"；四是"法仪"让经营有章可循；五是"节用"使企业效能倍增。〔齐瑞瑞，2006（1）〕

（四）墨子管理思想存在的局限

马明策认为，墨子思想本身存在着明显的局限，实质是用功利主义的思想消解了其本身想达到的人文关怀。一是管理目标的矛盾性。墨子"兼相爱，交相利"管理目标，本身是想达到"兼相爱"的人文主义的终极关怀，最终却落在"交相利"的功利主义上。二是管理方式的局限性。墨子提出的"尚同"主张虽然在政治制度方面使政令上下统一致，便于执行，但这种上级官员对下级官员，下级官员对百姓的绝对控制为以后法家所继承，并发展成为一整套封建专制绝对君权主义理论，尚同沦为专制统治的工具。墨子从功利主义角度出发，在经济上提出节葬、节用、非乐，过分夸大了节约的作用，表现出一种狭隘的急功近利心态。荀子对其"蔽于用而不知文"的批评是有道理的。三是国家管理保障的虚幻性。墨子极力宣扬"天志""明鬼"，试图为自己的政治主张寻找最高的保障，但这种保障，借助于宗教的制裁，建立在人们对"天"和"鬼神"的畏惧上，带有强烈的迷信色彩，并不具有强制力，也不具有制度上的可操作性。墨子宣扬的"上帝"和"鬼神"的管理保障，完全是不可证实和无法保障的，这就使其管理保障具有实践操作上的虚幻性。〔马明策，2008（9）〕

六、领导思想之间的有机结合

（一）法家治企与儒家待人的和谐运用

赖慧文认为，法家治企和儒家待人在企业管理中要和谐运用。法家治企的制度化管理和儒家待人的人性化管理是相互联系的。在制度建设中，要注意制度的人性基础；同时，在人性管理中，要把遵章守纪作为员工的最基本要求提出来，使"法家治企"与"儒家待人"能够相互渗透、相辅相成，更加紧密地结合在一起。但是，"法家治企"与"儒家待人"在现实管理当中，既是相互矛盾，又是密不可分的。如何把握二者之间的关系，解决两者之间冲突十分重要。体现在企业管理中，就是如何让员工理解并接受制度化的刚性管理，又能领会领导风格及人性化的柔性管理，让员工欣然接受。企业管理要实现制度化管理与人性化管理的统一。企业的管理模式必须用制度化夯实基础，体现刚性管理制度的建设，这是管理的基础；用人性化来升华管理，体现柔性化管理的人性化建设，是管理的目标。〔赖慧文，2006（9）〕

（二）儒家与道家领导思想比较及启示

毛国民认为，"无为而治"不是道家之专利，而是儒、道两家共同的理想。"圣人气象"是指圣人所具有的"仁""和""乐"及"与天地同"之境界。由此境界推出儒家以"为政以德""任官得人""行其所无事"等"无为而治"之自然方

式构建和谐社会的终极理想。〔毛国民，2008（6）〕

陈善朝等认为，老子与荀子的著述中包含着丰富的管理思想。从表面看，老子主张"无为而无不为"，荀子主张"隆礼重法""明分使群"，一个消极一个积极，彼此对立，水火不容。事实不然，两人的管理思想可以说是同中有异，异中含同。不同的人性论导致了不同的管理视角。老子主张自然人性论，认为人在本性上是自然自为的。从此出发，他提出了"无为而无不为"的管理思想，以图从人的内心出发来达到管理社会的目的。他认为，既然人是自然自为的，那么最好的管理方法莫过于使人们无知无欲，用心去体悟道这一天下之法式，把握自然运行规律。与老子不同，荀子是位性恶论者，认为依靠人们自然本性的恢复来消除纷争是不可能的，离开了外部的制度约束和圣人的教化，只会使社会一片混乱。由于人性论基础的不同，管理的出发点不同，导致两人的管理方式不同。老子主张无为而治，要发挥被管理者的积极性，而荀子主张要有严格的监督考核机制，以外部约束来保证被管理者循规蹈矩。两人的管理思想也有许多相同之处。两人都重视领导者的表率作用，注重平等等。两者的管理思想已成为我国管理思想的重要来源，比较其异同可为我们提供如下启发。一是要把制度约束和道德约束结合起来，二是把全面考核与发挥被管理者积极性结合起来，三是正确处理形式平等与实质平等的关系。在现代管理中，既要坚持制度面前人人平等，也要坚持每个人人格、生命权的平等。但这仅仅是一种形式上的平等。对于管理者而言，更重要的是做到得所当得，发挥个人的积极性，以求得更大的整体效益，从而为每个人的整体发展创造条件，每个人都获得充分发展的条件，这才是真正的平等。〔陈善朝等，2006（1）〕

（三）儒法思想与西方管理思想的融合

张国琼等认为，先秦儒家"人性本善"的假设及其"以人为本"的思想与西方某些管理心理思想不谋而合又有些许差异，以韩非子和商鞅为代表的先秦法家"性本恶"的人性假设及其崇尚"法治"的思想与马斯洛关于人的需要层次理论颇有共通之处，融合了法家管理理念的儒家思想与布莱克和莫顿的管理方格理论可谓异曲同工。通过我国古代管理思想与西方管理心理思想的比较，可启发我国管理者在已有的管理思想和策略中融入西方的管理心理思想，以形成适合我国国情的管理理论。〔张国琼等，2007（4）〕

参考文献

著作部分：

1. 常桦编著：《"中国式"领导——传统文化中的管理智慧》，北京：华文出版社，2006年1月版。

2. 奚洁人主编：《领导学研究与评论（第一辑）》，上海：上海人民出版社，2006年3月版。

3. 田广清等著：《中国古代领导思想史》，北京：九州出版社，2006年10月版。

4. 田广清等著：《中国古代领导思想史》，上海：上海交通大学出版社，2007年7月版。

5. 李锡炎主编：《中国古代、近代领导思想述评》，北京：人民出版社，2008年1月版。

6. 黄书光主编：《中国领导教育的历史探究》，上海：华东师范大学出版社，2008年3月版。

论文部分：

2006 年

1. 陈良：《儒家思想与企业家精神的培育》，载《辽宁工学院学报》，2006（1）。

2. 陈善朝、刘爱国：《老子与荀子的管理思想之异同》，载《湖南税务高等专科学校学报》，2006（1）。

3. 谢树放：《弘扬孟子仁政思想精华，促进建设和谐小康社会》，载《管子学刊》，2006（1）。

4. 单大明、卞莉莉：《儒家思想与现代人本管理》，载《中国市场》，2006（1—2）。

5. 曾宪年：《和谐社会：老子领导思想的特征》，载《船山学刊》，2006（1）。

6. 张秉福：《老子思想中的领导要素初探》，载《长沙民政职业技术学院学报》，2006（1）。

7. 张秉福：《老子领导思想初探》，载《湖南第一师范学报》，2006（1）。

8. 牛增辉、赵仕琪等：《〈老子〉一书蕴含的行政管理思想》，载《中国市场》，

2006（1）。

9. 王静：《先秦法家的管理思想对构建和谐社会的启示》，载《新东方》，2006（1）。

10. 张国胜：《利义并重以民为本的墨家管理思想》，载《湖北教育学院学报》，2006（1）。

11. 孙中原：《墨家智慧治国论》，载《重庆工学院学报》，2006（1）。

12. 齐瑞瑞：《墨子思想与现代经营管理》，载《职大学报》，2006（1）。

13. 付进扬：《浅析墨子的管理思想》，载《江西行政学院学报》，2006（1）。

14. 唐任伍、卢少辉：《儒家文化对现代管理的影响》，载《太平洋学报》，2006（2）。

15. 龚喜春：《孔子的人性思想与企业管理》，载《湖北师范学院学报（哲学社会科学版）》，2006（2）。

16. 黄辉龙：《儒家思想对现代企业管理和文化建设的启示》，载《广东省社会主义学院学报》，2006（2）。

17. 李思霖：《老子的管理思想与现代管理的契合》，载《齐齐哈尔师范高等专科学校学报》，2006（2）。

18. 葛晋荣：《法家"以术治吏"思想及其现实意义》，载《中华文化论坛》，2006（2）。

19. 高崇：《〈孙子兵法〉与管理心理学》，载《管子学刊》，2006（2）。

20. 何军：《从儒家文化谈企业管理》，载《焦作师范高等专科学校学报》，2006（3）。

21. 陈晓光：《儒家"德治"管理思想及其启示》，载《锦州医学院学报（社会科学版）》，2006（3）。

22. 蒋艳清：《儒家和谐思想对企业管理的现代价值》，载《船山学刊》，2006（3）。

23. 李前兵、钟晓东：《儒家文化的特征及其对企业人力资源管理的影响》，载《生产力研究》，2006（3）。

24. 田广清：《儒家和谐治理观与国家治理的制度化——从制度文明视角扬弃传统和谐治理观》，载《江苏行政学院学报》，2006（3）。

25. 田广清、刘丰田：《从伦理中轴到制度中轴——论扬弃和超越儒家和谐治理观》，载《美中公共管理》，2006（3）。

26. 夏显泽：《"天人合一"：儒家关于和谐社会的价值追求》，载《昆明理工大学学报（社会科学版）》，2006（3）。

27. 魏彩霞：《孔孟儒家官德修养方式的内在缺陷及对策》，载《晋阳学刊》，2006（3）。

28. 胡亚林：《论老子守柔思想与中小企业经营战略》，载《理论月刊》，2006（3）。

29. 曾宪年：《老子"爱民治国"思想的现代解读》，载《湖南师范大学社会科学学报》，2006（3）。

30. 魏满霞：《韩非赏罚观对现代企业管理的启示》，载《广东财经职业学院学报》，2006（3）。

31. 李岩：《略论先秦儒、道、法家的社会管理观》，载《吉林师范大学学报（人文社会科学版）》，2006（3）。

32. 莫尧：《〈孙子兵法〉与现代企业管理》，载《法制与经济》，2006（3）。

33. 董佳丽：《儒家管理思想对构建和谐社会的启示》，载《教书育人》，2006（4）。

34. 张民：《儒家管理思想简析》，载《大庆师范学院学报》，2006（4）。

35. 吕永超、周波：《人力资源管理与〈荀子〉思想渊源》，载《科技信息》，2006（4）。

36. 蒋丹：《儒家思想对现代管理的启示》，载《攀枝花学院学报》，2006（4）。

37. 蒋艳清：《儒家和谐思想对企业管理的影响》，载《湖南行政学院学报》，2006（4）。

38. 万友根：《传统儒家思想在企业管理中的现代解读》，载《经济体制改革》，2006（4）。

39. 张素玲：《先秦儒家领导思想及其现代价值》，载《湘南学院学报》，2006（4）。

40. 郑晓华：《儒家的道德人格论与领导者的人格魅力》，载《理论学刊》，2006（4）。

41. 韩琳、刘康乐：《〈老子〉的管理思想及其现代意义》，载《重庆职业技术学院学报》，2006（3）。

42. 江淑芳：《论老子思想与现代企业管理》，载《太原职业技术学院学报》，2006（4）。

43. 吕有云：《从道家"无为而治"理念看我国当前政府职能转变》，载《法制与经济》，2006（4）。

44. 曾宪年：《老子领导哲学主体思想探析》，载《湖南人文科技学院学报》，2006（4）。

45. 管遵华：《老子思想对现代企业管理的启示》，载《理论界》，2006（4）。

46. 徐华新：《儒家人本思想对现代企业管理的影响》，载《商场现代化》，2006（5）。

47. 公炎冰、徐鹏：《〈孙子兵法〉对人才管理的启示》，载《滨州学院学报》，2006（5）。

48. 赵杰：《〈孙子兵法〉对现代企业管理的几点启示》，载《滨州学院学报》，2006（5）。

49. 张文儒：《〈孙子兵法〉与企业战略》，载《滨州学院学报》，2006（5）。

50. 杨先举：《〈孙子兵法〉的企业管理价值》，载《滨州学院学报》，2006（5）。

51. 薛国安：《孙子治军之道与现代企业管理谋略》，载《滨州学院学报》，2006（5）

52. 管正：《孙子兵法在现代行政管理中的价值与应用》，载《滨州学院学报》，2006（5）。

53. 潘承烈：《〈孙子兵法〉对企业商战的启迪》，载《滨州学院学报》，2006（5）。

54. 周育平：《孔子"仁政"管理思想及其价值》，载《中共贵州省委党校学报》，2006（6）。

55. 梅光耀、潘红虹：《〈孙子兵法〉领导心理学思想探讨》，载《科学与管理》，2006（6）。

56. 刘义堂：《道家思想与政府官员教育的研究》，载《东南大学学报（哲学社会科学版）》，2006（8）。

57. 廖永红：《论荀子的社会管理思想》，载《重庆工学院学报》，2006（9）。

58. 李洁：《传统儒家文化与当代企业人力资源管理》，载《当代经理人》，2006（9）。

59. 赖慧文：《"法家治企，儒家待人"——东方文化与企业经营管理之道》，载《华东经济管理》，2006（9）。

60. 杨勇、洪明：《儒家"和而不同"思想与企业跨文化管理》，载《商业时代·学术评论》，2006（19）。

61. 戴孝悌：《〈孙子兵法〉中的营销管理思想》，载《现代企业》，2006（10）。

62. 姜洪斌：《浅析儒家政治管理方式》，载《理论界》，2006（11）。

63. 刘海燕：《儒家民本思想与现代企业管理》，载《改革与战略》，2006（11）。

64. 张亚娥、王振明：《浅谈韩非的"形名术"对现代管理的启示》，载《学术纵横》，2007（1）。

65. 吉献忠：《孔子中庸思想及其管理价值》，载《石家庄经济学院学报》，2007（2）。

66. 吴芳：《儒家思想对当今企业经营管理的启迪》，载《芜湖职业技术学院学报》，2007（2）。

67. 吕巧英、胡东东：《论老子"无为而无不为"的社会管理思想》，载《保定师范专科学校学报》，2007（2）。

68. 陈小葵：《墨家"德治"思想简论》，载《平原大学学报》，2007（2）。

69. 耿相魁：《〈老子〉"无为"管理的哲学思想及其实践价值》，载《资料通讯》，2007（3）。

70. 李晓春：《道家思想与组织管理》，载《现代商贸工业》，2007（3）。

71. 葛晋荣：《法家的"以术治吏"与企业的刚性管理》，载《东方论坛》，2007（3）。

72. 汤一介：《儒家思想与中国企业家精神》，载《徐州师范大学学报（哲学社会科学版）》，2007（3）。

73. 李小莲：《管窥儒家政治智慧的现代价值》，载《沙洋师范高等专科学校学报》，2007（4）。

74. 葛晋荣：《道家的"无为而治"与现代科学管理》，载《北京行政学院学报》，2007（4）。

75. 孙华：《从庄子〈逍遥游〉中体会企业管理的新境界》，载《辽宁经济》，2007（4）。

76. 张国琼、陈果：《古代儒、法家思想与西方管理思想的比较》，载《西南交通大学学报（社会科学版）》，2007（4）。

77. 杨明艳：《墨子人才管理思想述评》，载《思茅师范高等专科学校学报》，2007（4）。

78. 王学秀、范冠华：《〈孙子兵法〉的组织文化建设思想》，载《滨州学院学报》，2007（5）。

79. 田惠莉：《〈孙子兵法〉与行政文化创新》，载《滨州学院学报》，2007（5）。

80. 孟小红、彭子菊：《试析〈孙子兵法〉中的管理心理思想》，《牡丹江教育学院学报》，2007（5）。

81. 冯学梅、李海军：《浅议儒家思想对华人商业组织管理习惯的影响》，载《河北企业》，2007（6）。

82. 易海涛：《儒家思想与现代企业管理》，载《商场现代化》，2007（6下）。

83. 高耀志：《〈老子〉的"和"思想对构建和谐社会的启示》，载《重庆工业学院学报（社会科学版）》，2007（6）。

84. 赵金科、刘煜：《法家法律政治思想与新农村法制文化建设》，载《齐鲁学刊》，2007（6）。

85. 黄亮：《墨子"尚贤"思想与现代管理人本观念的契合》，载《中外企业家》，2007（6）。

86. 张晓歌、杜文娟：《儒家思想与企业家素质的关系初探》，载《国外理论动态》，2007（7）。

87. 黄河：《儒家思想在现代企业管理中的实践》，载《湖南日报》，2008—07—08（A06）。

88. 宋素敏、高崇：《〈孙子兵法〉中的人本管理思想与企业人本管理》，载《全国商情（经济理论研究）》，2007（13）。

89. 钟兵：《儒家思想与现代企业文化建设》，载《现代经济》，2007（8）。

90. 姚鹏：《老子〈道德经〉管理思想对现代领导者的启示》，载《江苏商论》，2007（8）。

91. 黄河：《小议道家文化与现代管理——从"刚柔相济"到"天人合一"》，载《商业文化》，2007（8）。

92. 张宏书：《老子思想与共生管理》，载《发展》，2007（8）。

93. 黄钧铭：《韩非子"法"、"势"、"术"思想对现代企业管理的启示》，载《北方贸易》，2007（8）。

94. 郑磊、成云：《由墨子的人才思想看当今人力资源管理》，载《职业圈》，2007（17）。

95. 刘丁蓉：《儒家思想对领导者角色转换的启示》，载《行政与法》，2007（10）。

96. 肖敏：《〈孙子兵法〉的"五德"与现代管理者的综合素质》，载《理论导刊》，2007（10）。

97. 王宇露：《论孔子仁学的人本管理思想及其运用》，载《生产力研究》，2007（22）。

98. 陈华：《道家"静"的哲学对现代管理思想的启示》，载《企业家天地》，2007（12）。

99. 张亲霞：《韩非虚静无为术对现代管理的启示》，载《学习论坛》，2007（12）。

100. 杨天胜：《〈孙子兵法〉对企业经营战略的启示》，载《中国城市经济》，2007（12）。

101. 陈元义：《管理王道现代价值探讨——以儒家天地人管理思想为本》，载《华侨大学学报（社会科学版）》，2008（1）。

102. 贾春莉：《论儒家思想在企业伦理建设中的应用》，载《技术与市场》，2008（1）。

103. 韩丽：《论儒家文化与现代管理的"错位"》，载《安徽文学》，2008（1）。

104. 郭宇：《浅谈儒家领导思想对当代和谐领导活动的价值》，载《哈尔滨市委党校学报》，2008（1）。

105. 李长江：《道家思想中的管理智慧》，载《长治学院学报》，2008（1）。

106. 陈华：《道家管理思想新探》，载《长治学院学报》，2008（1）。

107. 关志国：《道家"以正治国"思想发微》，载《学术论坛》，2008（1）。

108. 金长健：《从儒家思想看现代人本管理》，载《淮海文汇》，2008（1）。

109. 马新才、马丽、胡红梅：《孔子管理思想探析》，载《潍坊高等职业教育》，2008（2）。

110. 黄卓龄：《解读法家法治思想》，载《法制与社会》，2008（2）。

111. 徐从根、陆鹏：《法家思想的现代管理之道》，载《北方经济》，2008（2）。

112. 徐纪敏：《〈孙子兵法〉和企业战略管理》，载《学术问题研究（综合版）》，2008（2）。

113. 田惠莉：《我国传统行政文化的现代价值——以〈孙子兵法〉为例》，载《广西社会科学》，2008（2）。

114. 李云吾：《儒家思想：现代课堂管理的新解读》，载《地理教育》，2008（3）。

115. 丁艳平：《略论儒家民本思想内涵及其现代意义》，载《保山师专学报》，

2008（3）。

116. 沈春梅：《论传统儒家和谐社会与社会主义和谐社会的本质区别》，载《南方论刊》，2008（3）。

117. 李慧：《老子思想中的管理要素探析》，载《内蒙古农业大学学报（社会科学版）》，2008（3）。

118. 李总、居水木：《浅谈法家、道家、儒家管理思想在现代企业管理中的运用》，载《技术经济与管理研究》，2008（3）。

119. 魏九花、周艳：《论韩非的"术"与校长领导艺术》，载《当代教育论坛》，2008（3）。

120. 姚振文：《〈孙子兵法〉对科学决策的启示》，载《领导科学》，2008（3）。

121. 王晓光：《日本企业管理中的儒家思想》，载《船山学刊》，2008（4）。

122. 舒丹、杨铭光：《孔子的伦理思想对领导干部的政治道德建设的借鉴意义》，载《山东省农业管理干部学院学报》，2008（4）。

123. 闫秀敏：《道家轻松管理智慧新解》，载《青海社会科学》，2008（4）。

124. 李全胜：《"道德"人性的终结与法制思想的产生——韩非子管理哲学探微》，载《江汉论坛》，2008（4）。

125. 姚振文：《〈孔子兵法〉将帅素养理念对领导者的启示》，《中共南京市委党校学报》，2008（4）。

126. 许立新：《墨子管理思想的现代价值》，载《商场现代化》，2008（4）。

127. 丛蓉、刘芳、高世春：《论墨子管理思想的现代价值》，载《辽宁行政学院学报》，2008（4）。

128. 张朝强：《〈孙子兵法〉中的战略管理思想》，载《知识经济》，2008（4）。

129. 陈颖：《儒家君子观对现代管理者的启示》，载《读与写杂志》，2008（5）。

130. 李桂华：《儒家"为政"理念与服务型政府建设刍议》，载《楚雄师范学院学报》，2008（5）。

131. 陈小虎：《〈孙子兵法〉"五德"与现代领导者的素养》，载《攀枝花学院学报》，2008（5）。

132. 李静、姚振文《孙子兵法与领导者素养》，载《中共山西省委党校学报》，2008（5）

133. 解晓燕：《儒家传统管理思想提升为现代企业柔性管理分析》，载《商情（教育经济研究）》，2008（5）。

134. 王贺：《儒家伦理思想与我国公务员行政伦理的重构》，载《许昌学院学报》，2008（6）。

135. 张泽一：《职场领导的儒家管理之道》，载《广东青年干部学院学报》，2008（6）。

136. 毛国民：《"无为而治"异说——从"圣人气象"看儒家治国理想》，载《宁夏大学学报（人文社会科学版）》，2008（6）。

137. 沈飚：《论中国传统道家文化在现代企业管理中的继承和发扬》，载《科技风》，2008（6上）。

138. 管斌、何似龙：《道家古代管理思想初探》，载《商场现代化》，2008（6）。

139. 郇天莹：《老子思想与当代中国政府管理理念转型》，载《中国人才》，2008（6）。

140. 汤新祥、张雪梅：《成也法家，败也法家——商鞅、韩非法治思想异同论》，载《湖北大学学报：哲学社会科学版》，2008（6）。

141. 尹华广：《法家、儒家关于法的治国思想及其对现代法治和谐的启示》，载《湖南科技学院学报》，2008（6）。

142. 刘朝晖、杨晓文：《墨家"尚同尚贤"思想与现代管理》，载《中共青岛市委党校 青岛行政学院学报》，2008（6）。

143. 杜小军：《儒家人才思想与现代人力资源管理理论的比较分析》，载《人才资源开发》，2008（7）。

144. 张芹：《浅谈儒家思想对现代中小企业管理的启示》，载《中国集体经济》，2008（7下）。

145. 周义萱：《老子管理思想探微》，载《读与写杂志》，2008（7）。

146. 田长明：《韩非领导思想的现代解读》，载《领导科学》，2008（14）。

147. 张世和：《〈孙子兵法〉领导观》，载《决策》，2008（7）。

148. 吴红伟：《儒家思想对企业管理的现代价值》，载《商场现代化》，2008（8）。

149. 陈小葵：《法家"以法治官"思想简论》，载《法制与社会》，2008（8）。

150. 杨光辉：《传统与现代：儒家思想在企业管理中的运用》，载《企业家天地》，2008（9）。

151. 胡纯华：《以"仁"为核心的儒家管理哲学》，载《科教文汇》，2008（9）。

152. 宁建新：《〈孙子兵法〉战略管理体系新探——中国古典兵法的现代西方式阐释》，载《企业管理》，2008（9）。

153. 陈杰：《墨子思想在现代企业管理中的价值分析》，载《商场现代化》，2008（9）。

154. 马明策：《人文精神的缺失——试论墨子管理思想的局限》，载《商场现代化》，2008（9）。

155. 张倩、邓铨：《〈孙子兵法〉对现代企业员工选聘和管理的启示》，载《考试周刊》，2008（17）。

156. 李绚珣：《以人为本的儒家管理思想》，载《管理观察》，2008（10）。

157. 梁永锋、伍应卫：《浅论老子管理思想与现代管理》，载《商场现代化》，2008（10）。

158. 解启扬：《墨家管理思想的现代意蕴》，载《经济与社会发展》，2008（10）。

159. 姚振文：《〈孙子〉势论对现代领导者的启示》，载《领导科学》，2008（21）。

160. 谭丽梅：《浅谈儒家和谐管理思想及其影响》，载《兰台世界》，2008（12上）。

161. 庞慧：《"用非其有"：战国后期君道论的整合与歧出》，载《史学月刊》，2008（12）。

162. 郭生纺：《孔子管理思想浅析》，载《决策与信息》，2008（12）。

163. 俊伟、罗章：《管理的中国精神——儒家人本主义理念内涵及其对现代企业管理的启示》，载《管理观察》，2008（12）。

164. 郭福才：《儒家人性化管理思想及其在企业管理中的应用》，载《广西大学学报（哲学社会科学版）》，2008（增）。

165. 高红：《老子"无为而治"思想的现代价值》，载《文教资料》，2008（12）。

166. 姚霞：《老子道家管理思想及其现代价值》，载《决策＆信息》，2008（12）。

167. 李凡苇：《老子管理思想的若干特色》，载《决策＆信息》，2008（12）。

168. 武雷、杨阳：《〈庄子〉与现代企业管理》，载《广西大学学报（哲学社会科学版）》，2008（增刊）。

169. 赵趁：《儒家人本思想在企业管理中的应用研究》，载《农村·农业·农民（A版）》，2008（12）。

170. 孙远方：《〈孙子兵法〉对现代危机处理的启示》，载《领导科学》，2008（12）。

从"冯谖客孟尝君"看领导者留人

【 阅读指要 】

　　领导者如何面对下属的"无理"要求，如何满足、引导下属的"无理"要求，如何面对下属的错误，都涉及态度的问题。一个领导者再有能力，如果不能礼遇下属，那么也会引发下属的反感与厌恶，导致下属的离去。礼贤下士方是留人之策。

　　《战国策·齐策四》里有"冯谖客孟尝君"的故事。

　　齐人有冯谖者，贫乏不能自存，使人属孟尝君，愿寄食门下。孟尝君曰："客何好？"曰："客无好也。"曰："客何能？"曰："客无能也。"孟尝君笑而受之曰："诺。"左右以君贱之也，食以草具。居有顷，倚柱弹其剑，歌曰："长铗归来乎！食无鱼。"左右以告。孟尝君曰："食之，比门下之客。"居有顷，复弹其铗，歌曰："长铗归来乎！出无车。"左右皆笑之，以告。孟尝君曰："为之驾，比门下之车客。"于是乘其车，揭其剑，过其友曰："孟尝君客我。"后有顷，复弹其剑铗，歌曰："长铗归来乎！无以为家。"左右皆恶之，以为贪而不知足。孟尝君问："冯公有亲乎？"对曰，"有老母。"孟尝君使人给其食用，无使乏。于是冯谖不复歌。

　　这就是孟尝君留冯谖的故事。后来冯谖给予孟尝君很大的帮助。"孟尝君为相数十年，无纤介之祸者，冯谖之计也。"在这个故事里孟尝君对冯谖的挽留是值得领导者学习和借鉴的。

作为领导者最重要的是要培养追随者。冯谖虽然"无好""无能"，但是他"愿寄食门下"，这一点非常重要。孟尝君看重的可能就是这一点，因此他接受了冯谖的请求。冯谖投靠后就是孟氏集团的人了，孟尝君非常重视把自己集团里的人留住，不管他是不是人才都尽量不让他们外流。

冯谖是以一个"无好""无能"的身份进入孟氏集团的。就是这样一个身份的人还不断提出要求，而且一次比一次要高。这等于是没有"干活"还要求"加薪"。这样的要求在一般人那里被视为无理要求、无功受禄。孟尝君的"左右皆恶之"可证。然而孟尝君不同于其他人，自有做"老大"的气派与肚量。他没有嫌弃冯谖而是一次一次地满意了他的"不合理"的要求。作为领导者，首先要能够满足下属的需要。追随者为什么要追随领导者，就在于领导者能够满足他们某方面或多方面的需要。领导者只有充分满足下属的要求才能留住人，留住人才。如果不能充分满足下属需要，下属就会不满，就会提出要求，而要求得不到满足就会有人离去。仔细分析，冯谖的要求并不过分，只是一些基本的日常生活要求，无非是吃得好一点，行得好一些，解决衣食住行及养活亲人（无以为家即没法养家）的问题。当这些得到满足之后他就"不复歌"了。这说明冯谖对孟尝君别无所求，并以其实际行动否定了左右"以为贪而不知足"的错误判断。

冯谖一而再，再而三的提出"不合理"要求。如果孟尝君没有容人雅量，与"左右"一样认为冯谖得寸进尺、贪得无厌，早就会下逐客令了。但是孟尝君不仅没有厌烦，而且及时地满足了他的要求。可见孟尝君是一个有度量的领导者。孟尝君以海纳百川的气度收留蓄养了大量士人。孟尝君门下真正"无好""无能"者有之。然孟尝君对待人、对待人才的态度会产生广泛的影响，会吸引其他人投到其门下。因此，一个有肚量、能够宽容下属的领导者才能够吸引人才、留住人才。

冯谖不断提出要求，孟尝君却从来没有问过他凭什么提出要求，几乎是无条件地满足了他这个下属的要求。这样的领导者想让他的下属走可能都很难了。下属若走能对得起他吗？面对下属的不合理要求，孟尝君几乎是无条件地满足了他。孟尝君给予冯谖的是一种很高的礼遇。这种礼遇让冯谖"不复歌"，即无话可说了。孟尝君对冯谖可谓仁至义尽了。

领导者如何面对下属的"无理"要求，如何满足、引导下属的"无理"要求；领导者如何面对下属的错误，都涉及态度的问题。

当然，孟尝君的大度是因为他有足金的财力满足下属的要求。

孟尝君面对冯谖一而再，再而三的要求，不仅没有厌烦，而且立刻给予满足。这种态度充分表现出对人的一种尊重，甚至是一种理解。在当时孟尝君可以说并没有真正见识冯谖的能力，也没有想到要用他去做什么时就已经这样对待他，应该说是非常难得的。中国足球队前教练米卢曾有一名名言：Attitude is all。即态度决定一切。笔者认为，态度不能决定一切，但态度可以影响一切。以什么样的态度对待下属在很大程度上决定了下属对领导者的印象，决定了其是否追随。

可见，冯谖最终为什么没有离开而是继续留在孟氏集团就是因为孟尝君的待遇留人，宽容留人，态度留人。

冯谖并没有直接向孟尝君提出什么要求，只是倚柱弹剑而歌。是孟尝君的身边之人告诉孟尝君的。孟尝君对冯谖的歌声并没有听而不闻、不管不问，而是认真询问了解他的情况，并做出满足他的要求的决策。作为一个领导者要建立通畅的信息通道，不断地关心下属的情况。

孟尝君门客是分层次的，即有"食客""车客"等。做了"食客"之后，冯谖并不满足，进一步提出要成为"车客"。这样还不满足还要解决养老母亲的生计问题。

后来冯谖愿意为孟尝君到薛地收债。孟尝君"请而见之。谢曰：'文倦于事，愦于忧，而性懧（nuò，同"懦"）愚，沉于国家之事，开罪于先生。先生不羞，乃有意欲为收责于薛乎？'"这里的"谢"是"道歉"之意。从这里可以看出孟尝君的待客之道。他的态度是非常谦逊有礼的。一个领导者再有能力，如果不能礼遇下属，那么也会引起下属的反感与厌恶，导致下属的离去。领导者不仅要礼贤下士，应该对所有的人都有一种礼遇。如果领导者能够具有一种礼遇他人的素养，那么就会赢得人心，从而使人留在自己身边。

康熙朝官员影响力初探

【阅读指要】

　　影响力是一种综合能力，来自职位权力、来自业绩、来自人格魅力。康熙朝的兴盛与大批清正廉洁官员的贡献是分不开的。这批官员的影响力表现在对民众、对同行、对上级、对下级的影响四个方面。从民众对康熙朝官员的在位亲近、临行挽留、路过拜望和死后建祠可以看出他们的影响力。官员产生影响力的原因与他们能够以民为本、清正廉洁、遇事持正、不带家属、领导有方、好学多识分不开，也与他们所处的时代影响有关。

　　康熙朝是中国历史上一个重要的历史时期，是历史上著名的"康乾盛世"的开端。康熙朝的兴盛与大批清正廉洁、有才有能的官员的努力是分不开的。《康熙政要》"任贤"两篇，为康熙朝清官能官刻画了一组群雕。读《贞观政要》"论任贤"篇，感到虽写诸臣，实在赞写唐太宗；而读《康熙政要》"任贤"两篇，则感到一个个人物是具体且立体的。这批官员用自己的实际行动，为康熙王朝做出了巨大贡献。他们所形成的良好的影响力值得我们研究。影响力包括好的影响力与坏的影响力两方面。我们这里所谈的影响力仅指好的影响力。在康熙朝官员身上可以看到影响力的种种表现。

一、康熙朝官员影响力的表现

官员影响力，从影响对象上来看，主要表现在对民众的影响、对同行官员的影响和对上级的影响、对下级的影响四个方面。

（一）在民众中的影响力表现

官员影响力对民众的影响首要的应该表现在对民负责上，表现在对民众生活的改善与提高上，表现在对社会公平与正义的维护上，等等。民众对待官员的态度与行为，是衡量官员对民众影响的重要尺度。考察官员影响力可通过民众对官员的拥护爱戴程度或反对程度来看。民众对康熙朝官员的拥护爱戴的表现，有如下方面。

1. 在位亲近

在位亲近，是指官员在位时，民众有事情愿意找他说，愿意向他求助，愿意与他接近。官员是民众的父母官。于成龙在罗城任，"每春时，命两瑶舁竹舆，行田野中，见力耕者，辄呼与语相劳苦。民率妇子罗拜，或坐树下与饮食，笑语欢如家人。"[①]正是因为关心百姓疾苦，与百姓同心，百姓才与他同心与他同乐。汤斌，"常出勘荒遇雨，止大树下。民朱栏其树，时以比甘棠云。"[②]甘棠即棠梨。旧时传说，西周的召伯循行南国，宣扬文王之政，曾在甘棠树下休息，后因用"甘棠"作为对地方官吏的颂词。这里也是这个意思。可见，民众对汤斌工作的认可。

2. 临行挽留

官员调离现职位，临行时群众的挽留或拜送，是官员在当地为官深得民心的重要表现，是官员影响力深浅的重要表现。汤斌调任礼部尚书时，"将行，百姓呼号，如儿失母，罢市三日，各绘像以祀。去之日，穷乡下邑，士女童叟，手瓣香

---

①（清）章梫纂，褚家伟、郑天一、刘明华校注：《康熙政要》，北京：中共中央党校出版社，1994年版，第71页。

②（清）章梫纂，褚家伟、郑天一、刘明华校注：《康熙政要》，北京：中共中央党校出版社，1994年版，第54页。

来会送，共闔城门不可行"，"民皆罗拜而泣，良久乃得行"。[1] 做官做到这份上可矣。一代廉史于成龙，在罗城七年，"以卓异迁知合州，罗人遮道呼号，追送数百里。一眇者独留不去，问其故。曰'民习星卜，度公橐中装，不能及千里，民技犹可资以行也。'竟赖其力达合州"[2]；于成龙迁福建按察使时，"民遮送至九江，凡数万人，哭声与江潮相乱。"[3] 这样的场景是民众对官员的最大的认可。只有在位时真正为民操心，为民谋利，做民众的父母官，民众才会如此情真意切地对待他。

3. 路过拜望

如果说在位时别人与之亲近，是因为他的在职、在场、在当下，那么，当他离开任职任所，而再行至此时，民众对他的态度就很说明一个官员的影响力是真是假，是长是短了。张伯行遭弹劾入京城时，"过扬州，父老数万，焚香夹两岸行，求停舟一见，为监行者所格。"[4] 这样的场面，不是动用权力，耍耍阴谋所能得来的。"一个人的影响力是通过个人的威信起作用的，它不能靠地位权能得来。单靠地位权能，人们不能被真正地打动，相反地，只会有一些暂时的冲动。只有通过个人威信产生的影响，才能有深入而持久的感染。"[5]

4. 死后建祠

在中国古代有"盖棺定论"之说。所以，给许多人以荣誉是在死后。但许多荣誉是官方行为。有影响的官员死后，官方为之建祠的有之。[6] 这只是他们影响力

---

① （清）章梫纂，褚家伟、郑天一、刘明华校注：《康熙政要》，北京：中共中央党校出版社，1994年版，第56页。

② （清）章梫纂，褚家伟、郑天一、刘明华校注：《康熙政要》，北京：中共中央党校出版社，1994年版，第71页。

③ （清）章梫纂，褚家伟、郑天一、刘明华校注：《康熙政要》，北京：中共中央党校出版社，1994年版，第74页。

④ （清）章梫纂，褚家伟、郑天一、刘明华校注：《康熙政要》，北京：中共中央党校出版社，1994年版，第87页。

⑤ （美）史蒂芬·迪夫著，常桦译：《影响力》，延吉：延边人民出版社，2003年9月版，第7页。

⑥ 如图海，"雍正二年，加赠一等忠达公，配飨太庙。复令建专祠，御制文刻石以旌之，并祠祀陕西名宦。"魏象枢，"雍正八年，诏入祀贤良祠。"费扬古，"雍正十年，诏入祀贤良祠。"汤斌，"雍正十年，诏入祀贤良祠。"伊桑阿，"乾隆十二年，入祀贤良祠。"

表现的一方面。民众给他们建祠才更具有表现力。有些有影响的官员死后，民众自发、自觉、自愿地为他们建祠，以纪念他们。于成龙卒后，"军民争绘像祀。江宁，苏州及黄州皆有祠。"[①]张伯行死后，"闽士肖伯行象，祀于鳌峯。吴人建春风亭为其祠，与于成龙、汤斌两祠并峙。在济宁时，疏浚灉河，兖州十五县无水患。又捐赀筑五岔口堰，引水入灉，士民蒙利，立生祠五岔口。"[②]一个官员死后能够在他所任职的多个地方得到这样的待遇，可见，其影响之实。民众的自发行为，才最能说明一个官员的影响力。生前有人记惦，死后还有人纪念，那说明这个官员是做到家了，是一位真正有影响力的官员。

（二）对同行的影响力表现

一位官员的影响力，在同行之间同样存在。衡量同行之间的影响力，可以从两方面一看，一个是受人拥护的程度，一个是受人反对的程度。一个有能力有作为的官员，必定会受到正直之人的拥护，同样也会受到混恶之人的反对。因为这个世界是复杂的，不可能没有对立面。如果一个官员没有对立者，那么，只能说明他的处世圆滑。康熙朝官员的影响力同样表现为两个方面。

1. 正直之人拥护

一个官员的工作得到同行的认可、拥护或赞服，说明他是具有影响力的。"伊桑阿在政府十五年，镇静和平，实心任职，尤留心邢狱。每侍直句本，上有所问，辄能举其词，不侍按册而得，同列服其精详。"[③]由此，不难看到，伊桑阿工作的出色。陆陇其任嘉定知县时，以盗案落职，魏象枢特以清操饮冰，爱民如子荐之。这说明魏象枢的持正，也说明陆陇其的影响力。他凭自己的"清操饮冰，爱民如子"得到了魏象枢的认可。

---

①（清）章梫纂，褚家伟、郑天一、刘明华校注：《康熙政要》，北京：中共中央党校出版社，1994 年版，第 75 页。

②（清）章梫纂，褚家伟、郑天一、刘明华校注：《康熙政要》，北京：中共中央党校出版社，1994 年版，第 88 页。

③（清）章梫纂，褚家伟、郑天一、刘明华校注：《康熙政要》，北京：中共中央党校出版社，1994 年版，第 59 页。

2. 混恶人之畏疾

影响力对坏人就是一种威慑力。汤斌为官有威名，当明珠执政时，"明珠有家隶言事多效，所至大府常郊迎。过苏畏斌威声，弗敢谒。斌闻，使召之。辟大门，传呼，隶踞而听命。归诉之明珠，谋致难于斌"。[①] 不论是家隶的畏忌，还是后来想致难于汤斌，都说明汤斌的影响力对于作恶之人的威慑力。熊赐履，屡陈时弊，以致鳌拜恶其侵己而屡欲害之。恶人欲害之，从反面映衬出其影响力。

（三）对上级的影响力表现

官员充分影响上级也是其政绩的一种表现，而且可能会由此给国家和民众带来更大的利益。所以，这方面的影响力也值得关注和研究。

1. 器重与信赖

对上级的影响主要表现为上级对他们的器重与信赖，对他们业绩的认可与奖励，职务的提升，请辞的挽留等方面。例如，图海"九年，奏乞解机务，专力戎行，上慰留之。"[②] 又如汤斌，"斌适闻继母疾，乞归省，圣祖手诏慰留。"[③] 有些官员虽然受到参劾，但康熙能够不为所动，而仍重用他们，说明他们对于上级的影响力之大。

2. 接受建议

对上级的影响也表现为，促使上级改变意图，做出正确的判断和抉择等。这在《康熙政要》中有许多例子。例如，李光地因修新河占民田而为民请命，请豁其赋额，而获准。

---

① （清）章梫纂，褚家伟、郑天一、刘明华校注：《康熙政要》，北京：中共中央党校出版社，1994 年版，第 55 页。

② （清）章梫纂，褚家伟、郑天一、刘明华校注：《康熙政要》，北京：中共中央党校出版社，1994 年版，第 44 页。

③ （清）章梫纂，褚家伟、郑天一、刘明华校注：《康熙政要》，北京：中共中央党校出版社，1994 年版，第 57 页。

（四）对下级的影响力表现

一个官员对自己下级或比自己官职低的人的影响也是值得重视的。

1. 上行而下效

常言道："上梁不正下梁歪。"如果上级不能做出榜样，那么下级就会变本加厉。常言又道："上行下效"。如果上级能够做出良好的榜样，那么下级也会自然效行。

2. 上正而下畏

领导者如果自身清正威严、保持浩然正气，那么自然会在下级那里产生无形的权威与自然的约束力。这在于成龙身上体现得很明显。于成龙"抵江宁，官吏皆望风改操。知好微行，遇白须伟貌者，群相指自慑"，"属吏畏威，若负霜雪"。[①]由此，不难看出于成龙对下级的影响之巨大。

二、康熙朝官员影响力的原因探析

1. 以民为本

魏象枢，在康熙十七年被授左都御史。他首疏申明宪章纲十事："谓国家根本在百姓，百姓安危在督抚。督抚廉则物阜民安；督抚贪则民穷财尽。愿诸臣为百姓留膏血，为国家培元气。臣不敢不为朝廷正纪纲。"[②]此为卓识，亦为诤言。正是因为有了"为百姓留意膏血，为国家培元气"的官员，国家和民众才有希望，才能兴旺发达。"以民为本"体现为几个方面：察民情、体民意、除民恶、解民忧、保民生、释民隐、谋民利。为官者要察民情，体民情。了解民情，体察民意，是为民谋福利的前提。因此，作为官员首先要体察民情。例如，于成龙就好微行，以察民情。为官者还要除民恶，解民忧。汤斌对于"诸无赖为民害者，悉

---

① （清）章梫纂，褚家伟、郑天一、刘明华校注：《康熙政要》，北京：中共中央党校出版社，1994 年版，第 75 页。

② （清）章梫纂，褚家伟、郑天一、刘明华校注：《康熙政要》，北京：中共中央党校出版社，1994 年版，第 48 页。

痛除之。"① 于成龙知合州时，"州领县三，遗黎才数百人，正赋十五两，而供役繁重。府帖下鱼。成龙曰'民穷极矣，安所得鱼？'卒不与。且极陈民困状，尽裁革之。"② 一个官员敢于违抗上级的命令，为命请命，实为难得。一个能为民请命的人，民众怎么会忘记他呢。为官者更要保民生。于成龙任时，盗匪多乱，他大力灭盗除匪，以保民生。康熙十四年秋，大饥，于成龙"发廪赈卹，全活数万人"。李光地，因修新河占民田，而为民请命，请豁其赋额，而获准。这些官员，他们能够从民生大计出发，为民所思，为民所想，保民生存之路数，故得民心，受民誉。为官者还要能够释民隐。"上有疑必问，赐履上陈道德，下达民隐，引申触类，竭尽表里。"③ "民隐"一词用得好。熊赐履在为皇帝解答疑问时，不忘记"下达民隐"可见，他能够时时为民着想，为国家社稷着想。李光地，"在官以清勤自励，恤民隐，尤尽心于农田水利。"④ 汤斌赴京任礼部尚书，临行对民众说："吾在外不能为父老德，往者屡请核减浮粮，并为廷议所阻。今入见天子，当面陈之。"临行不忘民之所生。及其入朝，"入朝温谕褒其廉。问路所由，及地方利弊，斌以凤阳灾对。上遽遣近臣往赈。"⑤ 由此，可见汤斌时时不忘为民解忧。张伯行，同样是一位心里装着民众的人。有一次，康熙"与千叟宴，偕诸臣入谢，皆赐坐。谕曰：'汝等皆大臣，当惠爱百姓。如张伯行为巡抚时，是真能以百姓为心者也'。"⑥ 一个官员能够为民解忧，为民除害，为民请命，为民谋利，"以百姓为心"，那么，他也永远活在百姓心中。"天地之间有杆秤，那秤砣是老百姓。"一个为民出力的人，民众是不会忘记他的。

① （清）章梫纂，褚家伟、郑天一、刘明华校注：《康熙政要》，北京：中共中央党校出版社，1994年版，第55页。

② （清）章梫纂，褚家伟、郑天一、刘明华校注：《康熙政要》，北京：中共中央党校出版社，1994年版，第71页。

③ （清）章梫纂，褚家伟、郑天一、刘明华校注：《康熙政要》，北京：中共中央党校出版社，1994年版，第61页。

④ （清）章梫纂，褚家伟、郑天一、刘明华校注：《康熙政要》，北京：中共中央党校出版社，1994年版，第78页。

⑤ （清）章梫纂，褚家伟、郑天一、刘明华校注：《康熙政要》，北京：中共中央党校出版社，1994年版，第56页。

⑥ （清）章梫纂，褚家伟、郑天一、刘明华校注：《康熙政要》，北京：中共中央党校出版社，1994年版，第88页。

2. 清正廉洁

为官的清正廉洁，那么，于国于民都将是有百利而无一害。这要为官者洁身自好，谨其言行。汤斌调任礼部尚书时，"敝篚数肩，不增一物于旧。"① 于成龙任罗城时，"始至，从仆皆死亡，罗人为敛金钱跪进云：'知阿爷苦，聊供盐米资。'笑谢曰：'我一人，何须此？可持归，市甘旨奉若父母，一如我受也。'居数年，家人来，罗人大喜，又进金钱如初，仍却之。众泣，成龙亦泣。"注意，这时罗人向于成龙进金钱，可不存在权钱交易，而是民众出于对一位父母官的感激。即便如此，于成龙仍然不受。于成龙死后，"至是将军、都统，暨察吏入其寝室，见周身布被，袍一袭，靴带各一。堂后瓦瓮米数斛，盐豉数盎而已。"② 其清廉如此，令人难以置信，但这是事实。李光地"在官以清勤自励"。③ 有了这种自我勉励的内在力量，他自然可以做到清勤。张伯行，"初任济宁，随行止四人。抚闽十二人，抚吴十三人。日用蔬菜、米麦、尺帛、寸丝，以至磨牛碾石，皆自河南运载之官。初莅闽，官廨帷幕皆锦绣，笃问，吏以行户铺设对。尽撤还之。比移吴，先檄所属禁陈设。无锡令惠山泉受之。后闻亦派民舟载送，即却不受。"④ 张伯行为官之不铺设、不受贿可窥一斑。

3. 遇事持正

"正直、公正、信念、恒心、毅力、进取精神等等优秀的人格品质无疑会飙升领导者的影响力和个人魅力，从而扩大其追随者队伍。"⑤ 在康熙朝官员中，许多人能够以正直之性，公平与正义之准则为官处事，而不苟且。如魏象枢，"性骨鲠，敢言事，尤注意于当世人才贤不肖。治术得失，民生休戚，是是而非非，必尽意

① （清）章梫纂，褚家伟、郑天一、刘明华校注：《康熙政要》，北京：中共中央党校出版社，1994年版，第56页。
② （清）章梫纂，褚家伟、郑天一、刘明华校注：《康熙政要》，北京：中共中央党校出版社，1994年版，第75页。
③ （清）章梫纂，褚家伟、郑天一、刘明华校注：《康熙政要》，北京：中共中央党校出版社，1994年版，第79页。
④ （清）章梫纂，褚家伟、郑天一、刘明华校注：《康熙政要》，北京：中共中央党校出版社，1994年版，第88页。
⑤ （美）史蒂芬·迪夫（Stephen Deff）著，常桦译：《影响力》，延吉：延边人民出版社，2003年9月版，中文版序，第2页。

乃止。"①《荀子》"修身篇"曰："是是非非谓之知，非是是非谓之愚。伤良曰谗，害良曰贼。是谓是，非谓非曰直。"②"是是而非非"于人的性格而言就是正直；于事而言就是毛泽东所说的"实事求是"。魏象枢曾"不计身家，不避嫌怨"屡上疏参劾贪赃枉法之官员。那些正直的官员，他们不顾个人的安危，以"求是除非"的态度追求真理与正义，为国为民而行事。所以，他们得到了人们的认可。

4. 不带家属

如果说清正廉洁是个人风范，不带家属则杜绝了家属致败。在今天，许多官员自己清正，但其妻子、子女败之者不少。于成龙"自服官后，未尝携家属入署"。③张伯行"历官二十余年，未尝携眷属"，④他不仅不带家属，而且一切都从简。一个好的官员，不仅要自己做得好，还要教育好自己的家属，特别是子女。他们不以小家为家，而以国家为家；他们不以私利为利，而以国计民生为利。

5. 领导有方

所谓的措施得力就是官员领导力、执行力的具体体现。如果官员没有真才实学和真正的能力，拿不出有力的措施，不能出色地完成为官为民之重任，那么他们是不会得到上级的信任与民众的信赖。康熙朝的几位知名官员都是想有所做为的。他们采取了非常有效有力的行政措施，为国家和民众做出了巨大贡献，从而赢得了民众的拥护和爱戴。例如，于成龙，"在罗城七年，招流亡，修学校，增陴浚隍，定婚丧之制。"⑤在黄州任职时，盗匪很多。他擒获了大盗彭百龄，贳其罪，令捕盗自赎，无脱者。为擒大冶贼黄金龙，于成龙更是亲身前往盗贼之窝进行劝降，最终取胜。于成龙的这种得力措施，正是他领导有方的表现。一个领导如果没有一定的策略和措施来施展，那么他就不会取得成功，也不会得到上级和民众的认可。

---

① （清）章梫纂，褚家伟、郑天一、刘明华校注：《康熙政要》，北京：中共中央党校出版社，1994年版，第47页。

② 王先谦著：《荀子集解》，《诸子集成》，上海：上海书店出版社，1986年7月版，第14页。

③ （清）章梫纂，褚家伟、郑天一、刘明华校注：《康熙政要》，北京：中共中央党校出版社，1994年版，第75页。

④ （清）章梫纂，褚家伟、郑天一、刘明华校注：《康熙政要》，北京：中共中央党校出版社，1994年版，第88页。

⑤ （清）章梫纂，褚家伟、郑天一、刘明华校注：《康熙政要》，北京：中共中央党校出版社，1994年版，第71页。

6. 好学多识

在《康熙政要》中，有许多介绍贤臣的学习与著述的文字。这为他们的为官行事提供了很好的注脚。这些官员的勤学不辍，对学问的追求，也是他们做出贡献和功绩的重要原因。例如，（1）"图海器识沈毅，好读书上，羽檄旁午披览不辍。"①（2）费扬古"好读《左氏春秋》，手不释卷。尤工诗，虽专门家自以弗逮。"②（3）汤斌与陆陇其俱号醇儒。"陇其之学，笃守程、朱，攻陆、王不遗余力。斌之学源出孙奇逢，而能持新安、金溪之平。大旨主于刻励实行，以讲求实用，无王学杳冥放荡之弊。""斌所著《洛学编》《睢州志》《潜庵语录》《诗文集》。"③（4）"赐履平生学，以默识为真修，以笃行为至教，由程朱之涂，而上溯孔孟。其言曰'圣贤之道，不外乎庸。庸乃所以为神也'。所著书有《学统》《学辨》《学规》《学余》《经义斋》诸集。"④（5）陆陇其著有《学术辨》等书。（6）张伯行，在受弹劾时，议斩，"伯行处之恬然，读书昼夜无间，为门人讲说，成讲义数十篇。"⑤这种气度，与学而不辍的精神实在值得学习。张伯行自著有《困学录续录》《正谊堂文集》；并有未成之书《二朝名臣言行录》《四书正宗》《学易编》《王经大全》等；并刻书多种。⑥学习力是一个官员，保持新鲜生命力的重要动力。这些官员在从政之余，不忘记修身学习，实践学问，是值得后世学习的。

7. 时代影响

当然，除了上述官员自身的原因之外，我们还要看到外部的原因。康熙对官员的要求是非常严格的，要求群臣要奉公守法，清正廉明，兴利除弊。他自己首

---

① （清）章梫纂，褚家伟、郑天一、刘明华校注：《康熙政要》，北京：中共中央党校出版社，1994 年版，第 46—47 页。

② （清）章梫纂，褚家伟、郑天一、刘明华校注：《康熙政要》，北京：中共中央党校出版社，1994 年版，第 53 页。

③ （清）章梫纂，褚家伟、郑天一、刘明华校注：《康熙政要》，北京：中共中央党校出版社，1994 年版，第 58 页。

④ （清）章梫纂，褚家伟、郑天一、刘明华校注：《康熙政要》，北京：中共中央党校出版社，1994 年版，第 63 页。

⑤ （清）章梫纂，褚家伟、郑天一、刘明华校注：《康熙政要》，北京：中共中央党校出版社，1994 年版，第 87 页。

⑥ （清）章梫纂，褚家伟、郑天一、刘明华校注：《康熙政要》，北京：中共中央党校出版社，1994 年版，第 89 页。

先以身作则。他说："正朝廷以正百官，正百官以正万民，举贤退不肖，正百官也，二则不可偏废。"他对官吏严格甄别，消除罢免了不少的贪官污吏和庸碌无能之辈，选拔了一批有学识才气而又清廉的官员重臣。这是康熙朝出现大量清官，并且清官产生广泛影响力的根本的社会政治原因。这一点值得我们借鉴思考。

三、结语

由上可见，康熙朝官员的影响力具有如下特点：一是影响人数多，二是影响时间长，三是影响强度大。影响力是与领导力密切结合在一起的，正是因为这些官员具有了很强的领导力，所以才具有了很强的影响力。影响力是官员领导力的重要表现，也是官员领导力的效果形态。一个官员应该为追求广泛持久且良好的影响力而努力。

影响力是一种受影响者认可才能得到的力量。如果受影响者没有认可官员的行为，那么，我们也不能承认他具有影响力。"影响力，既不是神赐的礼物，也不是一个人与生俱来的禀赋；它既不来源于你的头衔，也不取决于你是否拥有自己的办公室；甚至它与你办公桌的大小和薪水的多少都没有直接的关系。"[①]一个官员并不是仅仅掌握了权力就可以了。只有那些真正赢得民众拥有和爱戴的人才是真正的领导。那些以权谋私者，只是蝇营狗苟的小人罢了。"影响力是一种不依靠权力，凭借自己的品德、才能、知识、情感等个人素质对被领导者所产生的自觉自愿追随的能力。"[②]其实，影响力是一种综合能力，它来自职位权、来自业绩、来自人格魅力。这三者对于影响力的形成都是必不可少的。只有职位权形不成真正的影响力，还要做出业绩，还要有人格魅力。具备了这三者就具备了形成影响力的基本条件。民众的认可才是影响力得到确立的最终标准。

《红楼梦》"好了歌"里唱道："古今将相在何方，荒冢一堆草没了。"这是消极地看待那些古今将相，其实，历史上那些英明的王侯将相、贤臣廉吏，是不会

---

① （美）史蒂芬·迪夫（Stephen Deff）著，常桦译：《影响力》，延吉：延边人民出版社，2003年9月版，第6页。

② （美）史蒂芬·迪夫（Stephen Deff）著，常桦译：《影响力》，延吉：延边人民出版社，2003年9月版，中文版序，第1页。

被忘记的。他们的故事永远流传。臧克家《有的人》一诗中说："有的人活着，他已经死了。有的人死了，他还活着。"这就是影响力。那些为民做官的人，永远活在民众心中，他们的影响力永存。

马基雅维里的领导思想

【阅读指要】

　　马基雅维里的领导思想主要体现在他的重要政治学著作《君主论》中。在书中他主要讨论了三个问题。一是君主国的不同类型及其统治，二是君主如何利用军队。雇佣军、援军和混合军都是不可用的，君主应该建立自己的军队。三是讨论了君主的德行。君主必须提防被人轻视和憎恨，为了大局迫不得已时不惜使用恶行。《君主论》是建立在人性恶论和当时残酷的现实背景基础之上的。它的许多思想对今天仍有借鉴意义。

　　尼科洛·马基雅维里（Niccolò Machiavelli，1496—1527）是意大利佛罗伦萨的政治家、外交家和思想家，他还是历史学家、军事著作者、诗人和剧作家。其传世之作有《君主论》《论李维罗马史》《佛罗伦萨史》《战争的技艺》《曼陀罗》等。其中属于政治学方面的主要为《君主论》。《君主论》是他学术著作中最小的一部，也是最有争议的一部。由此，引发了人们对马基雅维里褒贬不一的评价。[①]这部书是马基雅维里为献给当时佛罗伦萨执政的梅笛奇家族而作的。到了 20 世纪80 年代它被一些西方国家的舆论界列为当代最有影响的世界十大名著之一。在书

---

① 赵文亮、赵东喜：《近十年来我国学者对马基雅维里的研究》，《株洲师范高等专科学校学报》，
　　2000（2）。参考（英）伯林著，冯克利译：《反潮流：观念史论文集》中《马基雅维里的原创
　　性》，南京：译林出版社，2002 年 10 月版。

中，他竭力地讨论君主国是什么，它有什么种类，怎样获得，怎样维持，以及为什么会丧失。从书的内容来看主要包括三大部分，一是关于君主国的获得与维持，二是关于军事问题的讨论，三是关于君主德行的讨论。所以这些都是围绕君主如何才能维护统治展开的。本文将对《君主论》作一简要述评。

一、君主国的种类与统治

《君主论》第1—11章主要论述君主国的类型及其统治。马基雅维里认为："从古至今，统治人类的一切国家，一切政权，不是共和国就是君主国。"[①]君主国不是世袭的就是新的。而新的君主的获得或者是依靠他人的武力或君主自己的武力，否则就是由于幸运或者由于能力。"由布衣一跃而为君主，就是以能力或者幸运为其前提条件。"[②]他认为除了能力或幸运之外，还有两个方法可以使布衣而至君主。"这两个方法就是：一个人依靠某种邪恶而卑鄙的方法登上统治地位；或者一个平民依靠他的同胞们的帮助，一跃而为祖国的君主。"[③]不同途径或条件获得君主国之后，对君主国的统治也就面临不同的情况。因此，君主在获得君主国之后，就应根据不同的情况进行统治。对此，马基雅维里给出了自己的详细的对策。我们简单地列表 3-1 如下。

马基雅维里对各种类型的君主国进行分析，并且就如何对它们进行统治提出了有针对性的建议，这是非常有针对性和实用性的。但是我们也可以看到，在讨论中有时它的有些表述并不是十分的有条理和清晰，如马基雅维利所说的"能力"与"幸运"的概念都是非常含糊不清的。有些地方，以例代述，不够充分。

---

① （意）尼科洛·马基雅维里著，潘汉典译：《君主论》，北京：商务印书馆 1985 年版，第 1 页。

② （意）尼科洛·马基雅维里著，潘汉典译：《君主论》，北京：商务印书馆 1985 年版，第 24 页。

③ （意）尼科洛·马基雅维里著，潘汉典译：《君主论》，北京：商务印书馆 1985 年版，第 39 页。

表 3-1

君主国的种类	君主国的维持		备注
世袭君主国	不触犯皇宗皇族的制度，遇事随机应变		君主具备通常的能力即可
混合君主国	1. 把旧君的血统来绝 2. 不改变原有法律与赋税 3. 派遣殖民		考虑当前患难，还有未来的患难
	对于占领前在各自的法律生活的城市或君主国的统治	1. 把它们毁灭掉 2. 亲自前往驻在那里 3. 允许在原法律下生活，同时要共进贡并且在那个国家里建立一个对君主友好的寡头政府	
依靠自己武力和能力获得的新君主国	依靠自己并且采取强迫的方法。当人们不再信仰的时候，就依靠武力迫使他们就范		注意：　再没有比着手率先采取新的制度更困难和成败更不确定了
依靠他人的武力或者由于幸运而取得的新君主国	不再依靠他人的武力和幸运，必须立即做好准备保持由幸运投到他们怀中之物		单纯依靠别人和幸运的统治者发迹时容易，保持时难
以邪恶之道获得的君主国	损害行为一下干完 恩惠却一点点施予		妥善地使用或恶劣地使用残暴的手段其结果是不同的
市民的君主国	君主必须同人民保持友谊		由于获得本土其他市民的赞助而成为君主的国家
教会的君主国	不是依靠能力或幸运，而是宗教上的古老的制度		如果先前教皇已依靠坚甲利兵使教宗职位强大，后来教皇依靠善行和无限美德使它更加强大即可

二、军队类型与君主军事素养

马基雅维里是一位著名的军事家，对近代军事做出了重要贡献。[①] 恩格斯曾经称他是"第一个值得一提的近代军事著作家"。约在 1520 年，马基雅维里完成了《战争的技艺》（又译《兵法》或《战术论》），并在当年出版。这是第一部近代

---

① 彭顺生：《马基雅维里对西方近代军事的贡献》，《世界历史》，1997 年第 6 期。

军事著作，也是他生前问世的唯一主要著作。他的军事思想散见于《战争的技艺》《论李维罗马史》和《君主论》等著作中。马基雅维里长期的军事和外交活动与他对意大利历史和现实的深刻认识，使得他深深认识到军事对国家独立和民族独立的至关重要性。因此他十分重视军事。无论是在他的政治著作《君主论》，还是在军事著作《战争的技艺》中，军事始终是他着力论述的一个重要内容。在《君主论》中第十二章至第十四章专门谈论军事问题。

（一）对各类型军队的分析

马基雅维里提出了军队和法律作为立国的两大支柱的国家学说。他认为君主必须把自己建立在稳固的基础之上，否则必然地招致灭亡。他认为"一切国家，无论是新的国家、旧的国家或者混合国，其主要的基础乃是良好的法律和良好的军队"。[①] 在这两个基础上，他十分重视良好的军队，认为良好的军队比良好的法律更重要。"因为如果没有良好的军队，那里就不可能有良好的法律，同时如果那里有良好的军队，那里就一定会有良好的法律。"[②] 因此，在《君主论》中他没有讨论法律，而是重点讨论了军队。如同讨论君主国一样，马基雅维里先把军队进行了分类。他认为，君主用来保卫本国的军队，或者是他自己的军队，或者是雇佣军、援军，或者是混合军队。他一一分析了各种军队的优劣。[③]

马基雅维里认为"雇佣军和援军是无益的，并且是危险的"。雇佣军不可能成为国家的基础。因为"这些雇佣军队是不团结的，怀有野心的，毫无纪律，不讲忠义，在朋友当中则耀武扬威，在敌人面前则表现怯懦"。[④] 不仅如此，雇佣军的首领们也是不可靠的。能干的总是渴求自我扩张，不是压迫自己的主人就是违反主人的意思压迫他人，无能的人则往往使主人毁灭。马基雅维里把意大利崩溃的原因归之于多年来依赖雇佣军。雇佣军将领们的勇武带来的结果却是意大利遭受查理八世的蹂躏、路易十二世的掠夺、费尔迪南多的摧残和瑞士人的凌辱。他认

---

① （意）尼科洛·马基雅维里著，潘汉典译：《君主论》，北京：商务印书馆，1985 年版，第 57 页。

② （意）尼科洛·马基雅维里著，潘汉典译：《君主论》，北京：商务印书馆，1985 年版，第 57 页。

③ 彭顺生：《创建西方近代国民自卫军的先驱——马基雅维里》，《广州师院学报（社会科学版）》，1997 年第 1 期。

④ （意）尼科洛·马基雅维里著，潘汉典译：《君主论》，北京：商务印书馆，1985 年版，第 57 页。

为，"雇佣军只能造成损失"，并无什么可取之处。

外国的援军是请求一个强国进行援助和保卫自己的时候派来的军队。马基雅维里认为，这也是一种无益的军队。他认为，"这种军队本身可能是有用的，可是对于招请这些军队的人来说却几乎经常是有害的，因为如果他们打败了，你就完蛋了，反之如果他们赢得了胜利，你就要成为他们的俘虏。"① 因此，马基雅维里发出了"谁不想胜利，就利用这种援军吧"的警告。他把外国援军和雇佣军进行了对比，认为"他们带来的危险比雇佣军多得多，因为援军到来也就造成了毁灭的条件，他们全体团结一致，而且完全听从外国人的命令"②。因此，外国援军的到来就为自己的毁灭埋下了祸根。就雇佣军而论，如果他们获胜，他们要加害君主，却需要更长的时间和较好的机会。因为他们并不是一个整体，并且由君主发给军饷，其头目是君主委派的第三者，他是不能够立即取得足够权威来加害君主的。"总之，就雇佣军而言，其懒散怯懦是最危险的；若就援军而论，其英勇剽悍却是最可怕的。"③ 因此，他劝诫英明的君主应该谢绝使用外国援军，转而依靠自己的军队。他甚至偏激地说："他宁可依靠自己的军队打败，而不愿依靠他人的武力制胜。"④ 可见，他对使用外国援军的极力反对态度之决绝。

混合军是一部分雇佣军和一部分本国军队组成的军队。马基雅维里认为"这种军队整个地说来比单纯的雇佣军或者单纯的外国援军好得多。可是比全部是本国的军队毕竟差得远了"。⑤ 关于混合军马基雅维里并没有专门拿出来论述，而是放在一个具体的例子里面来论述的。法国的查理七世把法国从英国人的统治之下解放出来后认识到依靠自己的军队武装自己的重要性，制定了关于步兵和骑兵的规章制度。但他的儿子路易十一继位后废除了本国步兵，招募瑞士士兵，在作战中长期依靠法国骑兵和瑞士士兵协同作战并成为习惯。结果法国人没有能力对抗瑞士人，而且没有瑞士人就不敢对抗别人，如果没有瑞士兵就不能够战胜。由此，马基雅维里得出结论：如果查理七世的制度得到发展或者坚持下去，法兰西王国将是不可战胜的。

既然雇佣军、援军和混合军都是不可用的，那么什么样的军队者是良好的军

① （意）尼科洛·马基雅维里著，潘汉典译：《君主论》，北京：商务印书馆，1985年版，第64页。
② （意）尼科洛·马基雅维里著，潘汉典译：《君主论》，北京：商务印书馆，1985年版，第65页。
③ （意）尼科洛·马基雅维里著，潘汉典译：《君主论》，北京：商务印书馆，1985年版，第65页。
④ （意）尼科洛·马基雅维里著，潘汉典译：《君主论》，北京：商务印书馆，1985年版，第65页。
⑤ （意）尼科洛·马基雅维里著，潘汉典译：《君主论》，北京：商务印书馆，1985年版，第67页。

队呢？他认为君主只有拥有自己的军队才是最可靠的。"所谓自己的军队就是由臣民、市民或者你的属民组成的军队。"① 他认为，任何一个君主国如果没有自己的军队，它是不稳固的。"只有依靠你自己和你自己的能力来保卫，才是可靠的、有把握的和持久的。"②

（二）君主应具备的军事素养

马基雅维里在讨论了各种军队对于君主或国家的作用之后，讨论了"君主关于军事方面的责任"，也就是君主所应具备的军事素养。他认为"君主除了战争、军事制度和训练之外，不应该有其他的目标、其他的思想，也不应该把其他事情作为自己的专业，因为这是进行统帅的人应有的唯一的专业。"③ 这是一种夸张的说法，但可以看出马基雅维里强调军事对于君主的重要性。他把军事看作是国家兴亡的重要原因。"亡国的头一个原因就是忽视这种专业，而使你赢得一个国家的原因，就是因为你精通这门专业。"④

君主应该具备什么样的军事素养呢？为了精通军事训练这个专业，马基雅维里向君主提供了两个方法，其一是采取行动，其二是靠思考。根据《君主论》第十四章笔者把君主所应具备的军事素养细化为如下方面。第一，提高认识。君主要认识到不整军经武，就使得人们蔑视你，这是君主必须提防的奇耻大辱之一。武装起来的人同没有武装起来的人是无法比较的。一个君主如果不懂军事，除了许多其他不幸之外，他既不能获得自己的士兵的尊敬，而自己也不能够信赖他们。第二，居安思危，闲时以备。马基雅维里说："君主永远不要让自己的思想离开军事训练问题，而且他应该在和平时期比在战争时期更加注意这个问题。"⑤ "在和平时期绝不能够无所事事，相反，应该努力地利用这些时间，以便在命运逆转的，就已经做好了反击的准备。"⑥ 第三，妥善训练他人。他认为君主"必须把他的人妥善地组织起来加以训练。"第四，自己积极锻炼身体。他认为，君主自己必须不断

---

① （意）尼科洛·马基雅维里著，潘汉典译：《君主论》，北京：商务印书馆，1985年版，第68页。
② （意）尼科洛·马基雅维里著，潘汉典译：《君主论》，北京：商务印书馆，1985年版，第116页。
③ （意）尼科洛·马基雅维里著，潘汉典译：《君主论》，北京：商务印书馆，1985年版，第69页。
④ （意）尼科洛·马基雅维里著，潘汉典译：《君主论》，北京：商务印书馆，1985年版，第69页。
⑤ （意）尼科洛·马基雅维里著，潘汉典译：《君主论》，北京：商务印书馆，1985年版，第70页。
⑥ （意）尼科洛·马基雅维里著，潘汉典译：《君主论》，北京：商务印书馆，1985年版，第72页。

地从事狩猎，借以锻炼身体，习惯于艰苦生活。第五，熟悉地理。君主应该在狩猎、锻炼身体的过程中，尽量熟悉地理。他认为熟悉地理有两种用处，一是了解国土，懂得怎样保护它；二是有这样的知识与经验可以较容易地了解其他任何地方。他认为"君主如果缺乏这种专长，也就是缺乏了一个首领应该具备的头一个条件"。[1]第六勤于思考，阅读历史。马基雅维里认为："为了训练脑筋，君主还应该阅读历史，并且研究历史上伟大人物的行动，看看他们在战争中是怎样做的，检查他们胜利与失败的原因，以便避免后者而步武前者。最重要的是他应当像过去那些伟大人物那样做。他们要选择某一个受到赞美和尊崇的前人作为榜样，并且经常把他们的举措和行动铭记心头。"[2]马基雅维里认为这一类的方法君主必须要遵守。

三、君主德行与统治之术

在讨论过君主国和军事问题之后，马基雅维里集中讨论君主的德行问题，或说讨论君主如何才能够成为一名合格的君主的问题。这主要体现在《君主论》第十五章以后的章节里。正是在这一部分产生了人们所谓的"马基雅维里主义"。马基雅维里被称为是第一个使政治学独立，同伦理学彻底分家的人，有资产阶级政治学奠基人之称。这也主要是因为这些章节里的思想所致。

（一）君主的善行与恶行

虽然第十八章"论君主应当怎样守信"是这本书最受非议、最引起争议的一章，马基雅维里主义主要体现在这一章里。但是第十五章是马基雅维里思想关键的一章。在这一章里他说："人们实际上怎样生活同人们应当怎样生活，其距离是如此之大，以致一个人要是为了应该怎样办而把实际上是怎么回事置诸脑后，那么他不但不能保存自己，反而会导致自我毁灭。"[3]正是在这样分开来看的基础上，

---

① （意）尼科洛·马基雅维里著，潘汉典译：《君主论》，北京：商务印书馆，1985年版，第70页。
② （意）尼科洛·马基雅维里著，潘汉典译：《君主论》，北京：商务印书馆，1985年版，第71页。
③ （意）尼科洛·马基雅维里著，潘汉典译：《君主论》，北京：商务印书馆，1985年版，第73页。

他主张应该按照实际上是怎么回事行动，而不应按照应该怎样办行事。

马基雅维里列举了十种优良的品质和恶劣的品质（见表3-2）。

表 3-2

优良的品质	恶劣的品质
乐善好施	贪得无厌
慈悲为怀	残忍成性
言而有信	食言而肥
勇猛强悍	软弱怯懦
和蔼可亲	矜傲不逊
纯洁自持	淫荡好色
诚恳	狡猾
容易相与	脾气僵硬
稳重	软浮
虔诚之士	无信仰之徒

正是因为应该按照实际行事，所以君主没有必要全部去遵守善行，而且"一个君主如果保持自己的地位，就必须知道怎样做不良好的事情，并且必须知识视情况的需要与否使用这一手或者不使用这一手"[①]，"君主必须有足够的明智远见，知道怎样避免那些使自己亡国的恶行，并且如果可能的话，还要保留那些不会使自己亡国的恶行，但是如果不能够的话，他可以毫不踌躇地听之任之"[②] 他告诫君主，"如果没有那些恶行，就难以挽救自己的国家的话，那么，他也不必要因为对这些恶行的责备而感到不安，因为如果好好地考虑一下每一件事情，就会察觉某些事情看来好像是好事，可是如果君主照着办就会自取灭亡，而另一些事情看来是恶行，可是如果照办了却给他带来安全与福祉。"[③] 虽然如此，他还是说："如果可能的话，他还是不要背离善良之道，但是如果必需的话，他就要懂得怎样走上

---

① （意）尼科洛·马基雅维里著，潘汉典译：《君主论》，北京：商务印书馆，1985年版，第74页。
② （意）尼科洛·马基雅维里著，潘汉典译：《君主论》，北京：商务印书馆，1985年版，第74页。
③ （意）尼科洛·马基雅维里著，潘汉典译：《君主论》，北京：商务印书馆，1985年版，第75页。

为非作恶之途。"①可见，他并不是教导君主放纵地、随心所欲地实施恶行。恶行的实施是有条件的。第一是为了国家大局，第二是在迫不得已的情况下。所以，马基雅维里所说的并不像人们所说的"为了目的不择手段"。"为了目的不择手段"是在一切情况下都可以不择手段的。但马基雅维里不是这样，而是有必要的约束。

马基雅维里关于狐狸和狮子的说法提纲挈领地道出了为君之法。②他认为世界上有两种斗争方法：一种是运用法律，另一种是运用武力。前一种是人类特有的，后一种是属于野兽的。君主必须懂得怎样善于使用野兽和人类所特有的斗争方法。他必须懂得怎样运用人性和兽性，并且必须知道：如果只具有一种性质而缺乏另一种性质，不论哪一种性质都是不经用的。君主既然必须懂得善于运用野兽的方法，他就应当同时效法狐狸与狮子。君主既要具有狐狸的狡猾又要具有狮子的勇猛。由于狮子不能够防止自己落入陷阱，而狐狸则不能够抵御豺狼。因此，君主必须是一头狐狸以便认识陷阱，同时又必须是一头狮子，以便使豺狼畏惧。

（二）君主的统治之术

在马基雅维里看来，"一个君主头一件事就是，必须提防被人轻视和憎恨"。③因为许多皇帝们灭亡的原因或者是仇恨，或者是轻蔑。④因此，这个问题成为马基雅维里讨论君主统治之术的统领问题。围绕这个问题，他对君主应当的行为做了种种分析。根据马基雅维里的论述，我们把君主的统治术归纳为如下方面。

1. 君主要赢得人们的尊敬。他认为君主要靠自己的行动赢得尊敬。他说："世上没有任何事情比得上伟大的事业和做出卓越的范例，能够使君主赢得人们更大的尊敬。"⑤最重要的是"一位君主必须依靠他的行动去赢得伟大人物与才智非凡的声誉"。⑥具体而言，在外交上，不要保持中立，当他公开表示自己毫无保留地赞助某方或反对某方的话，他也会受到尊敬。在外交上，一个君主应当注意，绝不要为了进攻别国而同一个比自己强大的国家结盟，除非有此必要，迫不得已。因

---

①（意）尼科洛·马基雅维里著，潘汉典译：《君主论》，北京：商务印书馆，1985年版，第85页。

②（意）尼科洛·马基雅维里著，潘汉典译：《君主论》，北京：商务印书馆，1985年版，第83页。

③（意）尼科洛·马基雅维里著，潘汉典译：《君主论》，北京：商务印书馆，1985年版，第78页。

④（意）尼科洛·马基雅维里著，潘汉典译：《君主论》，北京：商务印书馆，1985年版，第98页。

⑤（意）尼科洛·马基雅维里著，潘汉典译：《君主论》，北京：商务印书馆，1985年版，第103页。

⑥（意）尼科洛·马基雅维里著，潘汉典译：《君主论》，北京：商务印书馆，1985年版，第107页。

为如此，即使获胜，也仍然成为强国的俘虏。君主要显得珍爱人才，奖励各行业中的杰出人物；要激励各行业人员安心从业；要在适当时候使人民欢度节日和赛会；要重视和会见社会集团等。这样他就可以赢得人们对他的尊敬。

2. 君主要避免轻视与憎恨。（1）君主要避免被人轻视。君主如果被人认为变幻无常、轻率浅薄、软弱怯懦、优柔寡断，就会受到轻视。因此，他必须像提防暗礁一样提防这一切。他应该努力在行动中表现伟大、英勇，严肃庄重、坚忍不拔。他应该使人们相信：谁都不要指望欺骗他或者瞒过他。君主使人们对他抱有这样的见解，变会深受敬重，同时能够防止阴谋，因为阴谋反对一个被认为卓越非凡且受到人们敬重的人是困难的。（2）君主要使人爱惧兼备。在究竟是被人爱戴还是被人畏惧好的问题上，马氏认为最好是两者兼备。他认为，被人畏惧比受人爱戴安全得多。"人们爱戴君主，是基于他们自己的意志，而感到畏惧则是基于君主的意志，因此一位明智的君主应当立足在自己的意志之上，而不是立足在他人的意志之上。"①（3）君主要避免被憎恨。即使自己不能赢得人们的爱戴，也要避免自己为人们所憎恨；因为一个人被人畏惧又不为人们所憎恨，是可以很好地结合起来的。只要他对自己的公民和自己的属民的财产，对他们的妻女不染指，那就可以了。②"贪婪，霸占臣民的财产及其妇女，特别使君主被人衔恨；因此，他必须避免这两件事情。"③马氏认为，人们忘记父亲之死比忘记遗产的丧失还来得快些。当大多数人的财产和体面都没有受到侵犯的时候，他们就安居乐业。④

3. 君主要弃虚名重实际。马氏认为君主应该重实际，而不要为了虚名而行事。为了不去掠夺老百姓，为了能够保卫自己，为了不陷于穷困以致为人们所轻蔑，为了不致变成勒索强夺之徒，君主不应该介意招来吝啬之名。他提醒君主不要滥用仁慈。君主为使自己的臣民团结一致和同心同德，对于残酷这个恶名也不应有所介意。他甚至认为，在所有的君主当中，新的君主由于新的国家充满着危险，要避免残酷之名是不可能的。当然，他也告诫君主要妥善地使用暴力。在信义方面，他认为"当遵守信义反而对自己不利的时候，或者原来使自己作出诺言的理由现在不复存在的时候，一位英明的统治者绝不能够，也不应当遵守信义"⑤。他告

---

① （意）尼科洛·马基雅维里著，潘汉典译：《君主论》，北京：商务印书馆，1985年版，第82页。
② （意）尼科洛·马基雅维里著，潘汉典译：《君主论》，北京：商务印书馆，1985年版，第81页。
③ （意）尼科洛·马基雅维里著，潘汉典译：《君主论》，北京：商务印书馆，1985年版，第87页。
④ （意）尼科洛·马基雅维里著，潘汉典译：《君主论》，北京：商务印书馆，1985年版，第87页。
⑤ （意）尼科洛·马基雅维里著，潘汉典译：《君主论》，北京：商务印书馆，1985年版，第84页。

诫君主必须注意"善行如同恶行一样可以招致憎恨"①，善行可能将会与君主为敌。因此，为了实际需要，君主要不惜恶行。

4.君主要学会掩饰自己。马基雅维里认为：由于人类的条件不允许，君主既不能全部有那些优良的品质，也不能够完全地保持它们。君主事实上没有必要具备他所列举的所有良好品质，却很必要显得具备这一切品质。他甚至认为，"如果具备这一切品质并且常常本着这些品质行事，那是有害的；可是如果显得具备这一切品质，那却是有益的。"②他告诉君主，"你要显得慈悲为怀、笃守信义、合乎人道，清廉正直，虔敬信神，并且还要这样去做，但是你同时要有精神准备作好安排：当你需要改弦易辙的时候，你要能够并且懂得怎样作一百八十度的转变。"③因此，君主必须学会掩饰自己，在正常情况下，使自己显得具备优良的品质，但在特殊情况下要使用恶行，之后要掩饰恶行。一位君主总是不乏正当的理由为其背信弃义涂脂抹粉。他认为深知怎样做狐狸的人会获得最大的成功。君主必须深知怎样掩饰这种兽性，并且必须做一个伟大的伪装者和假好人。

5.君主要高度重视人民。马氏还认为君主最好不过的堡垒是不要被人民憎恨。因此他主张君主一定要和人民搞好关系。"因为即使你拥有堡垒，如果人民憎恨你，任何堡垒都保护不了你，因为当人民一旦拿起了武器的时候，外人就帮助他们，这是少不了的。"④"当人民对君主心悦诚服的时候，君主对于那些阴谋无须忧心忡忡；但是如果人民对他抱有敌意，怀着怨恨的话，他对任何一件事，对任何一个人就必然提心吊胆。"⑤无论什么情况下，人民都是君主争取的对象。绝不可小看人民。"如果人民满怀不满，君主是永远得不到安全的，因为人民为数众多。"⑥马氏断言："君主必须同人民保持友谊，否则他在逆境之中就没有补救办法了。"⑦

6.君主要学会遴选笼络大臣。如果君主左右的人是有能力且忠诚的，那么君主也被认为是明智的。就如何识明大臣的忠诚与否，马基雅维里提出的一个办法

①（意）尼科洛·马基雅维里著，潘汉典译：《君主论》，北京：商务印书馆，1985年版，第91页。
②（意）尼科洛·马基雅维里著，潘汉典译：《君主论》，北京：商务印书馆，1985年版，第85页。
③（意）尼科洛·马基雅维里著，潘汉典译：《君主论》，北京：商务印书馆，1985年版，第85页。
④（意）尼科洛·马基雅维里著，潘汉典译：《君主论》，北京：商务印书馆，1985年版，第103页。
⑤（意）尼科洛·马基雅维里著，潘汉典译：《君主论》，北京：商务印书馆，1985年版，第90页。
⑥（意）尼科洛·马基雅维里著，潘汉典译：《君主论》，北京：商务印书馆，1985年版，第46页。
⑦（意）尼科洛·马基雅维里著，潘汉典译：《君主论》，北京：商务印书馆，1985年版，第47页。

是看大臣是否想着自己甚于想着君主，并且在一切行动中追求自己的利益。如果这样，这个大臣不可信。就如何笼络大臣，他说："为了使大臣保持忠贞不渝，君主必须常常想着大臣，尊敬他，使他富贵，使他感恩戴德，让他分享荣誉，分担职责；使他更无所求，他已有许多财富使他不想更有所得，而且他已负重任使他害怕更迭。"① 马氏所提出的笼络人心的策略是在实践中被证明有效的。

7. 君主要防止阿谀诌媚。马氏告诫君主要防止来自诌媚者的危险。大家能够对君主讲真话是人们对他的尊敬就减少了。他提出的策略是，"在他的国家里选拔一些有识之士，单独让他们享有对他讲真话的自由权，但只是就他所询问的事情，而不是任何其他事情。但是他对于一切事情都必须询问，并且听取他们的意见；然后按照自己的看法作出决定。"② "一位君主应该常常征求意见，但是应该在他自己愿意的时候，而不是在他人愿意的时候；另一方面，对于他不征询意见的任何事情，他应该使每一个人都没有提意见的勇气。"③ 他认为君主必须要有自己的主见，"一切良好的忠言，不论来自任何人，必须产生于君主的贤明，而不是君主的贤明产生于良好的忠言"。④

8. 君主要适应并征服命运。君主要适应命运，但君主不能完全依靠命运。"任何一位君主如果他完全依靠命运的话，当命运变化的时候他就垮台。"⑤ 他认为君主应该与命运的变化相适应、相协调。"当命运正在变化之中而人们仍然顽强地坚持自己的方法时，如果人们同命运密切地协调，他们就成功了；而如果不协调，他们就不成功。"⑥ 因此，"一位君主必须有一种精神准备，随时顺应命运的风向和事物的变幻情况而转变。"⑦ "如果一个人能够随着时间和事态的发展而改变自己的性格，那么命运是决不会改变的。"⑧ 不仅仅如此，他还主张君主要征服命运。命运就像一个女子，迅猛胜于小心谨慎，应大胆地制服她。

结合前面的讨论，我们可以看到君主应当具备的一些基本素养。君主应当注

---

① （意）尼科洛·马基雅维里著，潘汉典译：《君主论》，北京：商务印书馆，1985年版，第111页。
② （意）尼科洛·马基雅维里著，潘汉典译：《君主论》，北京：商务印书馆，1985年版，第112页。
③ （意）尼科洛·马基雅维里著，潘汉典译：《君主论》，北京：商务印书馆，1985年版，第113页。
④ （意）尼科洛·马基雅维里著，潘汉典译：《君主论》，北京：商务印书馆，1985年版，第114页。
⑤ （意）尼科洛·马基雅维里著，潘汉典译：《君主论》，北京：商务印书馆，1985年版，第118页。
⑥ （意）尼科洛·马基雅维里著，潘汉典译：《君主论》，北京：商务印书馆，1985年版，第120页。
⑦ （意）尼科洛·马基雅维里著，潘汉典译：《君主论》，北京：商务印书馆，1985年版，第83页。
⑧ （意）尼科洛·马基雅维里著，潘汉典译：《君主论》，北京：商务印书馆，1985年版，第119页。

重实力，完备法律，效法前人，不存侥幸，富于远见，居安思危，见微知著，善于伪装，防止谄媚，制服命运，驾驭命运，知时势而通权变，防患于未然，注意奖励人才，学会识别、使用和赏罚大臣，在外交上不要中立，不与强国结盟，要庇弱抑强，等等。总之，马氏认为，凡聪明的君主就应该运用暴力与欺骗、高压与怀柔、刽子手与牧师相结合的软硬兼施的手法来维护自己的统治。这也是其统治术的精髓。[①]

四、君主论的理论与现实基础

马基雅维里的君主论思想的产生，并不是凭空而来的，而是有其理论和现实的基础。它的理论基础是人性恶论，它的现实基础则是作者所处的时代背景。

1. 人性恶论。马基雅维里明确地提出"人性是恶劣的"[②]"关于人类，一般地可以这样说：他们是忘恩负义、容易变心的，是伪装者、冒牌货，是逃避危难，追逐利益的"[③]。这种人性恶是与人性自利联系在一起的。这是马基雅维里对人性的基本认识。正是因为"人们是恶劣的，并且对你并不是守信不渝的，因此你也同样地无需对他们守信"[④]。马基雅维里的人性恶论与他所处的时代背景有一定的联系。当时的意大利和佛罗伦萨充满了野心勃勃和厚颜无耻的厮杀，以及为了争权夺利而进行的冷酷谋算和尔虞我诈，社会道德腐朽、败落。马基雅维里1518年创作的剧作《曼陀罗》就是对当时社会道德的嘲笑。专门研究马基雅维里的学者阿兰·吉尔伯特甚至有点夸张地说不读《曼陀罗》就不懂得《君主论》。也就是说，不理解当时的社会道德状况和马基雅维里对当时社会道德的态度就难以理解他在《君主论》中为什么会有这样的思想。在对社会现实的观察中，马基雅维里很自然地得出人性恶的结论。因此，他强调君主的统治必须建立在对人性恶了解的基础上，以恶治恶。

2. 时代背景。马基雅维里"君主论"的提出与他所处的历史时代和生活经历是分不开的。当时的意大利及佛罗伦萨在经济上已出现资本主义萌芽，但相对于

---

① 赵丽：《反观马基雅维里的统治术》，《红河学院学报》，2004年第2期。

② （意）尼科洛·马基雅维里著，潘汉典译：《君主论》，北京：商务印书馆，1985年版，第80页。

③ （意）尼科洛·马基雅维里著，潘汉典译：《君主论》，北京：商务印书馆，1985年版，第80页。

④ （意）尼科洛·马基雅维里著，潘汉典译：《君主论》，北京：商务印书馆，1985年版，第84页。

这一时期，欧洲的法国、英国及西班牙等国家的经济发展还是迟缓的。在政治体制上，上述国家已经建立了统一的民族国家，但意大利仍然没有脱离封建分裂状态。当时，政治上四分五裂，邦国林立。半岛上存在米兰共和国、威尼斯共和国、佛罗伦萨共和国、那波利王国和教皇辖地等五个较大的国家及许多小的封建领地。罗马教皇在各个小国之间纵横捭阖，不断制造分裂，挑起战争。法国、德国、西班牙也乘虚而入，使意大利陷入内忧外患、水深火热之中。统一意大利，发展资本主义经济，成为当时意大利资产阶级的迫切要求。1494 年，法军入侵佛罗伦萨，佛罗伦萨统治者不战而降，佛罗伦萨人举行起义，推翻了美第奇家族的专制统治，重新建立共和国，马基雅维里从此踏入政界。他所从事的 14 年的政治工作，特别是外交实践，为他的政治学说及《君主论》提供了丰富的历史例证。从 30 岁开始他先后出访近 30 次，到过法国、瑞士、德意志各国和意大利各城邦。这些出访使他深深感到意大利的四分五裂、内忧外患和国势衰弱以及弱国无外交。由此，他产生了强烈的挽救国家命运的紧迫感和谋求富国强兵、民族独立的渴望。他逐渐认识到，唯有实行君主制才能实现意大利的统一与稳定。这就必须有一位强有力的、精通治国之术的，有无情的意志和多变的手腕的君主。这样我们就不难理解为什么他会创作《君主论》这样一部著作，以及《君主论》里所阐述的思想了。

《君主论》无疑是一部优秀的政治著作。虽然它的理论中存在许多局限[1]，如国家至上主义、统治者权力与国家权力的混淆，把统一国家、治理国家寄希望于统治者而不是人民，等等。但是它的许多观点仍然有可取之处，如领导者要赢得人们的尊敬、避免轻视与憎恨、要重视人民群众等，对我们今天的领导干部仍然具有学习和借鉴意义。[2] 我们应该辩证的对待，取其精华，弃其糟粕，为我们今天的现实生活服务。

---

[1] 赵丽：《反观马基雅维里的统治术》，《红河学院学报》，2004 年第 2 期。

[2] 韦琳：《论 "非道德主义者" 马基雅维里的政治道德观》，《上海师范大学学报（社会科学版）》，2002 年第 2 期。

第四章　领导学的发展

　　领导活动的开展需要一定的理论指导。领导理论的发展会在一定程度上推动领导者品格的塑造，领导力的提升和领导活动的顺利开展。西方领导学固然已有丰富的理论成果，但那是根植于他国实情与语境构建的，学习和借鉴是可以的，但不能代替我们自己的领导理论建构。建设具有中国特色的领导学，是中国领导学学人努力的方向。

中国领导学：进展、问题与趋向 [①]

【阅读指要】

　　中国领导学研究经过 20 多年的发展已取得了很大进展，主要表现为领导学学科体系基本建立，领导学概念范畴基本明确，领导学研究的问题域基本形成，领导学研究队伍基本建立，领导学研究平台基本搭建。中国领导学发展中存在的问题主要有：领导学学科尚未完全自立，领导学研究方法尚未形成，领导思想史有待挖掘，领袖的领导思想有待提炼，国外领导理论有待消化吸收。未来中国领导学将呈现出走向丰富的领导实践、走向中西会通、走向多学科视野、走向学科整合、走向元研究等发展趋势。

　　领导现象自古有之。领导活动是古老的，领导学学科却是年轻的。在西方，"领导（leadership）"一词在 19 世纪才出现。20 世纪初，伴随着古典管理理论的产生，西方国家开始了对领导理论的研究。20 世纪 30 年代，领导学作为一门学科才诞生。从最初的伟人理论、领导特质理论到领导风格理论、情境理论、权变理论、路径—目标理论、变革型领导理论、团队领导理论、心理动力学理论等，西方领导学发展逐渐成熟和完善。我国的领导学发展较之西方起步要晚。20 世纪 80 年代

---

① 本文与郑金洲教授合作，发表于《中国浦东干部学院学报》创刊号，2007 年第 1 期，第 55—62 页。另，本文收录陈熙春、王建国、金荣根主编：《领导学视野中领导能力研究》，上海：上海人民出版社，2007 年 6 月版，第 6—26 页。

以来，人们对领导学的关注逐渐加强，领导（科）学在我国迅速发展起来。经过20年的努力，中国领导学研究取得了迅速而重大的进展，同时也面临一些问题。随着时代发展和学科发展，中国领导学研究呈现出一些新的发展趋向。

一、中国领导学研究的进展

1980年在全国首届未来学学术讨论会上，领导科学的名称被确定下来，在会后发表的第一篇全面论述领导科学与领导艺术的论文中，对领导科学的概念作了界定。1981年9月，中组部、中宣部联合召开的干部教育工作座谈会，提出了在各级党校、干校开设领导科学课程的设想。1982年10月3日，中共中央、国务院在《关于中央党政机关干部教育工作的决定》中提出，科学的领导方法、工作方法是各级干部的基础课，明确把领导科学列为党政干部必读的公共业务基础课，即把学习领导科学第一次写入中央文件。[①]1983年5月，广西人民出版社出版了夏禹龙、刘吉、冯之浚、张念椿四人编写的《领导科学基础》一书。这是我国第一本公开出版的领导科学专著。本书发行量逾百万册，成为当时全国许多领导干部案头必备书籍。1985年3月15日，河南省社会科学联合会主办的我国第一家公开发行的领导科学专业刊物《领导科学》创刊。1985年4月（22日—28日），由领导科学杂志社、河南省社会科学联合会发起主办的全国首届领导科学学术研讨会在古都洛阳召开[②]。上海市于1986年2月创办了《现代领导》杂志。1986年10月4日，时任上海市市长的江泽民同志出席由中共上海市委组织部和《现代领导》杂志联合举办的"领导科学系列讲座"开学典礼，并作了题为《各级领导干部要研究领导科学》的重要讲话[③]。这一讲话对领导科学在我国的确立、研究和发展产生了重要而久远的影响。

以领导学方面第一本专著的出版、第一份专业杂志的创刊、第一次全国学术

---

① 到了1996年，中共中央又把领导科学列入《1996—2000年全国干部教育培训规划》，特别强调"县处级以上领导干部"要"学习领导科学知识"。

② 此后分别于武汉、成都、柳州、长沙、海口、呼和浩特（1997年8月13—18日）、成都（2001年9月12—14日，在中共四川省委党校）召开了7次全国领导科学研讨会。

③ 这一讲话经江泽民同志同意，随即在《现代领导》杂志上发表，并于8年后的1994年，又经江泽民同志亲自审定，再次在《现代领导》杂志上发表。

会议的召开和江泽民的讲话为标志，20 世纪 80 年代中期，中国领导学正式确立了。从那时起，我国研究领导科学的论文、著作、辞书、论文集，以及讲座、研究班、学术讨论会、研究会[①]等，如雨后春笋，纷纷面世。领导学是我国学术界近年来发展最快的新兴学科之一。中国领导学研究这些年来的进展表明中国领导学发展取得了重大成果。主要表现在如下方面。

（一）领导学学科体系和学科系统基本建立

1. 领导学学科体系的建立

一个学科的发展首先要建立自己相对完整的学科体系。"所谓学科体系，就是指该学科的内部组织结构问题，即框架结构问题。具体地说，就是指该学科各个组成部分相互联系相互制约而构成的统一体。学科体系属于设计问题，它建立在对学科研究内容归纳的基础上，可以反映学科研究内容的全貌。"[②]领导学的发展同样需要自身体系的建立、完善与发展。经过大家长期的努力，具有中国特色的领导学学科体系已经基本建立。由于学科体系是一个设计问题，所以不同学者可能会从不同角度提出领导学的学科体系。可以说每一本领导学教材的纲目就是一个领导学的学科体系。众多的领导学专著、教材已为我们提供和建立了数百个大同小异或小同大异的领导学体系。最早出现的是照搬国外管理科学内容的学科体系，后来又有了一些新的发展。主要有如下几种：①由领导职能、领导方法、领导机构、领导素质和领导效益五个部分组成的学科体系；②由领导调研、领导信息、领导预测、领导决策、领导指挥、领导监督、领导评价等领导过程诸环节串联而成的体系；③由本职论、职能论、主体论、方法论、环境论与效能论依序贯通的体系；④由基础领导理论、技术领导理论和应用领导理论组成的体系[③]；⑤由领导科学原理、应用原理、领导实践、领导效能和领导法规五个部分组成的体系。[④]

---

① 就全国的领导科学研究会而言，1988 年 11 月，中国领导科学研究会筹备组成立；1989 年 11 月，正式成立了中国领导学研究会筹委会；2002 年 1 月 11 日，国家民政部正式发文，同意中国领导科学研究会筹备成立。
② 陈祖耀：《论领导科学的学科体系——兼析其它几种领导科学体系》，《攀登》，1998 年第 3 期。
③ 刘东民、程远泉：《论领导方法与艺术研究和完善领导科学体系》，《理论探讨》，1997 年第 5 期。
④ 陈祖耀：《论领导科学的学科体系——兼析其它几种领导科学体系》，《攀登》，1998 年第 3 期。

大致说来，领导学的学科体系包括如下方面的具体内容：领导概念、领导要素、领导作用、领导内容、领导历史、领导理论、领导哲学、领导文化、领导伦理、领导思维、领导心理、领导行为、领导环境、领导本质、领导规律、领导范畴、领导原则、领导职能、领导权力、领导体制、领导素质、领导作风、领导活动、领导战略、领导调研、领导信息、领导预测、领导决策、领导用人、领导指挥、领导监督、领导手段、领导方法、领导艺术、领导效益、领导教育和领导评价等。学科的理论体系在一个较长时间内定型不了，即使能够定型，不同的人也可以有不同的理解，也会因为事物的不断发展和社会的不断进步，实践的不断丰富、认识的不断提高而发生改变。所以，上述领导学学科体系只是我们提供的一个参考体系。

2. 领导学学科系统的建立

学科发展的另一个表现是学科系统的发展与形成。学科系统是由各分支学科构成的具有内部联系的成体系的组织。中国领导学在 20 多年的发展中逐渐形成了自己的学科系统。领导学的学科系统可以有不同的组织形式。①从学科的角度来看，从部门上划分，领导学已经涉及政治领导学、行政领导学、司法领导学、政党领导学等；从层次上划分，有宏观（高层）领导学、中观（中层）领导学、微观（基层）领导学；从研究目的划分，有领导基础学、领导技术学、领导工程学；从交叉学科划分，有领导教育学、领导心理学[1]、领导管理学、领导哲学、领导人才学[2]、领导伦理学、领导文化学、领导史学[3]、领导监督学[4]、领导思想史、领导体制史等不同学科。从领导学涉及的研究领域来看，经济领导学、行政领导学、军事领导学、企业领导学、工会领导学[5]等都有所发展。②从纵横的角度来看，从纵的方面可划分为领导科学学、领导技术学、领导艺术学、领导方法学、领导哲学；从横的方面可划分为政党领导学、行政领导学、军事领导学、企业领

---

① 吴岩著：《领导心理学》，北京：中央编译出版社，2002 年版。

② 王元瑞著：《领导人才学概论》，北京：中共中央党校出版社，1992 年版；王元瑞著《领导人才的科学管理》，北京：中国社会出版社，1998 年版。

③ 萧少秋主编：《中国领导思想史简编》，北京：中共中央党校出版社，1995 年版。

④ 张向群主编：《领导监督学》，经济科学出版社，1990 年版。

⑤ 叶毅：《切实加强工会院校工会领导学的教学》，载《工会论坛》，2001 年第 2 期。

导学、科技领导学、教育领导学等六大学科[①]。虽然，在领导学学科系统中的许多学科的发展还是十分不成熟的，但是，一个大致的领导学学科系统已经基本形成了。

（二）领导学概念范畴基本形成

作为一门学问或学科必须有自己不同于其他学问或学科的研究领域、概念范畴。领导学在发展过程中，在对研究对象的研究和研究范围的拓展中逐渐形成了自己的概念范畴。早期的学者认为，领导学的研究范围是："①领导观念；②领导体制；③领导职责；④决策科学化；⑤群众关系。"[②] 随着领导学研究的深入和领导学学科的发展，领导学的研究范围不断拓展。根据目前的情况，领导学的研究范围概括起来主要集中在如下方面：① 领导的含义；② 领导的本质；③ 领导原理；④ 领导原则；⑤ 领导规律；⑥ 领导方法；⑦ 领导主体；⑧ 领导客体；⑨ 领导环境；⑩ 领导体制；⑪ 领导关系；⑫ 领导职能、职责和作用；⑬ 领导过程；⑭ 领导观念与领导能力；⑮ 领导素质与领导人才；⑯ 领导班子与领导群体结构；⑰ 领导战略；⑱ 调查研究；⑲ 思想政治工作；⑳ 政策活动；㉑ 领导活动中的管理；㉒ 领导绩效与领导水平；㉓ 领导考评；㉔ 领导形象；㉕ 领导学科的形成和发展，等等。[③] 近年来，领导力、执行力、影响力、领导纪实、领导史论、领导人物、领导伦理、女性与领导、e 领导、政治经济等各个具体领域的专业领导等，也纳入了领导学的研究范围。不难看出，近年来，领导学研究发展比较迅速，研究内容十分广泛，研究领域不断拓展。上述研究范围中涉及的概念范畴基本上是领导学所独有的，可以说领导学研究的基本概念范畴已经基本形成。

（三）领导学研究的问题领域基本形成

经过 20 多年的发展，中国领导学研究的问题领域已基本形成。主要集中在如下方面：① 领导的概念与本质的问题；② 领导学与其他学科的关系问题；③ 领

① 陈祖耀：《论领导科学的学科体系——兼析其它几种领导科学体系》，《攀登》，1998 年第 3 期；
　白爱鸿：《未来领导科学发展展望》，《甘肃农业》，2001 年第 9 期。
② 钱学森等著：《现代领导科学与艺术》，北京：军事谊文出版社，1985 年版，第 30—37 页。
③ 邱霈恩著：《领导学》，北京：中国人民大学出版社，2004 年版，第 8 页。

导学的逻辑起点问题；④领导学的学科定位问题；⑤领导科学理论体系的设计问题；⑥领导学学科理论建设和领导实践问题；⑦领导科学的中国特色问题；⑧领导学学科建设与发展趋向问题；⑨领袖领导思想与社会发展问题；⑩领导科学与社会主义市场经济问题；⑪领导人才的成长规律和建立科学选人用人问题；⑫领导人才的培训、培养、教育问题，等等。这些问题领域涉及学科建设、理论建设和领导实践等多个方面。有些是需要解决的基本理论问题，也有些是社会发展中亟待解决的重大问题对领导学研究提出的新问题。在一定时期内，人们将围绕着这些问题进行较长时间的、深入的探讨。这些探讨将会对领导学自身的发展和社会发展带来一定的影响。

（四）国外领导理论的引介已做了相关工作

中国领导学的发展与国外领导学的发展是分不开的。学习和借鉴国外领导理论对我国领导学的发展是十分必要和必需的。在我国领导学发展过程中，我们不仅自己进行探索，同时还积极学习和借鉴国外的理论。特别是 20 世纪 90 年代以来，我们在对国外管理理论与实践、领导理论与实践方面的翻译和引介上做了大量工作。翻译出版了大量这方面的著作，包括专著[①]、教材[②]、文集[③]、论文等。不仅如此，我们还影印了一些外文的管理学和领导学方面的著作。国外领导学理论的翻译、引介大大开阔了我们的学术视野，使我们对国外领导学的流派、理论、实践等都有了相当的了解、掌握，为我国领导学理论的构建提供了重要的参照系。翻译、引介工作的及时使得我们对国外领导学研究的新动向、新趋势，也可以及时看到。如领导力、执行力等在我国都及时得到了反映。国外领导理论的引介，不仅为我们的研究提供了帮助，而且为我们与国际接轨、与世界对话提供了必要的前提条件。

---

① 例如，（美）乔恩 P. 豪威尔（Jon P. Howell），丹 L. 科斯特利（Dan L. Costley）著，付彦等译：《有效领导力》（Understanding Behaviors for Effective Leadership），北京：机械工业出版社，2003 年版。

② 例如，（美）诺思豪斯（Peter. G. Northouse）著，吴荣先译：《领导学：理论与实践》，南京：江苏教育出版社，2002 年版。

③ 例如，刘守英主编：《领导：70 位领导学家谈如何成为》，北京：中国发展出版社，2002 年版。

（五）领导学研究队伍基本建立

在 20 多年的发展过程中，一支学有素养的领导学研究队伍已经基本建立。①从人员构成角度看，从事领导学研究的，既有党校干校的学者、教师，也有普通高校的学者、教师，还有一些研究机构的人员、党政领导干部和业余爱好者。这些人组成了比较稳定的领导学研究队伍。②从领导学研究者的素质角度看，近年来，我国各级各类领导学研究者的素质都有了相当的改善和提高。从事领导学研究者学历层次有了相当的提高，一些硕士、博士和中高级职称者加入了这一研究群体。他们在学识素养和创新能力等方面也有了实质性提高。③从年龄结构看，形成了老中青相结合的比较合理的研究梯队。一批学有所长的领导学方面的老专家仍然活跃在领导学研究的阵地上，继续推动着领导学的发展，同时对年轻人起着传、帮、带的作用；一大批精力充沛、年富力强的中青年学者致力于领导学研究领域，成为领导学研究和发展的新生力量与骨干力量。领导学研究队伍的建立，对领导学的研究和发展起着极为至关重要的作用。

（六）领导学研究平台基本建立

领导学的发展与良好的研究环境与研究氛围是分不开的。良好研究环境与研究氛围的形成需要良好的研究平台。20 多年来，领导学在发展过程中逐渐建立起了自己的研究平台。这主要表现在领导科学协会、研究机构等的建立；领导学刊物的创办、发行；领导学著作的出版；学术会议的召开；高校领导学课程的设置；领导学研究信息的网络传播等方面。

1. 领导学学会的成立

学会是联络、团结、组织人员的重要阵地、是学术研讨交流的重要平台。我们除了成立有中国领导科学研究会，还有许多省级领导学学会或领导科学学会（研究会）成立。如江苏省领导学研究会（成立于 1989 年 2 月 28 日）、吉林省领导学学会、江西省领导学学会；四川省领导科学研究会、湖南省领导科学学会、广东省领导科学学会、黑龙江省领导科学学会、福建省领导科学学会、山东省领导科学学会，等等。除了省级的领导科学学会或研究会之外，有一些市也成立了领导科学学会或研究会，例如：益阳市领导科学学会（成立于 1989 年 4 月）；淄博市领导科学学会（1987 年 8 月 3 日成立）；上海市领导科学学会（2004 年 3 月成立）重庆市领导科学学会；北京市领导科学学会（1993 年成立）；大连市领导科学学会；长沙市领导科学学会；常德市领导科学学会；衡阳市领导科学学会、天津市领导科学研究会；黑龙江省海伦市领导科学学会，河南省新乡市领导科学研究会；宁夏回族自治区石嘴山市领导科学研究会，等等。这说明我国已经建立了国家级、省级、市级领导学研究学会，形成了多层次、宽范围的领导学研究平台。

这些学会的主要业务是组织开展领导科学理论研究、社会调研、学术交流、书刊编辑、业务培训、领导人才素质测评、咨询服务、学术评奖等。它们在组织会员学习理论知识及党的路线、方针、政策；组织会员进行领导科学知识教育，协助做好领导干部培训工作；组织会员参加相关学术活动；组织会员深入调查、研究领导工作中的新问题、新情况，总结新经验等方面做出了积极贡献。

2. 领导学刊物的创办

领导学专业刊物是发表、传播、交流领导学研究成果的重要平台。1985 年 3 月我国第一家公开发行的领导科学专业刊物《领导科学》在河南省创刊，随即成为领导学研究的重要阵地。接着，上海市于 1986 年 2 月创办了《现代领导》杂志。目前为止，全国已有数十家领导学方面的专业刊物。如中共福建省委党校、福建省领导科学研究会主办的《领导文萃》；山东省领导科学学会主办的《领导论丛》，河北省委党校主办的《领导之友》，等等。此外，还有《领导科学报》等报纸。一些党校或普通高校的学报和其他一些综合性刊物或开辟专栏，或零散刊登领导学方面的文章，这为领导科学方面的论文的发表提供了相对通畅的道路。除公开出版发行的刊物外，还有些单位创办了领导学方面的内部刊物，如《领导理论与实践》《新世纪领导者》等。这些刊物也成为领导学学术交流的具有积极推动作用的平台。

领导学刊物为社会主义物质文明、政治文明和精神文明建设服务，为党和政府的决策服务，为提高领导科学理论水平和领导干部的领导水平服务；在有效传播领导科学学术信息、促进领导科学学术研究与交流、推动领导科学学术进步方面做出了自己的贡献。

3. 领导学著作的出版

随着改革开放的不断深入和现代科学技术的发展，我国出版业出现繁荣景象。

我国有各种类型的出版社上千家，他们中绝大多数可以出版领导科学方面的著作。这为领导著作的出版提供了平台。而事实上，近20年来，我国也确实出版了大量领导学方面的著作。据不完全统计，目前为止，全国已出版了领导科学方面的图书上千种。这些出版物既有国家学者的作品，也有众多的翻译、影印作品。领导学著作的通畅、大量出版为领导学的传播与推广、交流与对话、研究与发展提供了必要的平台。

4. 学术会议的召开

学术会议是直接的学术交流的平台。在一些学会和一些单位的组织、主办、承办下，全国范围内和小范围内的各种类型的领导科学的学术会议层出不穷。这些学术会议或探讨领导学发展问题或紧密结合社会发展需要和趋势研究当前领导学中的重要理论和现实问题，为领导学理论和实践的发展起到了重大推动作用。如黑龙江省领导科学学会第五届会员代表大会于2004年8月在哈尔滨召开。会议以"三个代表"重要思想和党的十六大精神为指导，以加强党和领导干部的执政能力建设为重点，积极研究探讨领导实践和学科建设中的重大理论和实践问题，并不断推进领导科学理论和领导工作实践的创新。又如山东省领导科学学会首届年会于2005年8月在青州卷烟厂召开。年会的主题是帮助广大基层党员干部深刻领会构建社会主义和谐社会重大意义和马克思主义关于社会主义建设的理论，了解构建社会主义和谐社会的基本特征、重要原则等。[①] 这些会议紧密结合形势，对当前我国社会发展中的重大领导理论问题和实践问题做了有益的探索。

5. 领导学课程的开设

从1982年开始在党校干校开设领导学课程开始，其他管理院校和普通高校开始开设领导学方面的课程。目前为止，开设领导学课程的各级党校、管理院校和普通高校已达400多所。一些党校和高校还成立了领导科学研究所（室）等，有的还培养领导科学方面的硕士生和博士生。如中国浦东干部学院和华东师范大学联合培养领导教育学专业的博士生和硕士生。领导学课程的开设，为传播、学习、研讨领导学，推广领导学，发展领导学提供了一块新的舞台。

---

① http://www.wfnet.cn/news/dispnews.asp?newsid=14320.

6. 领导学的网络传播

随着网络的发展，网络成为领导学研究信息传播的新的平台。领导学研究的网站开始出现，如中国领导学研究网站 http://lead.cersp.com/。许多的领导学研究成果都可以通过网络进行搜索查寻，也可以在网上进行领导学问题的交流与探讨。网络的发展为领导学研究提供了新的平台。今后对这一平台的开发与利用将会进一步扩大。

二、中国领导学研究存在的问题

中国领导学研究在 20 多年的发展中取得了重大成就，同时也存在一些问题。主要表现在如下五个方面。

（一）领导学自身尚未形成相对独立的方法

研究方法的独立是学科独立的一个重要标志。一门独立的学科应该有自己区别于其他学科的研究方法。领导学研究方法发展比较迅速，社会科学的一些研究方法、各种调查研究的方法、统计测量的方法等，都被广泛运用到领导学研究中来。这些方法大大增强了领导学研究者对领导活动的客观把握。但是，领导学自身尚未形成属于自己的相对独立的研究方法。它所使用的方法更多地还是依靠、借鉴其他学科、其他领域的研究方法。系统论、控制论、信息论等大大丰富了领导学研究方法论。但领导学还没有形成自己的研究方法论。在实践和发展中，形成属于自己的研究方法和研究方法论仍然是领导学发展的一个长期而重要的任务。

（二）对国外相关理论有待进一步消化吸收

中国的领导学的发展需要有自己独特的理论和研究。学习和借鉴国外领导科学理论流派是为我们的理论发展和实践服务的。如前所述，我国领导学研究中对国外领导学理论、流派的引介已做了相当工作。我们还要看到，光有大量的引介是不够的。目前，我们对国外领导学理论的消化吸收方面做得还不够。这主要表现在：我们缺乏对已有材料的整理整合，例如，我们还没有利用已有材料编写出一本国外领导学史；比较研究特别是深层次的比较研究做得还非常少；国外领导理论在对我国领导学理论建设和实践方面还没有发挥其更大的作用。人们对国外领导理论的生吞活剥比较多，生搬硬套比较多。有许多理论还只是停留在被介绍来介绍去的状态中。可见，国外领导学理论引进后，许多还处于闲置状态，还没有发挥其应有的作用。这种状态必须要得到改善。引介只是工作的开始，我们还必须对国外引进的领导学理论进行消化吸收、理解转化、提炼整合、改造创新。这是一项更深入、更长远也更有意义的工作。

（三）中国的领导思想有待进一步挖掘

1. 中国古代的领导思想有待进一步挖掘

在中国传统文化中，虽然没有系统的领导学理论，但却蕴藏着丰富的领导思想。这些领导思想是中国传统文化的组成部分，有许多有价值的内容值得今天学习和借鉴。[①] 中国古代的领导思想大致可分为四类。①古代思想家、政治家、军事家的著作。从《论语》《曾子》《孟子》《墨子》《韩非子》《管子》《孙子兵法》到《贞观政要》、宋明理学、《康熙政要》《曾国藩家书》等，均是着眼于为统治的领导而提出来的实际学问。道家的《老子》《庄子》等著作也充满了关于领导的思想。这些著作不同程度、不同方式地涉及了领导，或者直接研究领导学本身。其中《论语》的影响最大最深远，成为领导封建中国的最主流思想。北宋宰相赵普有"半部《论语》治天下"之说。《韩非子》则有纯粹的学术意义和实践价值，是古代领导学中更为典型、更为杰出的代表。《淮南子·主术训》是我国古代领导学专著，它以道家思想为基础，兼采儒、法，概括地反映了汉初及文、景之治的"南面术"。[②] ②历史典籍。我国古代的历史典籍，无论是正史还是野史其核心是政治史。从《尚书》到《战国策》《春秋》《史记》《资治通鉴》，再到"二十四史""二十五史"，以及其他大量的古代历史读物，均是围绕主要表现为统治的领导这根主线而编纂的。这些著作里积累了丰富的领导实践和理论。有

---

① 邱霈恩著：《领导学》，北京：中国人民大学出版社，2004 年月 11 月版，第 16 页；李国良、张勇：《中国传统文化中的领导学思想》，载《湖南行政学院学报》，2005 年第 1 期。

② 张海平：《从现代领导学的角度读〈淮南子·主术训〉》，《楚雄师专学报》，1999 年第 2 期。

些著作本身就是领导学专著，如《资治通鉴》是写给帝王将相的治国借鉴之作，是从史学角度研究领导学这门实际学问的最杰出代表，本身就是很好的领导学教材。③一些官员或研究人员所作的"官箴之言"。这类内容上至西周，下至明清，历代都有。目前可查到的有 300 多种、1000 多万字。④民间传说和文学作品。如《封神演义》《三国演义》等文学作品和民间传奇中古代四大清官——包拯、海瑞、寇准、况钟——等人的故事。这些作品里的东西虽然不一定是历史事实，却蕴含着劳动人民和文人墨客这一社会群体中的领导智慧。这四部分内容构成了一座内涵丰富的值得挖掘的领导思想宝库，为现代领导学的形成和发展提供了珍贵而完备的学术基础，值得我们系统、深入地进行挖掘、开发、利用。在今天的领导学研究中，人们已开始注意中国古代的领导思想，并做了一些探索。但这些探索多为一些零散的研究，还缺乏系统的、全面的、深入的研究。许多的领导思想还有待进一步挖掘，完整的"中国领导思想史"和"中国领导实践史"还需要编写。

2. 中国共产党和中共领袖的领导思想有待进一步挖掘

对中国领导思想的研究，在今天，尤其要研究中国共产党的领导思想和中共领袖的领导思想。这些思想是领导我国取得中华民族解放、独立的思想，是领导新中国走向繁荣富强的思想，对我们今天的社会主义建设有着直接地和现实的指导作用。我们党历来高度重视总结领导工作经验、探索领导工作规律。毛泽东、周恩来、刘少奇、朱德、邓小平、陈云等老一辈无产阶级革命家在领导中国革命和建设事业的伟大实践中，积累了极为丰富的领导经验和领导思想。他们运用马克思主义的基本原理，对我们党的领导规律和领导方法进行了科学总结和理论概括，成为我们党实施科学领导的指南。党的第三代中央领导集体十分重视对领导科学的学习、研究和运用。十三届四中全会以来，江泽民、胡锦涛等中央领导同志就领导干部如何加强学习、提高素质、改进领导作风和领导方法、提高领导水平问题，作了一系列重要论述。党的十六大进一步对"改革和完善党的领导方式和执政方式""改革和完善决策机制""深化行政管理体制改革"等内容作了精辟论述，对领导科学的研究和运用提出了新的更高的要求。①今天，人们对中国共产

---

① 杨利民：《研究和运用领导科学 努力实现科学领导》，《理论研究》，2003 年第 4 期。

党和中共领袖的领导思想已有了初步的研究与探索①，但研究的面还不够宽广，研究的深度与系统性也还需要加强。

（四）多学科研究的视野有待进一步形成

对领导学的研究目前已形成了多学科研究的视野。有的从政治学的角度进行认识，有的从社会学角度、行为科学角度、管理学角度、思想政治工作角度来认识，有的从哲学、认识科学、事理学、心理学、思维科学等角度来认识，还有的从系统论、控制论、信息论等方法论角度进行认识。虽然，目前已经有了众多学科视野对领导学进行研究认识，但是真正在研究和实践领域中运用的还很不够。对已有研究视野还需要进一步拓宽，进一步深化。总体上来看，目前领导学的学科视野还是比较单一，多学科研究的视野还需要进一步打开。社会科学的、自然科学的学科视野都可以进入到领导学研究视野中来。在多学科关注下，领导学研究的内容、方法等将会呈现新的面貌。

（五）领导学学科的自主性有待进一步加强

中国领导学的发展要在鲜明的、强烈的"自主"意识支配下自觉地进行研究、探索和实践，要着意形成鲜明独特的研究特色和研究风格。我国的领导科学经过20多年的发展，正在逐步摆脱"管理学"的翻版、"时事政治解释学"的阴影和

---

① 例如国家行政学院领导科学教研部编：《毛泽东、周恩来、刘少奇、朱德、邓小平、陈云、江泽民论领导方法和领导艺术》，北京：党建读物出版社，1997年版。关于领袖领导思想的研究论文如：周阿红：《浅议毛泽东领导科学思想》，《阜阳师院学报》（社科版），1999年第4期；王知宇、桂银才：《论毛泽东关于党的领导的科学方法》，《武警学院学报》，2001年第1期；张美琴：《毛泽东著作中的领导科学原理》，《毛泽东思想研究》，2004年第3期；王居安、王凤峣：《邓小平教育领导的科学思想——学习〈邓小平文选〉的体会》，《辽宁高等教育研究》，1997年第2期；吴海晶：《邓小平对领导科学的理论贡献》，《武汉交通管理干部学院学报》，2000年第4期；周振国：《学习和研究邓小平领导理论　发展和繁荣我国领导科学——纪念邓小平高诞辰100周年》，《武汉交通职业学院学报》，2004年第2期；方腊全：《试论邓小平领导科学思想——兼评周正国〈邓小平领导理论研究〉》，《学校党建与思想教育》，2004年第7期；刘玲、赵建龙：《试论江泽民同志领导科学理论的基本框架》，《广西大学学报》（哲学社会科学版），2001年增刊。

"领导对策学"的误区，有了一定的自觉的领导科学实践和相对的学科独立性，显示了一定的成熟度①。然而，领导学与其他学科之间的界线还不甚清楚。中国领导学对西方领导学的依靠还太多。领导学的自主意识和自主性还需要进一步加强。

首先，要加强领导学学科的自主意识，以不断加强学科自主性。领导学学科的自主性可从两方面加强，一是进一步加强领导学与其他学科之间关系的区分，划清自己的学科边界，使自己与其他学科有比较明显的区别。对西方的领导学而言，可能需要进一步从企业管理学中分离出来；对中国的领导学而言，则需要进一步从一般管理学和行政管理学中分离出来。二是进一步进行领导学学科内部的建设，在形成领导学自己的概念、范畴、原理等方面作进一步的努力。

其次，要加强学科的反思意识。反思意识是学科自主性的重要表现。领导学要对已有的历史、经验、理论与实践进行反思，在反思中自觉主动地调整、制定自己的发展道路。能够自我反思、自我规划的学科才是一个掌握了主动权、具有主动性的学科。

三、中国领导学研究的趋向

根据中国领导学已取得的成就和尚存在的问题，以及学科、社会、时代发展的趋势，我们认为，中国领导学研究的发展趋向，将会集中在如下五个方面。

（一）领导学研究要更多地关注实践

实际的领导工作需要领导学理论的指导，而领导学要想有效地指导领导实践必须对实践有深切的把握。这就需要领导学研究要扎根于实践。只有扎根于实践才能提高领导学研究指导实践的适切性、有效性。可见，领导工作的理论需要要求领导学研究要更多地关注实践，而不能只是理论对理论、概念对概念、书本对书本地进行研究。领导学的学科性质也决定了它必须要更多地关注实践。领导学是一门实践性很强的学科。因此，领导学研究必须立足于领导活动的具体实践，更多地关注实践。领导学研究要更多地关注实践就要注意以下方面。

---

① 姜平：《论中国领导科学学派的创建与发展》，《理论探讨》，2004 年第 1 期。

1. 结合时代发展的趋势进行研究

时代发展的趋势对领导学研究提出新的挑战与机遇。领导学研究要"与时俱进",就要紧扣时代发展方向选择研究课题。今后,"知识领导理论""信息领导理论""数学领导理论""网络领导理论""虚拟领导理论"及"法治领导理论"等,将会成为新世纪领导学基本理论体系构建的新方向①。对这些方面的研究就是我们结合时代发展实际所做出的选择。

2. 结合我国具体的国情进行研究

创立具有中国特色的领导学必须立足于我国的基本国情,脚踏实地地进行认真仔细的研究。要把我国当前发展中的重大理论问题与中国国情相结合进行研究,领导学研究的理论成果要服务于社会主义现代化建设实践,在实践中接受检验和并取得进一步发展。

3. 结合领导工作的情境进行研究

日常的领导工作是在非常复杂的情境中进行的,这里面蕴含着许多需要研究的问题。领导在工作中面临着许多困难、问题与困惑,如何帮助他们提高素质与能力,解决其所面对的问题,并使之从容应对各种局面、各种形势、各种困难与困惑及问题与难题,就成为领导学研究的课题。这样的研究需要在具体的情境中寻找问题,进行理论分析。领导工作中的具体问题是有理论研究价值的,对领导工作中的日常问题和突发偶然问题加以理论研究,并为之提出解决出路、提供对策是领导学研究的一个方向。

4. 进行领导案例研究

领导学研究要关注实践还要加强领导案例研究。领导案例研究是遵循"从实践中来到实践中去"的研究路线的。领导案例的开发、搜集、整理、运用都需要把研究做到实践中去。领导者在实践中发生的各种案例是领导工作生动活泼的活教材。对领导案例的成败得失进行分析、概括、归纳,会对领导的工作起到启示作用,具有很强的实践意义,同时又具有很高的理论价值。领导案例研究将会成为领导学研究中具有特色的一种研究。

---

① 姜平:《面向 21 世纪的领导科学》,《领导科学》,1999 年第 3 期。

在实践的基础上研究领导学，符合"理论来自实践又指导实践"的原理。只重视实践、经验或只偏重领导学理论研究都不利于领导学的健康发展。今后领导学研究将是更多地在关注实践的基础上进行理论研究、理论创新、理论发展，走理论与实践相结合的道。领导学将会在实践中发展、在实践中提高、在实践中完善。

（二）领导学发展要走中西汇通之路

在经济全球化、信息网络化、文化多元化的世界发展的格局和背景下，学术发展需要更多的国际交流与对话。中国领导学的发展同样要走与世界交流对话、中西汇通之路。这是时代发展的要求，也是国际交流对话的需要，更是领导学自身更快更好地发展的需要。只有在国际的大舞台上，在全球化对话中，才能使中国领导学具有更大的发展空间，不断吸收国外领导学理论的养料，发展壮大自己。也只有在国际的舞台上才能够显现中国领导学的中国特色。领导学发展走中西汇通之路，对中国领导学学者素质提出了更高的要求：中国领导学学者要不断提高国际交流与对话的能力，不断在国际领导学界发出自己的声音。

中国领导学发展走中西汇通之路，在外在表现上，表现为中西之间互相译介领导学方面的著作，领导学国际学术交流将会日益增多，各种正式的与非正式的、集体间或个人间的国际交流与对话的增多；在内在表现上，表现为中西方领导学理论的有机整合、融会贯通，表现为领导学理论特质上的改变、领导学理论质量上的提升。国际舞台上的中国领导学研究将呈现中国特色与西方元素相结合、中国文化与西方映象相结合、立足中国放眼世界的特点。

（三）领导学学科分化的同时不断走向整合

科学分化是现代科学发展的一个总趋势，也是领导学发展的一个趋势。在将来的发展中，"领导学的研究将逐步由综合性、整体性研究走向分支研究、专题研究"[1]。如不同领域中的领导科学研究：行政领导学、企业领导学、商业领导学、教育领导学、科研领导学、军事领导学等。科学相互交叉是现代科学发展的又一重要趋势。领导科学的发展也会不断产生新的交叉分支学科。如领导战略学、领导

---

[1] 白爱鸿：《未来领导科学发展展望》，《甘肃农业》，2001 年第 9 期。

决策学、领导组织学、领导协调学、领导心理学、领导思维学、领导素养学、领导效能学、领导思想史等。领导科学不仅会与社会科学领域的学科进行交叉，而且可能会更多地与自然科学领域的有关学科进行交叉，而形成新的领导学分支学科。如量子领导学、混沌领导学等。分化研究的结果是对某一方面的内容有更加深入和系统的认识。交叉研究的结果是产生新的学科生长点，形成新的领导学学科。

分化研究使我们的认识更深入系统，但分化研究也存在视野狭窄、范围有限、功能有限等不足，因此在分化研究的基础上的整合就是一种必然。领导学研究将在分化基础上进一步加强整合。当代科学发展的显著趋势是，科学理论趋于统一，技术发展趋于综合，自然科学与社会科学结成联盟。各门学科均处于高度分化又高度综合的阶段，学科之间的边界已越来越模糊。今后对领导学的系统整体研究将在整合的基础上进行。

（四）构建领导学研究共同体

虽然，我国领导学研究队伍已经基本建立，但是相互之间的交流与对话还不够畅通。随着学术交流的需要，也是随着领导学发展的需要，今后需要构建领导学研究共同体。构建强大的领导学研究共同体，就是为领导学发展提供更加坚实活动舞台，更加宽广的发展空间。领导学研究共同体可以集聚与领导学研究有关的各方人士。它的人员构成不仅仅包括各级各类研究者，也包括出版界、传媒界人士，还包括领导学研究的批评者、兴趣爱好者等；不仅包括本国人士，还应该包括国外研究人员等。今后，各种研究队伍、研究组织之间，研究者个人与群体之间应该加强交流与合作，在交流与合作的过程中构建领导学研究共同体。

（五）领导学原研究的力量会不断壮大

元研究是对已有研究的研究。元研究的实质是通过认知结构的调整来改善研究本身，优化研究的品质。它是对已有研究的反思与盘点，可以使我们对已有研究有更清楚的认识，对未来研究有更明确的定位。随着领导学研究的发展，领导学研究积累了大量研究成果，我们需要也有必要对已有研究进行元研究了。通过领导学元研究，可以诊断学科，对领导学研究中存在的问题，进行分析讨论，促进其发展。目前，我们在领导学元研究方面几乎还没有做什么工作，今后领导学元研究将会逐渐显现出来，成为领导学研究的一个重要的也是必不可少的组成部分，致力于领导学元研究的力量会不断壮大。

综观 20 多年来，中国领导学的发展，我们发现它的进步与发展是十分迅速的，它取得的成绩是显著的。在发展中它还存在一些自主性不强、理念转化不够等方面的不足，但它的发展趋势表明它所蕴含的发展潜力是巨大的。我们相信，中国领导学将会在今后的发展中在学科建设、理论建设等方面取得更大的成绩，将会对中国的领导实践起到更大的指导、推动作用，将会对我国政治、经济、文化等的发展做出更大的贡献。

推进领导学分类分层研究

【阅读指要】

分类研究与分层研究是研究的两种重要手段，在领导学的研究中，分类研究应用较多，但需要进一步转型与细化，分层研究则相对较少，更需要加以关注与推进。领导学领域的分类研究要由外部分类走向内部分类，分层研究则需要在走向"道、学、技"的基础上，进一步推进与发展。加强分类与分层研究，可以推动领导学的发展，提高领导学的研究水平。

分类研究与分层研究是研究的两种重要手段，在各学科中被广泛应用。不论是分类还是分层，都有助于对事物进行较为清晰而深入细致的探究。在领导学的研究中，分类研究应用较多，但需要进一步转型与细化，分层研究则相对较少，更需要加以关注与推进。于洪生教授的著作《解析领导力——"道""学""技"》（中国法制出版社，2013年8月版）在推进领导学的分类分层方面有新的贡献，值得学习推荐。本文以此书为基础，对推进领导力的分类与分层研究做了探讨，以期引起领导学领域对分类研究与分层研究的关注。

一、推进领导力的分类研究：从外部分类到内部分类

分类是根据一定的标准和事物的特点对事物进行类别划分。分类研究是在对

事物划分的基础上对事物进行深入细致的探究。分类研究注重的是类型与类型之间的差异、区别，从事物独特性的角度对事物进行深入分析，有助于抓住每一类事物的特点。分类研究可以达到澄清认识、深化内涵、带来创新等效果。因此，它是一种被广泛运用的研究方法。

在领导学的研究中，分类研究也被广泛运用。这种运用从宏观的层面上看，主要体现在按照不同的领域或人群进行领导力的研究。如，行政领域的领导力、企业领域的领导力、商业领域的领导力等。以人群对领导力进行分类研究也是较为常见的。以教育行业的领导力分类为例，有校长领导力、教导主任领导力、班主任领导力、教师领导力、学生干部领导力、大学生领导力、青少年领导力，等等。再比如，从性别的角度，女性领导力是相对于男性领导力而言的。

按照一定的人群进行研究学的研究，当然有其合理的地方，因为不同的人群面对不同的领导环境和领导任务，有各自的领导力表现。但这样的分类研究，更多的还是从研究力的外部来分类。要推进领导力的研究，还必须从领导力内部进行分类。

所谓从领导力内部分类就是就领导力本身进行分类，对领导力内部要素进行分类。于洪生教授的这部著作重要的贡献在分层研究方面，但在分类研究上也有所推进。比如，"领导决策类型面面观"部分，以六种不同的标准，对决策进行了划分，划分出不同的决策类型。这样的分类，对多角度、全面深入的认识决策很有帮助。在"组织是领导力发挥作用的'场'"一章中，作者在对韦伯、帕森斯、布劳、爱兹奥尼等人对组织的分类作过综述后，提出了自己对组织的分类。首先，把组织分为正式组织和非正式组织，并把非正式组织排斥在外。其次，根据组织目标和活动领域的不同，把正式组织分为公共组织和非公共组织（私人组织）两类。再次，把公共组织划分为政府公共组织和非政府公共组织。组织的分类如图4-1所示。

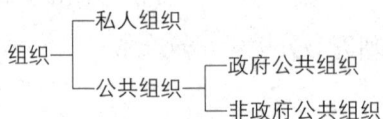

```
        ┌── 私人组织
组织 ──┤
        └── 公共组织 ──┬── 政府公共组织
                        └── 非政府公共组织
```

图 4-1　组织分类图示

这种划分看似简单，却十分简明有力。它的创新之处在于，把传统的组织研究，由企业组织为主，转向对公共组织的分类研究。对政府公共组织和非政府公共组织的划分，将对政府组织的研究较多，而非政府公共组织的研究相对薄弱的状况有所改进。因为这样的分类，使人们认识到非政府公共组织，如事业组织、中介组织、社团组织、国外所说的"第三部门"等，也应成为领导学研究的重要组成部分。

在"领导协调艺术"部分，作者按照领导协调运作的方向，把领导协调分为纵向协调、横向协调和斜向协调。其中，纵向协调又细分为上行协调与下行协调。在"领导沟通艺术"部分，作者把沟通进行了六方面的分类，使读者对沟通有了更多维全面的认识。对领导力构成要素中相关内容的分类，明晰了事物之间的界线与特点，加深了读者对相关问题的认识。

领导学研究，虽然已经不乏分类研究，但还需要进一步加强对领导力本身的分类研究。对领导力及其构成要素进行内部分类，是破解领导力之谜的必经之路。只有这样才能真正揭示领导力之所以发挥作用的深层原因，进而为领导力的开发与提升提供理论支持。

二、推进领导力的分层研究：走向"道、学、技"

分层研究是以一定的标准对事物进行划分以区分事物的层次。分类研究与分层研究既有相似处，也有不同点。分类研究既强调同类的统一性，又强调异类的差异性。分层研究，既强调同层的统一性，又强调异层的差异性。分类与分层都强调统一性与差异性。分类研究中的所区分出来的类别与类别之间没有高低之分，它们是平等的、并列的。但分层研究中，分出的层次与层次之间往往有高低、内外、上下等差别。分类往往是在横向进行并列的区别，分层往往是在纵向上进行层递关系的区分。因此，对事物进行分类与分层的研究都是必要的。在领导力的研究中，分类研究较为常见，也较为多样，但领导力的分层研究较为少见。

关于领导力的层次，目前研究中主要有"三层次"和"五层次"两种观点。许浚认为，企业的领导力有三个层次。第一个层次是迫于外面变化而来的领导力，第二个层次是随着外界的变化一起前进的领导力，第三个层次是能够在他所在的产业里居于领导地位的领导力。[①]周伟昆、李昌明和陈杰等人则认为领导力有五个

---

① 许浚：《企业管理·领导·领导力》，《通信企业管理》，2003 年第 8 期。

层次：靠地位，即以权压人；靠认可，即以爱感人；靠结果，即以绩激人；靠人才，即以用养人；靠品格，即以德服人。^①层次划分的标准是在纵向上具有一定的界线以便较为清晰地区分事物的层级；类型划分的标准则是在横向上具有一定的界线以便较为清晰地区分事情的归属。由此来看，领导力的"三层次"说，具有一定纵深性，是一种层次划分，但其学理性有待加强；而领导力的"五层次"说，则不能称其为"层次"，而更像是五种类型。由此，不难看出领导力分层研究是十分薄弱的。在此种情况下，于洪生教授从"道、学、技"三个方面对领导力进行层次划分与研究就特别有价值。

把道、学、技的层次划分引入领导学的研究中来已有先例。奚洁人教授曾谈道："从内涵来说，领导学研究包括'技、学、道'三个层次，'技'即领导技能，是领导学的应用层面；'学'即领导学基本理论，是领导学的一般知识和理论层面；'道'即领导观和领导方法论层面，包括领导价值观、领导伦理等，即上升到哲学层面的领导理论。领导学研究从内涵而言应该在这三个层面展开。"^②这是对"领导学"的研究而言的"道、学、技"，在于洪生教授看来，"领导力"的研究也包括"道、学、技"三个层面，有必要从这三个层面对"领导力"加以解析。于洪生认为，"领导力研究从'道'、'学'、'技'三个层次上展开，'技'即领导技能，是领导力的应用层面；'学'即外引领导力的基础理论，是领导力的理论层面；'道'即领导观和领导认识论层面，包括领导价值观、领导伦理等，即上升到哲学层面的领导力理论。"^③在此基础上，作者对各层面的内涵进行了细致解读，以期"破解"领导力各层面的核心内容。

领导力之道，主要是指哲学层面上，包括领导理念、领导价值、领导伦理、领导思维、战略领导及非理性对领导力的影响，等等。在领导力之"学"即学理分析部分，作者借助要素分析法，从领导活动的主体、客体、领导决策、组织结构、领导环境、领导方式、领导绩效等方面展开并进行了深入剖析。在领导力的

---

① 周伟昆：《深蓝的领导力模型》，《中国工商》，2005 年第 1 期；李昌明：《领导力造就优秀企业人才》，《经济论坛》，2005 年第 6 期；陈杰：《提升你的领导力》，《知识经济》，2005 年第 7 期。

② 奚洁人主编：《中国领导学研究 20 年》，上海：华东师范大学出版社，2007 年版．前言：第 4—5 页。

③ 于洪生著：《解析领导力——"道""学""技"》，北京：中国法制出版社，2013 年版，第 23 页。

"技"的层面，作者对领导统御艺术、领导用人艺术、领导决策艺术、领导协调艺术、领导沟通艺术、领导思维艺术、领导激励艺术、领导语言艺术、领导运筹时间艺术、领导创新艺术等方面进行了详细解读。在谈道具体问题时，作者也运用了分层的方法。比如，对领导价值的研究，目前基本上停留在宏观层面上，作者提出，如果从社会学、心理学、领导学的视角来分析领导价值，会使研究更加细化，更容易深化对领导价值重要性的认识。因此，作者在领导学层面上来展开问题，在细化研究上做进一步探索。

从"道、学、技"的角度切入，为领导力进行分层并具体化其内涵，在领导力的研究中是首次出现，具体创新性。"道、学、技"的层次划分十分鲜明，具有合理性和学理性。因此，从"道、学、技"三个层面解析领导力，是对领导力分层研究的一种推进，有助于全面系统深刻地认识领导力。

一个学科成熟的标志是不再对事物进行笼统的研究，而是走向对事物的细分与深入探究。领导学的研究已经开始运用分类与分层的方法进行研究，但还需要进一步推进，以更加科学的标准对以领导力为核心的研究对象进行科学的分类与细致的分层。于洪生教授对领导力"道、学、技"的分层研究为我们提供了一个很好的样例。在此基础上，我们应该进一步加强领导学各领域的分类研究与分层研究，以推进领导学的发展，提高领导学研究的科学性、学术性与规范性。

领导学研究的深化与推进^①

【阅读指要】

　　《中国领导学研究 20 年》一书的出版标志着中国领导学研究的深化与推进。广泛的领域、丰富的内容、充实的资料、精要的观点、合理的结构使本书成为一本独具特色的著作。这本书对中国领导学研究 20 年的回顾、梳理与总结，就像把散落各处的珍珠收集起来，经过耐心的打磨、精心的加工、合理的穿插而编织成的一份珍珠作品。它是中国领导学研究 20 年成果的集锦，是中国领导学研究 20 年观点的荟萃。

　　中国领导学研究起步于 20 世纪 80 年代。1980 年全国首届未来学讨论会上第一次提出了领导学的概念。1981 年 9 月，中组部、中宣部联合召开的干部教育座谈会上，第一次明确提出各级党校开设领导科学课的建议。1982 年 10 月，中共中央、国务院在《关于中央党政机关干部教育工作的决定》中提出，科学的领导方法、工作方法是各级干部的基础课，明确把领导科学列为党政干部必读的公共业务基础课，把学习领导科学第一次写入中央文件。1983 年 5 月由夏禹龙、刘吉、冯之浚、张念春四人撰写的全国第一本领导科学专著《领导科学基础》出版面世。1985 年 2 月，我国第一家领导科学专业刊物《领导科学》在河南创刊。1985 年 4

---

① 本文以《中国领导学研究的深入与推进——〈中国领导学研究 20 年〉评介》为题，发表于《中国浦东干部学院学报》，2008 年第 2 期，第 135—136 页，署名：沐春风。

月，全国首届领导科学学术研讨会在洛阳召开。以第一本专著、第一本专业刊物、第一次全国性会议为标志，中国领导学学科在中国成立了。从那时到现在，中国领导学研究经历了 20 多年的发展历程。在这 20 多年里，中国领导学从无到有，从少数先行者的探索、呼吁到众多人士的加盟、传播，领导学研究队伍不断壮大，研究成果越来越丰富。中国领导学研究在这 20 多年里都进行过哪些研究，取得了哪些成果，进展到底如何呢？由中国浦东干部学院组织编写，奚洁人教授主编，郑金洲教授、于洪生教授任副主编的《中国领导学研究 20 年》（华东师范大学出版社，2007 年 12 月版）一书对此做出了很好的回答，为我们全面了解中国领导学研究 20 多年的发展提供了全景式观览的平台。

这本书是一部领域广泛、内容丰富的领导学著作。领导学的发展时间虽然不长，但研究进展却很迅速。在这 20 多年里，研究者对领导学诸多领域的众多问题进行了广泛探讨，并且逐渐开始形成部分领导学的分支学科。这本书对 20 多年的中国领导学研究给予了全方位的关注，分 18 个专题进行全面的回顾、梳理与总结。18 个专题即 18 个章的内容依次是：中国领导学的形成与发展、中国领导学的学科界定、马克思主义领导思想、西方领导思想研究、领导主体研究、领导环境研究、领导体制理论、领导规律研究、领导方法研究、领导艺术研究、领导决策研究、领导创新研究、领导力研究、领导文化研究、领导心理研究、领导教育研究、领导案例研究、领导哲学研究。这些内容既有纵向的史的研究，又有横向的学科范畴研究，还有领导学分支学科的研究，可谓领域广泛、内容丰富。这样广泛的领域和丰富的内容可以为领导学不同研究领域、研究方向的研究者和具有不同兴趣的读者提供所各自所需的研究成果。

这本书为读者提供了充实丰厚的研究资料。对中国领导学研究进行 20 年的回顾必须全面掌握这些年来的研究资料与成果。这本书在资料的收集与梳理方面做了大量扎实的工作，这从行文内容及每章后面的"本章论著索引"即可看出。书中所收集和使用的资料既有著作也有论文，在"本章论著索引部分"以"著作部分"和"论文部分"分别呈现。不能说这些文献把相关研究成果全部囊括进来了，但把相关专题具代表性的成果收录到了。论著索引以论著发表（出版）的时间为序排列。这种排列在一定程度上展现了本专题研究的进展情况，同时有助于读者根据论著发表时间查阅相关资料。论著索引不仅有助于读者了解本章所引用观点的出处来源，而且为读者提供了进一步深入了解相关专题的资料源。读者可以在此资源线索的基础上查阅原著作进而做出深入的阅读与研究。

本书在观点提炼上做到了简明精要。这是一本文献综述著作。文献综述要求在丰富充实的资料基础上把各种观点进行高度提炼后分门别类的予以呈现。这本书的撰写很好地做到了这一点。在专题综述时采用了问题取向和观点取向，即根据专题确定问题，根据问题呈现观点。撰写者在广泛占有资料的基础上，首先对某一专题的问题进行了科学分类，然后在相同类别下呈现不同的观点。在具体某问题的探讨上又根据已有研究状况做出更为细致的分类。每一类具体的观点大都根据研究视角、研究立场、研究认识的不同等提供数条经过认真甄别、精心提炼后的不同观点。这些视角不同、立场不同，或者虽然视角立场相同但认识不同的观点交汇在一起，即便不是为争鸣与商榷，却自然而然地为读者提供了思考的契机，引发读者思考，帮助读者打开思考领导学问题的空间。对不同学者的相同或相似观点，在呈现时则做了简明处理。相同观点只呈现一次，在夹注里面注明持相同观点的论者名字、发表时间或页码。所有呈现的观点或直接引用，或间接引用，都是经过撰写者认真提炼、精心加工的。经过这样的梳理，各种观点既非常精到，而且呈现出来非常清楚，有助于读者迅速理解和把握。

这本书对所要梳理的内容进行了整体构架，结构安排合理。首先表现在对整体框架的安排上。本书的整体构架，从中国领导学的形成与发展开始，经由中国领导学的学科界定、领导思想的研究，再到学科基本范畴的研究，然后到分支学科的研究，最后以领导学研究的最高理论形态领导哲学的研究结束。这样的结构安排在一定程度上体现了学科发展的内在逻辑，符合学科发展的规律。其次体现在具体章节的行文结构安排上。这本书内容虽然十分丰富，但看上去并不让人感到杂乱，而且感到十分条理清楚。之所以如此，是因为行文中做到了历史与逻辑的统一，叙述与评价的结合。首先注意了历史与逻辑的统一。在涉及历史发展顺序时，相同的研究内容会以历史发展的先后出现；在以学科逻辑呈现时，则尽量以学科的内容逻辑为主线组织材料。这样的安排既注意了历史发展逻辑又注意了学科内在逻辑具有合理性。其次注意了叙述与评论的结合。在每章或每部分的开始，撰写者都会写一段必要的引言，对专题的研究背景作简介，或作引导性评价或作综合性评价，然后提供论者的观点给予支持。引导性叙述或综合性评价并不是重点，重点是提供研究者的观点，至于更具体、更深入的评价则留给了读者。

广泛的领域、丰富的内容、充实的资料、精要的观点、合理的结构使这本书成为一本独具特色的著作。这本书对中国领导学研究 20 年的回顾、梳理与总结，就像把散落各处的珍珠收集起来，经过耐心的打磨、精心的加工、合理的穿插而编织成的一份珍珠作品。它是中国领导学研究 20 年成果的集锦，是中国领导学研究 20 年观点的荟萃。

　　这本书的出版对中国领导学的研究和发展具有重要的意义。奚洁人教授在前言中说："要反映中国领导学的新动态，总结领导学研究的新成果，反思领导学发展中的新问题，预测领导学理论研究与实践发展的新趋势，就必须做好一些基础性工作。"这本书就是为领导学研究与发展所做的一项基础性工作。这种打基础的工作有助于深化人们对领导学的认识，有助于推动领导学研究的深入。"这样的工作既有利于积累领导学理论研究的资料，也能为学界、领导教育和干部培训工作提供便利，为领导学理论研究和实践创新提供载体，并且为领导者从事领导活动提供参考和借鉴。"如果说夏禹龙等人的著作的出版，标志着领导学在中国的存在与独立，那么这本《中国领导学研究 20 年》则标志着中国领导学研究的深化与推进。对每一个想了解领导学、学习领导学和研究领导学的人来说，这本书都是不可或缺的重要资源。我们相信，对领导学持有不同兴趣与需要的人士阅读此书都能够从中获得益。

后　记

万事皆有因缘。这本书出版的因缘要追溯到 2004 年。

2004 年，是我人生命运转折的一年。这一年因缘际会，我有幸成为华东师范大学和中国浦东干部学院联合培养的国内首届领导教育学博士生。我原来从事的是语文课程与教学论专业，读博士以来，才开始接触领导学和领导教育学。这两个学科或领域于我是完全陌生的。研究领导教育学必须研究领导学，这是导师们的基本认识，因此开设了领导学专业课。我们使用的教材是美国学者彼得·诺思豪斯的《领导学：理论与实践》，这本书使我尽快了解了领导学的主要理论流派。同时，也学习了国内外学者的其他领导学著作。从此，算是对领导学逐渐有了一些认识。其时，上海市领导科学学会刚刚成立，我们也经常参加学会的各种活动，并开始参加中国领导科学研究会的活动。这样逐渐开拓了对领导学的认识。

毕业以后，我一直在《中国浦东干部学院学报》从事编辑工作，主要负责领导学和干部教育方面的栏目。我始终认为，只有一个编辑是某方面的专家才能真正编辑好这方面的文章，成为真正有水平的编辑。工作的缘故也迫使自己不断学习领导学方面的著作，以使自己保持宽广的学术视野、敏锐的学术感知力和准确的学术判断力。

不论是在读书求学时，还是工作期间，由于各种机缘我陆陆续续写下了一些与领导学相关的文章。这本书是对我这 12 年来所写领导学文章的一次总结。这些年写的领导学方面的文章基本上收录在这里了。

在成长的道路上总是有良师的引导。承蒙郑金洲教授不弃，我得以忝列门下，受教求学。感谢恩师多年来在做人与学问上的引领，我始终谨记"善良做人""与人为善""向学之心""专业立身"等教诲，这些教诲给予我人生持续前行源源不断的力量。感谢尊敬的奚洁人老师多年来在学术上的指导与工作上的支持。

感谢张斌兄多年来的关心与帮助。感谢于洪生、张素玲、刘要停、周振国等诸位老师的帮助与支持。

书中的内容大都以文章的形式在刊物上发表过，在此谨向各刊物和各位编辑表示衷心的感谢。

多年来参与全国领导科学研究会的活动，结识了全国领导学界的专家学者，感谢他们多年来在工作上的支持。感谢刘峰教授、胡月星教授、刘志伟教授、李光炎教授、李锡炎教授、刘兰芬教授、刘明辉教授、成中英先生等诸位的帮助。

感谢上海市领导科学学会。学会举行的各种会议使我不断加深对领导活动的认识。感谢金荣根老师，他总是很热情地催促我参与每年上海市社联的活动和学会每年的论文评选，有些文章就是在金老师的催促下写成的。感谢许卫平老师在学会中的各种支持与关照。

感谢中国浦东干部学院的领导们所给予的关心与支持。感谢《中国浦东干部学院学报》的诸位同仁所给予的关心与帮助。感谢中国浦东干部学院领导研究院的赵世明老师、翁文艳老师等诸位同仁，与大家的相互交流与切磋，使我受益匪浅。

出版这样一本书，是对自己10多年来学习、研究领导学的一个小结，一个纪念。我深知这些文章还没有进入领导学的深奥殿堂，因此期待着各位方家的批评与指导。如果本书还能够对他人和社会有些许的启发，则幸莫大焉！

李冲锋

2015 年 4 月 27 日

于七星海畔·卧书公室

2016 年 6 月 28 日

于崇明岛·永生旅馆